Me regarder quand je te parle

Estelle NEAU

Me regarder quand je te parle

Éditions de Noyelles,
avec l'autorisation des Éditions Nouvelles Plumes

31, rue du Val de Marne, Paris

ISBN : 978-2-298-17385-7

Pour tester les valeurs morales d'une société, il suffit de regarder comment elle traite ses enfants.

Dietrich Bonhoeffer

À ces enfants que personne n'aura sauvés ;
à ceux que personne ne protège.

1

Jeudi 8 décembre 2016, en soirée.

— Tu es sûr que tu veux entrer dans ce nid de vipères ?

Silence dans l'habitacle de la limousine.

— Solomon ?

Pas de réponse. Steve Barlow n'insiste pas. Solomon lui en sait gré. Il n'a ni besoin ni envie qu'on lui rappelle où il s'apprête à mettre les pieds. Il a beaucoup réfléchi à l'alliance qu'il est en train de négocier et a suffisamment évalué les risques qu'il encourt pour être conscient qu'il est probablement en train de faire une connerie. S'allier à un truand n'est jamais une bonne idée dans les affaires. Sauf que, cette fois, il n'a pas vraiment le choix. Sur le plan légal, c'est verrouillé. Sur le plan moral…

Alice aurait été furieuse si elle avait su ce que son cher mari s'apprête à faire. Traiter avec un homme soupçonné de trafic d'armes, de drogues, d'êtres humains, proxénétisme, blanchiment d'argent ? Inimaginable, impensable et inadmissible. Elle aurait probablement menacé de le quitter. Elle aurait eu raison. Il aurait renoncé. Une absente ne peut plus avoir raison. Un fantôme ne peut plus le faire renoncer. Personne ne peut plus le faire renoncer. Seule limite à sa dérive : la légalité de ses actes.

Dehors, il fait nuit et il pleut. Paris au mois de décembre. Solomon croise le reflet de son regard dans la vitre. Ses yeux noirs. Ses cheveux noirs coupés court. Sa barbe courte parfaitement entretenue. Il a hésité à la laisser pousser. Finalement, elle allonge son visage rond, massif comme le reste de son corps, et elle lui fait perdre son caractère poupin qui, soi-disant, faisait son charme. Elle le vieillit et durcit son apparence. Il attirait tous les regards. C'est toujours le cas. Il était un homme fréquentable recherché, aimable et admiré. Il est désormais considéré comme un homme dur et craint. La société n'a que faire de la légalité. Seule compte la réputation ; et celle de Solomon n'est plus celle d'un homme aimable et admiré, fréquentable et recherché.

Le regrette-t-il ? Non. Définitivement non. Depuis le décès de son épouse, Solomon a fait des choix qui l'ont conduit à ce qu'il est aujourd'hui. Plus puissant, plus riche, plus envié par ses alliés, plus redouté par ses concurrents. Tout dans la transparence, la légalité et l'honneur de la parole donnée, mais aucun cadeau. C'est son nouveau credo. Là où sa femme instillait autrefois un peu de douceur ou d'humanité, il n'y a plus que fermeté et intransigeance. Solomon Rickman est devenu un homme d'affaires impitoyable et c'est cette réputation qui le précède où qu'il aille.

Ce soir ne fera pas exception. Alan Mitzer est un truand, mais un truand qui possède quelques sociétés parfaitement légales et a besoin d'alliances légales pour assurer cette couverture. C'est avec une de ces sociétés que Solomon envisage de passer un contrat pour pouvoir entrer sur le marché de l'Europe de l'Est. Le reste n'est pas son problème. Il sait bien qu'il va côtoyer ce soir des personnes peu recommandables, et très certainement d'autres truands. Il sait que, du fait de sa participation à cette soirée mondaine, il va se retrouver fiché par les autorités tant américaines qu'européennes. Peu importe : un, il l'est probablement déjà ; et deux, tout est légal. Il est peut-être impitoyable, il est avant tout irréprochable.

Ce qui l'agace le plus, c'est la fille de Mitzer. Scarlett est son hôtesse pour le week-end dans la capitale parisienne ; comme à chaque fois qu'il est venu parler affaires avec Mitzer. Elle a beau être la fille de cet homme d'affaires qui affiche une tentative de respectabilité, elle se comporte ni plus ni moins comme une pute. Pas trop mal fichue, il faut bien le reconnaître : 1,75 m environ sans ses talons, jolie. Fausse blonde. Pas farouche et assez joueuse aussi : il l'a baisée une partie de la nuit dernière et elle a satisfait la moindre de ses exigences.

Ce n'est pas la première fois qu'il use et abuse d'une fille. En réalité, il se fait régulièrement accompagner de jeunes femmes lors de ses sorties. Généralement embauchées pour deux à trois mois, ces *escorts* ont pour mission principale d'écarter les indésirables attirées par son statut d'homme riche et célibataire. Il a bien sûr croisé des femmes intéressantes et intelligentes qui n'avaient rien de sangsues avides de pouvoir et richesse. Aucune ne tenait la comparaison avec Alice.

Aucune ne pouvait ; aucune ne pourra jamais. Alors autant couper au plus court et payer pour une présence féminine. Les limites du contrat dépendent d'elles, toujours. Solomon a la réputation d'être dur, jamais envers les femmes. Celles qui le suivent dans son lit le veulent bien ; et les jeux sexuels sont toujours partagés. Tant qu'il n'y a ni tendresse, ni sentiment…

Ce jeudi soir, à voir la tenue que porte Scarlett alors qu'elle accueille les invités, Solomon se dit que la nuit prochaine promet bien des plaisirs.

Vendredi 9 décembre 2016, 1 heure du matin.

La voiture se gare devant l'entrée de la maison d'Alan Mitzer, dans la banlieue parisienne. Fabien, le chauffeur, descend et se précipite en ouvrant son parapluie pour abriter la jeune femme qu'il doit conduire à un hôtel dans la capitale. Les ordres sont formels : pas un mot à Amy ; il est son chauffeur et c'est tout. Il ne s'amusera sûrement pas à tenter d'enfreindre les ordres. Il a eu le malheur un jour de s'excuser d'avoir manqué de la bousculer. Ça lui a valu un entretien avec le patron lui-même, puis avec son chef. Il a bien compris que cette fille est intouchable : sous surveillance permanente ; interdiction de sortir seule, quand elle sort. Et lorsqu'elle est conduite d'un point A à un point B, uniquement sur ordre, elle n'a aucune liberté : les portes de la voiture doivent être verrouillées pour que personne ne puisse ouvrir la porte… et surtout pas elle.

Fabien ne dira rien non plus sur la différence de traitement entre Amy et Scarlett, la fille aînée de son patron. Si la première est entourée de mille mesures de sécurité, la seconde semble pouvoir faire ce que bon lui semble. À elle il est fortement conseillé de parler et répondre ; mais interdit de toucher. Pourtant la fille blond platine s'amuse souvent à l'allumer, le provoquer. Difficile de rester de marbre devant cette bombe incendiaire qui n'hésite pas à se changer dans la voiture sans lever la vitre de courtoisie, sous-vêtements compris. La gêne occasionnée amuse systématiquement Scarlett. On ne peut pas faire plus différent comme sœurs.

Fabien offre la protection de son parapluie dès qu'il s'arrête une marche en dessous du perron. Amy est tenue par le bras d'une main ferme par un homme de la sécurité rapprochée de M. Mitzer. Elle porte un long manteau noir dont tous les boutons sont fermés et un immense châle rouge sang qui couvre ses cheveux bruns. Les yeux d'un bleu proche du gris sont bien sombres ce soir, mais Fabien ne s'aventurera sûrement pas à en faire la remarque à voix haute.

— Je te déconseille de désobéir, cette fois, fait l'homme d'une voix grave et menaçante.

Amy baisse la tête sans répondre. Elle rejoint l'abri du parapluie dès que le colosse la lâche et serre une grande enveloppe contre elle pour la protéger de l'eau. Elle s'engouffre dans la voiture sans se retourner et Fabien ferme la porte sur elle. Il court presque pour se mettre derrière le volant et jette le parapluie fermé et dégoulinant côté passager. Quand il regarde dans son rétroviseur, Amy finit de replacer ses vêtements et boucle sagement sa ceinture. Interdiction de démarrer tant qu'elle n'est pas correctement attachée. Dès que la voiture avance, Amy pose délicatement l'enveloppe à côté d'elle. Elle lève ses grands yeux magnifiques sur le rétroviseur et croise le regard du chauffeur. Un pincement de ses lèvres pleines et sensuelles, c'est tout ce qu'il aura comme signe de reconnaissance et salutation. Puis, comme à son habitude, le regard bleu clair se déporte sur l'extérieur et dévore tout ce qu'il peut dévorer.

Fabien a changé sa façon de regarder ce qui l'entoure depuis qu'il connaît Amy. Il prend le temps d'observer le paysage, quel qu'il soit. Il cherche le détail qui fera qu'il aura l'impression d'avoir perçu l'élément remarquable, touché du doigt la perfection du monde. La seule chose qu'il pense ne jamais connaître et qui doit pourtant être la plus grande merveille de l'univers, c'est le sourire d'Amy. Elle ne sourit jamais. D'aussi loin qu'il s'en souvienne, Fabien ne l'a jamais vue sourire. Amy est belle. Très belle. Très désirable. Elle attire les regards des hommes et des femmes. Elle est courtoise, ne parle que lorsque son intervention est requise, mais elle ne sourit jamais. Il ne connaîtrait pas son regard, les gens qui l'entourent, Fabien en aurait conclu qu'elle n'est qu'un cœur de glace. Il connaît son regard et les gens qui l'entourent. Le cœur d'Amy est peut-être glacé, mais son âme doit être aussi belle qu'elle. Ça, il en est certain et rien ne pourra jamais le faire changer d'avis sur cette certitude.

Vendredi 9 décembre 2016,
environ 2 heures du matin.

La limousine s'arrête devant l'hôtel de luxe où Solomon et Steve ont leurs chambres. Steve n'a pas décroché un mot de la soirée. Il n'aime pas se retrouver dans ces situations ingérables où il découvre que son patron lui a caché la moitié des emmerdes au programme. Et ce soir, c'était la totale : putes, alcool, coke, héro, armes… Tout y était et Steve est vraiment en colère. Solomon sait qu'il vaut mieux ne rien dire. Il se doutait que ce serait un piège ; il ne pensait pas que ce serait à ce point-là. Lui, au moins, a pu mettre Scarlett au premier plan pour se faire oublier, faire diversion, alors que Steve, lui, s'est retrouvé seul. À tel point qu'il a préféré rejoindre les gardes du corps. Maintenant, il sort de la voiture sans un regard pour son patron et ami ; et encore moins pour Scarlett. Il est vraiment furieux. Ça ira mieux demain ; et Solomon n'essaiera pas de le rattraper.

— Quelque chose ne va pas ?

Scarlett s'inquiète à voix haute alors que ses yeux aux pupilles un peu trop dilatées suivent l'homme en colère qui disparaît dans l'hôtel.

— Quelque chose ne va pas ? répète-t-elle devant le silence de son amant occasionnel.

— Rien qui te concerne. Descends.

L'ordre est asséné sèchement. Scarlett dévisage Solomon sans bouger.

— Faut-il que je me répète ? menace-t-il d'une voix sombre.

Cette fois, la jeune femme intègre l'ordre et l'avertissement. La nuit précédente, elle a sciemment désobéi à une instruction de son amant. Elle sent probablement encore trop la morsure de la fessée pour tenter une récidive. Pourtant, ce n'est pas la violence qui l'effraie : elle adore se faire malmener pour, soi-disant, gagner un plaisir plus intense. C'est pour ça que, une fois sur le trottoir, Scarlett retire lentement son manteau pour le poser sur son bras, puis s'avance vers l'entrée de l'hôtel en faisant balancer son bassin.

Solomon la suit d'un mètre en profitant du spectacle. La fille sur talons aiguilles croise savamment ses jambes à chaque pas, accentuant le mouvement de son bassin. Ça semble presque naturel, mais c'est parfaitement étudié ; et le coup d'œil que Scarlett lance par-dessus son épaule nue confirme toutes ses intentions. À aiguiser l'appétit de son amant, elle ne sait pas à quoi elle s'expose ; à moins qu'elle ne le défie délibérément. Elle ne peut pas encore savoir jusqu'où sa séduction peut la mener : ainsi provoqué, Solomon débride ses instincts et celles qui s'aventurent sur ce chemin ont généralement du mal à suivre. Il lui tarde de connaître les limites de résistance de cette fille.

C'est alors que son regard passe des yeux brûlant de désir de Scarlett à des yeux d'un bleu clair, à la limite du gris, qui le clouent sur place. Là, un peu plus loin, se tient une des plus belles femmes qu'il ait jamais croisées de sa vie. Solomon se fige à peine franchie la porte d'entrée de l'hôtel et sent ses sourcils se froncer devant cette vision inattendue. Elle lui échappe soudain : la jeune femme baisse ses yeux et sa tête. Ne reste qu'une impression ténue qui s'évapore dès que l'homme qui se tient près d'elle s'approche de Solomon.

Logan Henson est le responsable de sa sécurité. Il n'était pas censé être ici ce soir. Sa présence signale l'existence d'une anomalie, un point sensible dans le dispositif de sécurité qui entoure et protège Solomon vingt-quatre heures sur vingt-quatre. Pourtant, la démarche souple de son homme semble contredire le pressentiment de danger. Logan n'a pas rejoint son patron que la voix acide de Scarlett fait siffler ses sonorités françaises dans le hall et se répercute sur les murs marbrés.

— *Mais qu'est-ce que tu fous là ?*

Couverte d'un manteau noir et drapée d'un immense châle rouge sombre qui cache ses cheveux et tout le haut de son corps, l'intruse recule jusqu'à buter dans le canapé derrière elle.

— *Réponds, idiote*, cingle Scarlett sans aucune discrétion.

Solomon sent une impatience ténébreuse s'emparer de lui. Il est plus de 2 heures du matin et il n'y a presque personne dans le hall ; mais le personnel de l'hôtel est déjà de trop devant le début d'esclandre provoqué par la jeune femme qui l'accompagne. Personne n'est dupe quant au rôle exact de Scarlett auprès de lui, Solomon le sait bien ; et il est hors de question qu'une pute porte atteinte à sa réputation. Logan le sait. Au cours des dix années pendant lesquelles il a accompagné son patron, il a appris à connaître ses valeurs et les partage, pour la plupart. La discrétion n'est jamais négociable. C'est pour ça que tous deux se tournent vers le conflit entamé d'un même mouvement.

— C'est la deuxième fille d'Alan Mitzer, précise Logan à voix basse dès qu'ils sont côte à côte.

La deuxième fille de Mitzer. Une suite de questions pulvérise l'embryon de déception dans l'esprit de Solomon. Pour que Mitzer lui envoie sa deuxième fille à son hôtel au beau milieu de la nuit, c'est qu'il y a anguille sous roche. L'intuition d'un piège chasse très efficacement les brumes du désir.

— *Je t'ai posé une question*, s'agace Scarlett contre sa sœur.

— Silence, ordonne sèchement Solomon en se plantant à côté des deux filles.

Scarlett lui fait face et le toise, trop emportée par sa colère et l'esprit trop brouillé par la came et l'alcool pour faire profil bas. Sa sœur, elle, baisse un peu plus sa tête, laissant les deux hommes face à son silence, son châle rouge et quelques mèches brunes. Scarlett ouvre la bouche, croise le regard de Solomon, puis referme sa bouche. Voilà, parfait ; qu'elle se taise.

— Dans ma suite, tout le monde.

Scarlett vient se coller contre Solomon, s'accroche à son bras et l'entraîne vers l'ascenseur. Celui-ci jette un coup d'œil à Logan avec un mouvement de tête vers l'autre femme. Le garde du corps hoche la tête pour accuser réception et Solomon suit Scarlett. Il profite des quelques pas pour se remémorer ce qu'il sait de la deuxième fille de Mitzer. Amy.

Ce n'est pas son vrai prénom. Il ne sait pas pourquoi personne ne l'appelle par son prénom de naissance :

Eden. Eden Monceau. En fait, il ne sait pas grand-chose sur elle. À tel point qu'il ne l'a pas reconnue. Il se souvient d'une photo d'elle, d'une gamine brune au regard sombre bien loin de la superbe femme qu'il doute maintenant d'avoir bien vue. Amy/Eden est plus jeune que Scarlett. Solomon n'est pas certain qu'elle soit majeure. Elle ne serait pas ici dans le cas contraire. Quoique… Avec un père comme le sien. Beau-père, pour être plus exact. Mais quand on voit ce que Mitzer fait de sa propre fille, la probabilité pour qu'Amy ne vaille guère mieux que sa sœur relève de l'évidence.

Solomon entraîne Scarlett au fond de la cabine tandis que Logan et l'invitée-surprise prennent place devant eux. Solomon perçoit furtivement une grande enveloppe dans les bras de la jeune femme qui garde tête basse avant de lui tourner le dos. Elle se décale d'un mouvement raide le temps que Logan appuie sur le bouton puis reprend sa place, statue parfaite.

— Ma sœur ne fait que passer, tente Scarlett.

— J'ai dit silence, gronde Solomon.

D'un geste rapide, il saisit le bras de sa compagne temporaire et la fait pivoter vers lui brusquement.

— Encore un mot et tu dégages.

Scarlett est tentée de baisser les yeux, mais Solomon lui a appris à ne pas le faire et elle soutient son regard en battant des paupières. Il relâche sa prise au moment où la sonnerie annonce l'ouverture des portes. Logan sort le premier et fait signe à Amy de le suivre. Elle obéit sans un mot. Quelques pas derrière eux, Solomon observe sa démarche simple, sans déhanchement excessif, ni calculé. Une démarche contrainte, sans souplesse. Une démarche forcée. Quelque chose perturbe Solomon, mais le groupe entre déjà dans la suite. Sitôt la porte fermée, Scarlett se précipite sur sa sœur, l'attrape par une manche et l'oblige à se retourner brutalement. La jeune femme manque d'en tomber et de lâcher l'enveloppe qu'elle tient toujours sous son bras. Le châle rouge perd sa place et vient masquer son visage lorsqu'elle fait face malgré elle à son aînée.

— *Donne-moi ça et va-t'en*, ordonne celle-ci, plus venimeuse que jamais.

— *J'ai des ordres*, répond une voix éteinte, sans couleur et sans émotion.

Solomon n'aime pas se répéter.

— Logan, Scarlett et moi en avons terminé.

— Quoi ?

La jeune femme se tourne vers lui et le dévisage, incrédule.

— Mais…

Solomon la fixe sévèrement. Il ne s'expliquera pas. Scarlett pince ses lèvres et plisse ses yeux. Même si sa colère est profonde, elle ne se rebiffera pas. Elle a appris. Elle pose pourtant une main sur le torse de Solomon en mordant et léchant ses lèvres gonflées, puis elle pose sur lui un regard plein de fausse contrition. Le désir est aussi violent que l'impatience.

— Tu veux vraiment jouer à ça ?

Pour toute réponse, elle vient coller son corps au sien, le bassin osseux frottant son bas-ventre. La raison ne gagnera jamais face à une telle provocation.

— Tu m'as désobéi, dit-il d'une voix rauque. Je vais me faire plaisir.

Scarlett hoche la tête.

— Va dans ma chambre et déshabille-toi.

Cette fois, elle obéit et s'éloigne en laissant son manteau glisser au sol et en accentuant le balancement de son bassin. Solomon déglutit pour maîtriser la flambée de désir : il doit d'abord décider du sort de la sœur. Celle-ci n'a pas bougé, ni remis son châle en place. Après le désir, la colère. Solomon n'aime pas ne pas voir le visage et les yeux de ses interlocuteurs. Tout se voit sur les visages et à travers les regards, et il sait les lire. En quelques pas rapides, il est sur Amy/Eden. Dès qu'il entre dans son champ de vision réduit par le tissu, elle a un mouvement de recul. Il la retient aussitôt en s'emparant de son bras.

— Ne me fuis pas, exige-t-il durement.

Le corps se raidit sous sa main quand elle obéit. Face à elle, Solomon saisit les bords du châle et dégage la tête d'Amy/Eden. Les cheveux bruns brillent d'un tel éclat qu'il poursuit son geste au-delà de ce qu'il avait envisagé et écarte totalement le châle de la jeune femme en reculant d'un pas. Il l'observe en silence de longues secondes, lâchant négligemment le tissu. Elle reste immobile pendant l'examen, tête basse.

— Regarde-moi.

Le visage se révèle peu à peu et Solomon regrette aussitôt d'avoir gardé Scarlett près de lui. Amy/Eden est très belle : petit nez fin, lèvres pleines, peau sublime, teint un peu pâle mais frais, sourcils naturellement fins. Tout est parfaitement proportionné avec quelques rondeurs là où la plupart des filles n'affichent que des angles. Solomon n'a soudain plus qu'une envie : voir son corps. Son ordre reste pourtant dans sa gorge quand il découvre ses yeux. A-t-il jamais été captivé comme il se fait envoûter par le regard d'un bleu si clair qu'il en paraît irréel ? Il reprend pourtant le contrôle dès qu'elle baisse à nouveau la tête.

— Je t'ai demandé de me regarder.

Les yeux bleus reviennent aussitôt sur lui.

— Comment t'appelles-tu ?

— Amy, monsieur.

— Ne me mens pas.

La jeune femme écarquille ses yeux. Elle reprend aussi rapidement le contrôle d'elle-même, mais sa pâleur soudaine trahit sa surprise inquiète.

— Faut-il que je répète ma question ? fait-il face à son silence.

— On m'appelle Amy, monsieur.

Subtil comme esquive, intelligent. Solomon n'a pas le temps de creuser plus loin… Pas maintenant.

— Qu'est-ce que c'est ? demande-t-il en désignant l'enveloppe des yeux.

— Je ne sais pas, monsieur.

Et le regard fuit encore pour se fixer sur l'enveloppe qu'elle lui tend. Solomon s'en saisit, l'ouvre et en sort un document épais auquel est attachée une demi-feuille. De son écriture la plus horrible, Alan Mitzer annonce le projet de contrat joint. Solomon tique : ce document aurait pu lui être transmis à un autre moment qu'au beau milieu de la nuit, et par une autre personne que sa fille. Belle-fille… C'est la deuxième partie du message qui explique tout :

« Le messager est à votre entière disposition pour le week-end. Elle satisfera toutes vos envies. »

Amy/Eden lui est livrée sur un plateau d'argent. Une pute de plus, donc.

— Tu sais lire ? crache-t-il avec mépris en lui mettant sous le nez les instructions.

— Oui, monsieur, répond-elle en battant des cils sans relever la tête.

Solomon jette le dossier sur la table proche d'eux et attrape le menton de la jeune femme pour l'obliger à le regarder.

— C'est la troisième fois que je vais t'ordonner de me regarder. L'obéissance n'est pas négociable avec moi. Est-ce que tu comprends ce que je dis ?

— Oui, monsieur.

Elle cligne à nouveau des yeux et pâlit un peu plus. Étrange… mais le doute n'est pas permis face à une des filles de Mitzer.

— C'est bien toi, le messager ?

— Oui, monsieur.

— Et il est bien écrit que je peux faire ce que je veux de toi ?

— Oui, monsieur.

— Je ne baise pas deux filles en même temps ; et encore moins deux sœurs. Scarlett a besoin d'une bonne leçon. Après, je m'occuperai de toi.

La jeune femme ferme les yeux en inspirant, puis fixe Solomon sans un mot.

— Tu commences à comprendre, dit-il avant de la lâcher. Enlève ce manteau, exige-t-il en reculant d'un pas.

Deux mains fines déboutonnent le vêtement et le font glisser jusqu'à le retenir par le col.

Putain…

La robe rouge, en satin sur le corps et dentelle sur les bras, ne cache rien des formes parfaites du corps élancé et musclé. Pour ne pas céder à sa pulsion, Solomon remonte sur les yeux… qu'elle a déjà baissés. Bordel !

— Es-tu capable d'obéir ? s'agace-t-il en relevant brusquement le menton de la jeune femme.

Elle tremble sous ses doigts et retient une grimace. Solomon retire aussitôt sa main : son intention n'était pas de lui faire mal. Il faut qu'il se calme avant de jouer avec elle. Il ne connaît rien de ses limites et la pulsion sauvage qui cogne ses tempes l'induirait en erreur. Il faut qu'il se défoule avec Scarlett avant de faire face à cette tentation vivante qui a mis ses nerfs à fleur de peau.

— Tu vas m'attendre dans l'autre chambre, assise au bout du lit, face à la porte et jambes écartées. C'est assez clair ou faut-il que je me répète ?

— C'est clair, monsieur.

La voix est si… À nouveau, Solomon a un doute.

— Tout va bien ?

Solomon aurait voulu poser cette question, mais la voix de Scarlett le devance. Celle-ci se veut sereine, mais les notes trop aiguës et grinçantes rendent sa désapprobation évidente. Solomon se retourne avec la ferme intention de la remettre à sa place. Il se fige en manquant de garder sa bouche ouverte. Complètement nue et perchée sur ses talons aiguilles, Scarlett s'est positionnée sur le seuil de la chambre, un bras en hauteur appuyé sur le chambranle de la porte, les jambes tendues et le bassin déhanché. Un soupir profond est toujours préférable à des hurlements ou une fessée ou une baise brutale. Solomon met ses mains dans ses poches et cherche le regard de Logan. Celui-ci comprend sans qu'il soit besoin de dire un mot. Il s'avance, attrape le manteau abandonné au sol et rejoint Scarlett en lui tendant son vêtement. La jeune femme se redresse et baisse son bras, puis elle dévisage Solomon avec inquiétude.

— N'essaie même pas, prévient-il d'une voix lugubre.

Elle hésite, puis son visage se durcit.

— Laisse-moi au moins me rhabiller.

— Non.

Solomon se détourne aussitôt. Scarlett est du genre à pleurnicher et il a horreur de ça. Il déteste tous ceux qui n'ont pas le courage de leurs actes, ceux qui agissent en prenant un risque et qui refusent de l'assumer.

— Je te conseille de te taire, intervient Logan clairement menaçant. Tu enfiles ton manteau et tu sors d'ici.

Le froissement d'étoffe signe la renonciation de la fille. Solomon l'avait informée dès le premier jour des règles du jeu et prévenue des conséquences de leur non-respect. Ces exigences et sanctions ne lui posent aucun problème : l'absence de sentiments lui garantit le détachement suffisant. Les reflets sur les fenêtres lui montrent la scène comme s'il regardait un film et il assiste au spectacle tout en se servant un verre d'eau. Scarlett pivote vers lui à deux pas de la sortie.

— Elle va te décevoir. Tout ce qu'elle sait faire,

c'est se soumettre et écarter les cuisses. N'attends pas d'elle la moindre initiative.

Solomon retient une réplique cinglante : une fille soumise et obéissante, c'est tout ce qu'il demande. D'ailleurs, Amy/Eden a disparu, déjà rendue là où il lui avait ordonné d'aller. Obéissante, donc. Il aurait pu… Plus cette nuit.

— L'autre aussi, exige-t-il.

Un regret vient effleurer son esprit. Il le rejette comme Logan pousse sans ménagement Scarlett hors de la suite.

— Tu attends là, ordonne ce dernier durement avant de prendre la direction de la deuxième chambre.

Il récupère le manteau noir et le châle rouge et entre dans la chambre sans même frapper. Solomon fixe son propre reflet puis vide son verre en quelques gorgées. Il est fatigué de toute la tension de la soirée, des coups fourrés de Mitzer.

— Allez, viens. Tu rentres chez toi.

La voix extrêmement douce de Logan tire Solomon de ses réflexions. Au moment où il pose les yeux sur son garde du corps, c'est pour le voir aider la fille à mettre son manteau avec des gestes lents et doux. Elle glisse ses mains sous ses longs cheveux épais pour les soulever, puis les laisse dégringoler sur son dos. Une telle grâce dans ces gestes simples… Elle fait face à Logan et ses grands yeux bleus se posent sur lui sans crainte. Sans crainte… Le doute revient tracasser Solomon : quelque chose cloche avec cette fille. Il l'a pressenti dès le début. La peur ?

— Stop.

La voix de Solomon claque alors que Logan et la jeune femme sont au milieu de la suite. Malgré le manteau, la raideur qui s'empare du corps élancé est une évidence. Déjà, elle baisse sa tête. Le doute se renforce. Solomon veut en avoir le cœur net. Jouer avec les filles est une chose ; les terroriser une toute autre. Inadmissible. La violence pour la violence, ce n'est pas lui… Il doit savoir.

— Une minute, fait-il à l'attention de Logan.

Celui-ci tend son châle à la jeune femme et sort de la suite en fermant derrière lui. Les doigts fins se serrent sur le tissu rouge sans qu'elle esquisse le moindre mouvement pour le remettre sur ses épaules. À mesure que Solomon s'approche d'elle, la tension semble monter et la soumettre. Alors qu'il se place devant elle, elle a un mouvement de recul. Un corps qui s'éloigne, un pied qui bouge.

— Ne me fuis pas.

Elle se fige, puis le pied revient à sa place.

— Et regarde-moi.

Les yeux au bleu-gris anormalement clair se lèvent sur lui. Cette fois, Solomon n'a aucun mal à identifier la peur. Il sait désormais à quoi ressemble ce regard puissant quand aucune crainte ne voile son pouvoir hypnotique. Putain, cette fille est magnifique. Pourtant…

— Tu as peur de moi ?

L'écarquillement des yeux est furtif mais réel, puis le regard fuit.

— Non, monsieur, dit-elle en baissant la tête.

Solomon relève le visage de son index, doucement.

Il s'avance d'un pas et un parfum subtil envahit ses narines. Les variations du bleu clair de ses iris le subjuguent, mais l'envoûtement prend fin dès qu'il remarque les pupilles dilatées, la respiration maîtrisée, la pâleur de sa peau.

— Ne me mens pas… Eden.

Il a sciemment utilisé son prénom de naissance. Il n'aurait peut-être pas dû, car une panique violente la fait trembler. Elle tourne la tête vers la porte d'entrée, semble soulagée qu'elle soit fermée, puis revient sur Solomon en reculant d'un pas. Il la prend par le bras en veillant à ne pas serrer sa prise.

— Ne me fuis pas.

Il se colle à elle en un pas.

— Tu n'as rien à craindre de moi.

Le regard bleu scrute celui de Solomon et la peur cède à la surprise. Lentement, Solomon place son visage contre celui d'Eden et, faisant fi des tremblements de la jeune femme, il chuchote à son oreille.

— Tu me dois une nuit, Eden.

— Oui, monsieur, murmure-t-elle après ce qui a semblé une éternité.

Quand Solomon recule et la libère de son emprise, elle a déjà baissé la tête. Il ne fera rien pour l'obliger à le regarder. On ne force pas un être craintif, on l'apprivoise. Et pour l'apprivoiser, il faut parfois commencer par le laisser partir et prendre le risque de ne jamais le revoir.

La gifle part dès que les portes de l'ascenseur se sont fermées. Logan n'a rien vu venir. Il ne peut que recevoir Amy dans ses bras quand elle tombe, déstabilisée par la violence de sa sœur.

— *Espèce de petite conne*, attaque Scarlett. *À cause de toi, on s'est fait jeter dehors.*

Elle s'apprête à se jeter sur Amy, mais Logan s'interpose et la repousse au fond de la cabine d'une main. Scarlett titube et se retient en plaquant ses mains sur la paroi de la cabine. Son manteau s'ouvre et dévoile sa nudité. Elle le referme avec des gestes brusques.

— *Il ne m'a même pas laissé le temps de me rhabiller. Qu'est-ce que tu as encore foutu ?*

— Ça suffit !

La voix de Logan emplit tout l'habitacle. Scarlett le fusille du regard.

— Toi, le larbin, on ne t'a rien demandé.

— À votre place, mademoiselle Mitzer, j'éviterais d'insulter les hommes de M. Rickman. Les négociations avec votre père…

— Je t'interdis de me menacer, siffle la fille, furieuse.

Logan ne répond pas. L'ascenseur sonne déjà et les portes s'ouvrent. Scarlett n'attend pas une seconde et s'engouffre dans l'ouverture, bousculant sciemment sa sœur. Elle se retourne tout aussi vivement et toise Amy.

— *Tu vas prendre la raclée de ta vie*, crache-t-elle avec mépris.

Logan est si choqué de la menace qu'il retient les portes qui se ferment avec un temps de retard. Près de lui, Amy reste parfaitement immobile, tête basse. Le garde du corps ne sait pas quoi penser, ni quoi faire.

— *Dépêche-toi, idiote. Et tu as intérêt à obéir.*

Amy lève lentement ses mains, prend les bords de son châle et se couvre la tête. Au moment de quitter l'ascenseur, le regard bleu ciel se pose sur celui de Logan. Il en reste paralysé. Il a vécu beaucoup de choses, vu beaucoup de choses ; et ce regard-là, il l'a déjà croisé. Amy suit docilement sa sœur qui avance au pas de charge et quitte l'hôtel sans un regard derrière elle. La fille au châle rouge va obéir, Logan le sait bien. Elle ne reculera pas, même quand les coups vont pleuvoir. Elle ne se rebiffera pas. Une femme battue ne se rebiffe pas.

Soudain, il repense à la façon dont M. Rickman a traité Amy, son mépris après avoir lu le document. Il imagine sans peine ce qu'il y a d'écrit.

« *Le messager est à votre entière disposition pour le week-end. Elle satisfera toutes vos envies.* »

Logan repose le dossier sur la table sans bruit et soupire en pensant au sort d'Amy. Il sait qu'il ne peut pas et ne doit pas s'en mêler. La priorité reste la sécurité de son patron et tenter de sauver une esclave sexuelle qui appartient à un homme comme Mitzer, c'est s'attirer beaucoup de problèmes. Inconcevable. Trop dangereux. C'est pour ça qu'il se taira. C'est pour ça qu'il appelle son équipe et ses contacts pour savoir tout ce qu'il y a à savoir sur ce truand et cette pauvre gamine.

2

Vendredi 9 décembre 2016, fin de matinée.

— Ce contrat est une sombre merde.

Steve jette le document sur la table basse du petit salon de la suite de Solomon. Celui-ci lève le nez de son ordinateur pour dévisager l'avocat spécialisé dans le droit des affaires. Son associé. Ils bossent ensemble depuis le début, depuis la première idée de Solomon, sa première société. Ils avaient à peine 17 ans. Leur réussite a tenu du miracle et ils n'ont dû leur survie qu'à l'intervention de l'oncle de Steve et à ses relations. Potasser comme des malades pour ne plus se faire avoir a été une évidence : l'économie pour Solomon, le droit pour Steve. Le premier est le patron, car ç'a toujours été lui le décideur et interlocuteur naturel. Le second est le roc de la légalité et le garant de la défense. À eux deux, ils ont construit un empire ; le partenariat avec Mitzer est le premier dossier sur lequel ils ne parviennent pas à s'accorder.

— Il faudrait peut-être demander l'appui de Xavier, suggère Solomon avec un calme trompeur.

Xavier Durand, juriste spécialisé en droit des affaires, a une compétence européenne plus que reconnue. Ils le connaissent depuis cinq ans et se replient toujours sur lui quand ils pataugent.

— On est vendredi matin. On n'aura pas son avis avant le milieu de semaine prochaine, explique Steve.

— Tu restes en France pour t'en occuper ?

— On devait aller à Bruxelles.

— Et je ne peux pas y aller seul ?

Steve se laisse tomber dans le fauteuil face à Solomon et prend le temps de réfléchir avant de répondre.

— Si. Ma présence n'est pas indispensable ; tout est réglé. Par contre, il faut que je t'accompagne à Genève en fin de semaine.

— On n'aura pas le temps d'intercaler une négociation avec Mitzer…

— Aussi mal préparés ? Sûrement pas !

— D'accord, Steve. D'accord. Il va falloir retarder notre retour à Denver.

Steve soupire longuement. Il n'aime pas ce contrat, cette négociation, Mitzer. Le monde dans lequel ça suppose d'évoluer.

— Tu as bien conscience que ce mec va chercher à t'entuber ?

— Je ne suis pas totalement stupide, Steve, s'agace Solomon.

— Rien que le fait qu'il t'envoie une pute au milieu de la nuit pour te faire signer ce torchon devrait te faire fuir.

— Premièrement, ce n'est pas une pute, mais sa belle-fille.

Le regard de Steve dit pour lui ce qu'il en pense. Solomon poursuit sans relever.

— Deuxièmement, ai-je jamais signé quelque chose sans en vérifier la légalité ?

— Ah, mais je te rassure tout de suite ! Cette arnaque est très proche de la légalité !

— Troisièmement, je ne signe pas davantage un contrat dans lequel je suis perdant.

— Ce mec ne joue pas franc-jeu.

— Je le sais, gronde Solomon en fusillant Steve du regard.

Silence dans la suite. Solomon ferme son ordinateur et reprend le document pour le poser dessus et le feuilleter. Chaque paragraphe a été annoté de l'écriture nerveuse de Steve. Les discussions vont être interminables. Solomon prend soudain conscience que Mitzer agit comme un amateur : penser qu'il peut présenter quelque chose d'aussi inabouti et grossier dans ses intentions relève de la bêtise. Ce mec n'y connaît rien en affaires, ou n'a aucune notion de droit, ou se fiche de la légalité des actes, ou tente de se jouer d'eux.

— Et si on inversait le rapport de force ? propose Solomon sans prévenir.

Steve le dévisage un instant avant de secouer la tête.

— J'ai peur de comprendre.

— Si on ne reprend pas la main, ça va devenir ingérable.

— Parce que tu crois qu'il va te laisser faire ?

— Tout est question de compromis.

— Tu vas trop loin, Solomon.

En presque dix-sept ans de collaboration, c'est la première fois que Steve fait une telle mise en garde. Solomon l'entend bien. Il abandonne le projet de contrat foireux et s'affale dans son fauteuil. Oui, il va peut-être trop loin. Alors il prend le temps de se détacher de son objectif pour le mettre dans la perspective de Steve. Il cherche les dangers pour son empire, leur groupe, les sociétés et le sort de toutes ces personnes qui travaillent pour eux, pour lui. Il ne peut pas nier que l'accord qu'il est en train de négocier est casse-gueule. Et pour gagner quoi ? Plus de richesses ? Et pour quoi faire ? Solomon ferme les yeux. Il n'aime pas le tour que prennent ses pensées ; et encore moins leur véracité. Il se redresse et fixe son ami.

— Je vais aller voir Mitzer et lui expliquer ce qu'on pense de son amateurisme.

— Dans ces termes ?

Steve sourit, signe que cette décision le rassure.

— À peu près, le nargue Solomon dans une douce plaisanterie.

Il se lève tout en attrapant son portable, mais s'arrête deux pas plus loin.

— Un mois, décide-t-il brusquement. Soit on trouve un accord acceptable sous un mois, soit on laisse tomber.

— Quinze jours ?

Solomon sourit. Steve est pugnace quand il s'y met.

Vendredi 9 décembre 2016,
milieu d'après-midi.

Contrairement à son habitude, Logan ne descend pas dès l'arrêt de la voiture pour venir ouvrir à son patron. Son regard reste rivé sur la façade de la maison de

Mitzer et Solomon s'inquiète de voir ses sourcils se froncer.

— Logan ?

— Pardon, monsieur.

Le garde du corps réagit au quart de tour et s'apprête à ouvrir sa porte.

— Non, l'arrête Solomon. Quel est le problème ?

Logan se retourne et fixe son patron installé derrière le conducteur français quelques secondes avant de soupirer.

— Descendez, ordonne-t-il au chauffeur qui obtempère sans un mot. Je n'ai aucune confiance, monsieur. Je suis prêt à parier que cette maison est truffée de caméras et de micros.

— Je n'ai pas davantage confiance.

— Sauf votre respect, monsieur, hésite Logan.

— Oui ?

— Partez du principe que tout sera vu, entendu… et enregistré.

— Je n'aurais pas agi autrement.

Logan serre les lèvres, hoche la tête pour accuser réception et se détourne. Pas assez vite pour masquer une forme d'inquiétude ou de désapprobation. Quelque chose sur son visage qui réveille l'instinct de Solomon.

— Quoi d'autre ?

Le garde du corps suspend son geste, puis lâche la poignée de la porte.

— Ce qui se passe là-dedans, fait-il le regard au-delà de sa vitre, c'est assez sordide, monsieur. Votre réputation…

— Que s'est-il passé hier soir ?

Logan fait à nouveau face à Solomon et celui-ci comprend que son intuition ne lui a pas menti. Son homme est un grand professionnel. Il a l'art et la manière de glaner toutes les informations indispensables. C'est grâce aux dossiers qu'il constitue que Solomon et ses équipes savent où ils vont mettre les pieds et anticipent si bien les conséquences de leurs décisions. Il est évident que Logan détient des éléments qu'il n'a pas encore partagés et qui l'inquiètent.

— Rien qui concerne votre sécurité, monsieur. Ni en rapport avec vos affaires.

— Henson, s'impatiente Solomon.

— C'est la façon dont Scarlett a traité sa sœur, monsieur. Elle l'a giflée et menacée de recevoir une… *raclée*. Ce qui se passe dans cette maison n'est pas très honnête.

— D'accord, Logan.

Cette fois, le garde du corps descend de la voiture et assure sa mission avec son sérieux et sa rigueur habituelle. Personne ne se doutera jamais du contenu de leur discussion. D'autant que Solomon profite des quelques secondes que met Logan à venir lui ouvrir pour poser sur son visage le masque d'homme dur et craint qui fait sa réputation. Personne ne saura jamais à quel point les violences faites à la jeune femme aux yeux bleu ciel, réelles ou supposées, le touchent. Toutes les violences gratuites le touchent. Personne ne le saura jamais.

— Solomon ! Quelle belle surprise !

Solomon n'a qu'à relever les yeux pour avoir la

confirmation de l'identité de l'intruse impolie. Scarlett se tient en haut des quelques marches qui séparent le hall d'entrée de l'immense pièce de vie. D'un regard meurtrier, elle défie Logan, en poste de l'autre côté de l'escalier. Puis elle se détourne en affichant un sourire séducteur et se rapproche de l'espace salon, interrompant sans aucune gêne la discussion entre son père et Solomon. Une discussion âpre et faussement détendue : si Mitzer a facilement convenu de la fragilité juridique probable de son projet de contrat, il a montré plus de résistance face au compromis que lui a présenté Solomon. C'est la version un, le premier round ; tout reste jouable.

— Scarlett chérie, s'interpose Alan Mitzer en se levant. Nous sommes en pleine discussion.

— Oh, mais vous avez fini, non ?

— Pas tout à fait, la dément son père. Et si tu allais nous chercher de quoi prendre…

— Non. Ça, c'est à Amy de le faire.

Scarlett se retourne vivement et interpelle un des deux gardes du corps qui veillent près de la porte d'entrée de la maison.

— *Alain, va chercher Amy.*

Elle pivote aussitôt vers Solomon et le dévore des yeux.

— Nous étions tous fatigués, hier soir, fait-elle avec un grand sourire enjôleur. Tu as pu te reposer ?

Solomon la fixe sans répondre. Jusque-là assis au bord de son fauteuil pour maintenir une proximité de travail avec Mitzer, il se recule avec des gestes lents et mesurés, pose une cheville sur le genou opposé et prend appui sur les accoudoirs pour croiser ses doigts devant sa bouche.

— Ma chérie, intervient Mitzer avec une autorité de pacotille surprenante, nous n'avons pas fini.

— Pas de problème, je vais rester sagement dans mon coin.

Et voilà qu'elle s'installe au bout du canapé, face aux deux hommes, en ouvrant sciemment les pans de sa robe pour découvrir ses jambes. Solomon ferme les yeux pour masquer son agacement et s'empêcher de remettre l'impudente à sa place devant son père.

— Scarlett, j'apprécierais que tu nous laisses terminer cette discussion. Ton comportement…

— Pas la peine, soupire Solomon en fixant Mitzer. L'essentiel a été dit pour aujourd'hui.

— Parfait, se réjouit Scarlett.

Un éclat traverse le regard de Mitzer alors qu'il dévisage sa fille et sa colère perce sous son impassibilité, trahissant sa perte de maîtrise. Ce n'est pas la première fois que Solomon détecte cette impatience rageuse qui révèle le danger potentiel de Mitzer. Si cet homme se contient devant Solomon, celui-ci devine sans peine que ses accès de rage doivent rapidement semer chaos et terreur autour de lui. La jouer finement n'est indéniablement pas optionnel.

— Je regrette qu'Amy ait réussi à t'énerver au point que tu préfères rester seul.

Scarlett prend un air faussement contrit qui agace un peu plus Solomon. C'est son comportement à elle qui lui a valu de se faire jeter dehors. Plus encore, évoquer leurs relations intimes devant son père relève de la pure bêtise. Et il a couché avec elle… Certains jours, il se giflerait pour son manque de prudence.

— Elle est tellement… timide qu'elle peut se montrer très maladroite, ajoute-t-elle avec un sourire charmeur.

— Comme tu l'as dit, nous étions tous fatigués, rétorque sèchement Solomon.

— Je suis navré qu'Amy n'ait pas su vous satisfaire, se lamente Mitzer en s'asseyant à sa place. Je me suis assuré que les règles minimales de la courtoisie lui soient rappelées, mais vous n'aurez plus à subir son impolitesse.

Ils sont interrompus par l'arrivée du garde du corps nommé Alain qui s'arrête en haut des marches. Il contrôle Amy/Eden par le bras et la ramène à lui aussi brusquement qu'il a dû la conduire jusqu'ici. Pieds nus, en jean et chemise à manches longues, la jeune femme se tient tête basse, ses longs cheveux bruns déployés sur ses épaules.

— Viens là, Amy, ordonne Mitzer en chassant son homme d'un signe de main.

C'est un miracle qu'elle ne tombe pas en descendant les quelques marches. Solomon voit bien Logan se retenir d'aller assister la fille malmenée. Un échange de regards, un signe de tête, et son garde du corps se raidit pour garder sa place et sa réserve.

— *Ta tenue est proprement inadmissible*, attaque Scarlett.

— *Désolée*, s'excuse Amy/Eden.

À deux mètres du salon, elle se fige, bien droite, mains jointes devant elle, tête penchée. Une position de soumission parfaite, si diamétralement opposée à celle de Scarlett qu'elle en paraît choquante.

— C'est l'heure du thé, lui signale Mitzer.

— Bien, père, répond la jeune femme sans relever la tête. Que puis-je vous servir ?

— *Du thé, pauvre conne*, cingle Scarlett avec vulgarité.

— Pas pour moi, la contredit Solomon d'une voix grave.

Amy/Eden tressaille. Son regard clair croise furtivement celui de Solomon puis se baisse alors qu'elle l'interroge.

— Du café, monsieur ?

— Noir, sans sucre, s'il…

— Bien, monsieur.

La jeune femme n'attend aucune instruction supplémentaire et se détourne pour aller exécuter sa tâche. Ce doit être habituel, car Scarlett et son père ne la considèrent déjà plus. L'idée qui germe alors dans l'esprit de Solomon lui paraît tellement absurde qu'il la repousse.

— *Espèce de tarée*, lance Scarlett comme insulte à l'attention de sa sœur qui s'éloigne.

— Rien ne vaut un peu de discipline pour s'assurer de la docilité des personnes rebelles, lâche Mitzer.

Solomon serre les dents : cet abruti n'a probablement même pas conscience de se contredire avec un tel adage qu'il est incapable d'appliquer à sa propre fille. Soudain, ces remarques successives donnent à l'idée de Solomon une force inattendue.

— En parlant de docilité… Amy, appelle-t-il d'une voix dure.

La jeune femme s'immobilise immédiatement et pivote pour lui faire face. Il voit bien qu'elle le regarde et il comprend qu'il lui est impossible : baisser les yeux et la tête, se soumettre et obéir… Son quotidien la marque trop pour qu'elle parvienne à contrer cet automatisme contraint.

— Reviens, exige-t-il.

— Solomon ? fait Scarlett d'une voix inquiète. Qu'est-ce que…

Il soulève une main pour la faire taire puis la fixe jusqu'à ce qu'elle renonce. Enfin assuré du silence de la fausse sœur, il s'intéresse au faux père.

— Alan, votre fille a une dette envers moi. Votre proposition de la placer auprès de moi est-elle toujours valide ?

— Bien sûr, affirme Mitzer, visiblement peu sûr de comprendre.

— Il s'avère que j'ai plusieurs engagements dans la semaine à venir et j'ai besoin d'être accompagné.

— Scarlett est tout à fait disposée à remplir cette mission.

— Je n'en doute pas ; elle l'a déjà fait ces derniers temps. Sauf que, cette fois, je dois me rendre dans des pays où la docilité des compagnes est un atout du fait de traditions plus fortes et moins souples qu'en France.

— Je sais me tenir ! s'offusque Scarlett en se levant.

Solomon ne prend même pas la peine de relever : le père a déjà compris.

— Votre fille aînée a un tempérament qui ne laisse pas les hommes indifférents ; et leurs épouses encore moins. J'ai besoin de quelqu'un qui n'attirera pas les regards ; et il se trouve que je n'ai pas trop le temps de chercher.

Il sourit pour appuyer sa fausse désinvolture et Mitzer hoche la tête. Tous deux détaillent la jeune femme qui a repris sa position d'attente soumise.

— C'est une plaisanterie ? ricane Scarlett. Amy est bien incapable…

— Assez ! tonne Mitzer en tournant vivement son regard furieux vers sa fille.

Solomon ne lâche pas Amy/Eden des yeux. Il la voit trembler. Il discerne le raidissement de son corps et le serrement des doigts noués au point de les faire blanchir. Il sait que c'est la peur qui la tient. Logan lui a fait part de la gifle et de la promesse de raclée. Il a parlé de trucs sordides et malhonnêtes. La réalité est probablement bien pire.

— Me permettez-vous de lui parler ? s'enquiert Solomon en regardant de nouveau son hôte. Je voudrais être sûr qu'Amy comprend ce que j'attends d'elle.

— Je vous en prie, accepte Mitzer avec un grand geste du bras. Viens là, ordonne-t-il à sa belle-fille.

— En privé, précise Solomon.

— Mais nous sommes en famille ! rit Mitzer.

— Certaines choses ne se font pas en famille, le corrige Solomon sans sourire.

Les deux hommes se dévisagent quelques secondes, puis Solomon reprend son observation de la jeune femme dont la vie est discutée comme on négocie un contrat.

— Amy, emmène M. Rickman dans la bibliothèque, cède Mitzer. Et tâche de bien te conduire.

La menace est plus qu'évidente. Le regard bleu croise furtivement celui de Solomon sans qu'il sache en déterminer la signification, puis elle recule de deux pas en se décalant légèrement.

— Si monsieur veut bien me suivre, l'invite-t-elle d'une voix parfaitement neutre.

Solomon s'appuie sur la porte fermée et croise jambes et bras. La pièce est à l'image du propriétaire des lieux : étagères murales bourrées de livres trop beaux pour être lus, desserte offrant des alcools dans des bouteilles poussiéreuses, billard au tapis trop parfait. Trop beau, trop neuf, trop artificiel. Ce qui n'est absolument pas le cas de la jeune femme qui se tient devant lui. Dans son jean slim usé et sa chemise trop grande qui flotte autour de ses hanches, sans maquillage, la pute réservée n'est plus qu'une adolescente craintive.

— Quel âge as-tu ?

Coup d'œil furtif de celle qui ne sait pas se départir de sa position de soumise.

— Dix-neuf ans, monsieur.

Ça se pourrait. Cette nuit, il lui aurait donné 21 ou 22 ans. Pourtant, instinctivement, Solomon n'y croit pas.

— Ne me mens pas.

Le regard qui se lève est si affolé que les pupilles dilatées éteignent le bleu clair. Amy/Eden réprime un mouvement de rotation, comme si elle avait voulu regarder derrière elle. Elle reprend sa position en fermant les yeux et garde le silence. L'avertissement de

Logan sur la présence de caméras et micros gagne en force. Soudain, le téléphone de Solomon vibre dans la poche intérieure de sa veste. En temps normal, il l'aurait ignoré. Pas ici, pas maintenant.

De : L. Henson
À : S. Rickman
Vu et entendu par Scarlett

Ainsi, la surveillance envisagée par Logan est une réalité et Scarlett une sacrée petite garce méchante, violente, et extrêmement jalouse de surcroît. Génial. Il va donc falloir se montrer odieux avec la fragile Amy/Eden. À moins que cette jeune femme ne soit très forte dans son rôle de soumise…

— Je n'aime pas me répéter, prévient Solomon d'une voix dure.

Elle tressaille et il sait que le serrement de ses doigts et le raidissement de son corps sont une tentative de contrôle des tremblements. Tentative vaine. Elle ne triche pas. Solomon fait appel à sa colère et annihile une forme de peine : il n'a droit à aucune faiblesse ici. Il va devoir se montrer impitoyable.

— Avec moi, il y a trois règles absolues que tu devras respecter, en plus de la politesse minimale. Un, tu me regardes quand je te parle.

Les yeux bleus se posent aussitôt sur Solomon. L'effort qu'elle fait pour soutenir son regard est flagrant. Il poursuit quand même : les règles ne sont pas négociables, quelle que soit la fille, quelle que soit la personne.

— Deux, tu obéis. Ne cherche pas à analyser ou comprendre un ordre. Tu obéis.

Silence immobile.

— Trois, ne me mens pas. Jamais. As-tu compris ?

— Oui, monsieur.

— Quel âge as-tu ?

Le regard terrifié le fuit et se ferme, le temps qu'elle inspire profondément. Quand il s'ouvre enfin, il est devenu implorant.

— Je n'ai pas encore 19 ans, monsieur.

Ce qui n'est pas un mensonge. On repassera pour la précision ; mais la réponse est bien trouvée. C'est la deuxième fois que cette fille élude ainsi. Solomon a alors le pressentiment qu'elle tente d'obéir à ses ordres, mais également à ceux de son beau-père ou de Scarlett. En présence de caméras et micros, elle n'a pas le choix ; et lui non plus.

— Si je te prends avec moi, tu seras à ma disposition pendant une semaine. Est-ce que tu comprends ce que ça veut dire ?

— Oui, monsieur.

— Des objections ?

— Non, monsieur.

— Tu as tes règles ?

Échappée du regard et froncement de sourcils. Le malaise est pourtant vite effacé.

— Non, monsieur.

— C'est pour quand ?

— Dans dix jours.

La voix s'éteint. Les doigts se dénouent et se renouent nerveusement.

— Des limites dans les pratiques sexuelles ?

Clignement des yeux et regard fuyant. Elle lutte pour continuer à soutenir le sien.

— Non, monsieur.

Elle blêmit de son mensonge. Et là, c'est plus fort qu'elle : elle baisse la tête. Solomon est sur elle en quelques pas. Le recul de la jeune femme est instinctif, tout comme la poigne qui se referme sur son bras tel un étau est automatique.

— Ne me fuis pas.

La sévérité rageuse de Solomon s'évapore dès qu'il voit une grimace de douleur péniblement réprimée défigurer le visage de la jeune femme et qu'il sent son corps se tordre pour contrer le réflexe d'évitement. Il desserre instantanément sa prise, mais il ne la lâche pas. Ce serait une erreur de la lâcher.

— Je peux être violent, dit-il en plongeant son regard dans le sien. Je peux aussi être imprévisible. Il faudra suivre. Tu comprends ?

— Oui, monsieur.

— Des limites ?

— Non, monsieur, fait-elle en clignant des yeux.

Solomon se colle à elle, prend fermement son visage dans ses mains et l'embrasse durement. Elle se fige. Tous les muscles de son corps se contractent et ses lèvres se serrent. C'est du pur réflexe. Solomon s'écarte légèrement et fronce les sourcils. Il sait très bien à quoi il ressemble quand il fait ça. Il sait qu'il inquiète ou terrorise. C'est exactement l'effet recherché. Au moment où elle ferme les yeux, il sent son renoncement dans le relâchement de son corps. Il n'hésite pas une seconde et l'embrasse à nouveau. Il s'impose, impérieux mais avec plus de douceur. Il perçoit toute sa réticence, lui laisse le temps de s'habituer à lui et franchit la barrière des lèvres. Elle subit bien plus qu'elle ne partage ce baiser ; l'illusion suffira. Solomon recule de quelques pas et son regard fait l'aller-retour de la tête aux pieds nus de la jeune femme.

— Déshabille-toi, ordonne-t-il sèchement.

Amy/Eden ne le regarde plus. Elle est livide. Elle obéit pourtant sans marquer la moindre hésitation. Ses doigts fins déboutonnent la chemise en tremblant, puis elle écarte un premier pan. Solomon repère aussitôt les marques sur son corps : une tache vert-jaune à la taille, une autre plus sombre sur les côtes, une rouge-violet au niveau du plexus. Ce n'est pas mieux de l'autre côté. Il se précipite sur elle et finit d'ouvrir la chemise avec des gestes brusques. Bien évidemment, elle recule. Il tire sur le tissu pour l'amener contre lui.

— Ne me fuis pas, s'agace-t-il. Je te l'ai déjà dit.

Mais ses yeux ne quittent pas les ecchymoses alors qu'il comprend que cette jeune femme est battue violemment, et de façon régulière. Il doit se forcer à trouver quelque chose à dire, faire quelque chose pour ne pas la lâcher, la prendre dans ses bras et l'emmener loin d'ici. Putain… Mitzer lui a mis dans les bras une gamine battue… et certainement pire.

— Discipline ou jeux sexuels ? demande-t-il en relevant le regard sur elle.

Elle cligne encore des yeux, mais cette fois, elle ne parvient pas à éviter la montée des larmes. Son regard part ailleurs chercher la force de répondre. Il sait avant qu'elle ne parle qu'elle va lui mentir.

— Je suis tombée.

Elle en ferme les yeux et une larme glisse sur sa joue. Solomon l'empêche de baisser la tête en la prenant par le menton, puis il approche sa bouche de son oreille, joue contre joue, comme il l'a fait la nuit dernière.

— Je sais que tu mens, Eden, murmure-t-il à la limite de l'audible. Il va falloir suivre.

Il se détache soudainement du corps tremblant et commence à la déshabiller sans aucune violence, mais aucune tendresse non plus. Les traces de doigts violacées sur son bras expliquent la grimace contenue quand il l'a retenue un peu plus tôt et donnent à Solomon la colère suffisante pour poursuivre la torture imposée. Il découvre le dos plus marqué que le devant et, même si son regard parcourt les courbes parfaites de ce corps finement musclé, il n'en retient que les preuves de maltraitance.

— Dépendance à l'alcool ? interroge-t-il en jetant la chemise sur le billard.

— Non, monsieur.

Voix étonnamment neutre. Elle a déjà repris le contrôle. Alors il poursuit, se saisissant de ses bras pour vérifier l'absence de traces de piqûres.

— Drogue ?

— Non, m…

— Tu fumes ?

— Un peu.

— Tu ne fumes plus, ordonne-t-il en la fixant.

— Bien, monsieur.

— Pantalon.

Elle retire son jean qu'elle pose sur sa chemise et lui fait face, bien droite, tête baissée. Solomon prend le temps de la contourner en examinant les jambes à la ligne parfaite. Pas de marque. Le tronc est la cible privilégiée des coups. C'est plus facile à cacher. Quand il a fini son inspection, elle ne le regarde toujours pas. Désobéissance flagrante qui appelle une punition immédiate. D'un geste rapide, Solomon la saisit par le menton et la force à relever la tête.

— Tu ne me regardes pas, Amy. Il va falloir apprendre à obéir.

Terreur et clignement des yeux. Solomon fait abstraction.

— Penche-toi sur le billard, ton petit cul en arrière et jambes écartées.

Elle s'exécute avec une docilité presque effrayante : même malmenée et terrifiée, Eden offre son corps à l'homme qui commande. Combien de fois a-t-elle subi de telles agressions ? Combien de punitions pour qu'elle ne montre plus aucune résistance ? Ses tremblements ne peuvent être feints ; pas plus que son sursaut quand il pose une main sur ses reins. Pas plus que le blocage de sa respiration quand cette main glisse sur ses fesses. Pas plus que le serrement de ses poings quand il lui administre une claque qui sonne dans le silence. Alors il se couche sur elle, empoigne sa chevelure épaisse et lui relève lentement la tête.

— Violent et imprévisible, chuchote-t-il à son oreille. C'est mon rôle. Il faut que tu joues le tien jusqu'au bout, Eden.

Il se relève et ajuste sa veste d'un geste sec.

— Tu mériterais que je te baise sur ce billard, mais on nous attend. Rhabille-toi et rejoins-nous. Tu as deux minutes.

Solomon n'attend pas une seconde et quitte les lieux, abandonnant la jeune femme sans un regard.

Le temps de rejoindre la pièce principale, il ferme et déplie ses poings plusieurs fois, retrouvant un calme apparent. Sa rage est intacte. Il n'avait jamais ressenti une telle envie de frapper quelqu'un. Il ne peut ni gifler Scarlett, ni envoyer une droite à Mitzer, ni déclencher une bagarre avec les gardes du corps. Logan et lui se feraient passer à tabac. Il faut être plus subtil.

— Alors ? Est-elle assez docile pour vous ?

Alan Mitzer se lève pour accueillir Solomon. Celui-ci évite soigneusement de croiser le regard de Logan et rejoint le maître des lieux sans répondre à son sourire.

— Vous ne m'avez rien dit des marques sur son corps, dit-il d'une voix sombre. Exercice de la discipline ou capacité à encaisser ?

Mitzer cesse de sourire instantanément.

— Elle est très abîmée ?

— Le buste n'est pas montrable en l'état et on doit pouvoir masquer les traces sur son bras avec un peu de maquillage ou des manches.

— Parce que vous voulez toujours l'emmener avec vous ? s'étonne Mitzer.

— Si ça n'était pas envisageable, il aurait peut-être fallu me le dire avant, s'agace Solomon. Je vous l'ai expliqué : je n'ai pas le temps de chercher et je n'en ai pas plus à perdre.

— Et emmener Scarlett avec vous…

— Alors, qu'en penses-tu ?

Les deux hommes se tournent vers l'escalier et découvrent Scarlett dont le sourire disparaît dès qu'elle aperçoit sa sœur. Elle s'en prend à elle sans que quiconque ait le temps d'intervenir.

— *Dégage, pauvre loque. Tu es incapable de satisfaire Solomon. Même avec toi offerte sur un billard, il ne bande pas.*

Dix secondes, c'est le temps qu'il faut à Solomon pour intégrer les horreurs qu'il vient d'entendre. Déjà Eden obéit à son bourreau et recule, prête à quitter les lieux.

— Reste là ! tonne Alan Mitzer.

Ordre aussitôt obéi par celle qui n'est qu'une esclave dans cette maison.

— Mais papa, se lamente Scarlett.

— Silence !

Tout se fige sous la montée brutale de tension nerveuse. Logan n'est plus qu'une boule de muscles bandés prêts à l'action ; tout comme les gardes du corps de Mitzer. Solomon n'est pas plus calme. Scarlett blêmit de rage. Le seul élément aussi immobile que la pierre est le catalyseur de cette situation explosive.

— Tu as dépassé les bornes, Scarlett ! s'énerve Mitzer en toisant sa fille. Te servir d'Amy comme d'un jouet, passe encore ; mais abîmer la marchandise… C'est insupportable ! Tu ne peux pas te défouler sur elle chaque fois que tu es contrariée !

Scarlett se bute et fusille son père des yeux. Solomon en profite.

— Si je comprends bien, votre fille aînée tabasse sa sœur et elle a assisté à l'entrevue privée que je viens d'avoir avec elle. J'ai donc été filmé à mon insu dans votre maison.

Silence de mort.

— Vous comprendrez que je ne peux pas proposer à Scarlett de m'accompagner.

Les deux hommes se dévisagent sans un mot. Mitzer se rembrunit brusquement.

— *Alain, va chercher la vidéo*, ordonne-t-il soudain. *Et pas de copie*. Votre homme peut l'accompagner si vous le souhaitez.

Un signe de tête de Solomon et Logan emboîte le pas au garde du corps.

— Scarlett, poursuit Mitzer, sors d'ici.

— Elle aussi ! exige la jeune femme dans un caprice improbable.

— Tu en as assez fait ! Dehors !

Scarlett tape du pied de rage à défaut d'oser répondre à son père. Elle pivote aussi vivement et commence à quitter les lieux. Son chemin l'amène tout près d'Amy et, à la façon dont elle fixe sa victime, il est évident qu'elle va exercer sa vengeance sans délai ni préavis. Scarlett utilise tout son élan et toute sa force pour frapper. La gifle est extrêmement violente et déstabilise Eden. Elle tente de se rattraper, mais il n'y a rien à quoi se raccrocher auprès d'elle. Ses pieds ne rencontrent que du vide puis les angles des marches du petit escalier. Sa lutte offre à Solomon le temps de franchir l'espace qui les sépare. Son genou cogne le sol un centième de seconde avant qu'Eden ne finisse sa chute dans ses bras. Le choc leur arrache à tous deux un hoquet. Il l'enserre contre lui alors que les bras fins agrippent ses épaules.

L'attaque a figé tout le monde plus efficacement encore que les insultes ordurières. Seul le claquement des talons de Scarlett résonne dans la maison pendant quelques secondes. Eden bouge dans les bras de Solomon. Elle prend appui sur lui pour se relever, s'écroule sur lui à nouveau. Elle est à moitié sonnée.

— Pardon, monsieur, s'excuse-t-elle sans le regarder.

— Attends.

Solomon change la position de ses bras et se redresse tout en la soulevant. Elle l'accompagne de son mieux dans la manœuvre et il parvient à l'asseoir sur les marches.

— Monsieur ? fait la voix inquiète de Logan au-dessus d'eux.

— Tout va bien.

Solomon encadre le visage d'Eden et l'expose à la lumière. Il soupire en constatant la lèvre fendue, les griffures sur la joue et le sang. Cette garce de Scarlett l'a défigurée. Solomon se retient de serrer les mâchoires sous le coup de la colère, mais elle doit envahir ses yeux, car Eden vibre sous ses mains. Soudain, Mitzer est dans son dos. La jeune femme tremble et se recroqueville, échappant à Solomon. Une main épaisse lui attrape le menton et la tire brutalement. Solomon n'a d'autre choix que de s'écarter.

— *Va arranger ça*, commande Mitzer à Eden. *Et fais ta valise.*

Les yeux bleus écarquillés se fixent quelque part sur le sol. Hébétée, elle reste figée. Mitzer la libère d'un geste méprisant puis se tourne vers ses gardes du corps.

— *Alain, son dossier. Paul, assure-toi que Scarlett ne l'abîme pas davantage. Debout, Amy !*

Elle sursaute et s'exécute de son mieux. Elle remonte les marches en titubant, manquant de tomber à nouveau.

— Logan, intervient Solomon.

Son homme n'attendait que ça. Il est immédiatement près d'Eden et la soutient en lui tenant le bras d'un geste visiblement doux. Solomon se retrouve seul avec Mitzer, dans le silence.

— Un whisky ? propose ce dernier soudainement.

— Merci.

Solomon ne bouge pas tandis que l'hôte rejoint son meuble-bar et leur sert un whisky à chacun. Celui-ci marque un temps d'arrêt en constatant la distance gardée. Il se résigne à la réduire dans un soupir.

— Amy part avec vous.

— Ce n'est pas à moi de gérer vos problèmes familiaux.

Mitzer lève un sourcil et sourit.

— Votre homme le fait déjà.

— Je tenais à rester seul avec vous, le corrige Solomon. Je ne suis pas un refuge pour femmes battues.

Le sourire disparaît. Mitzer tend un verre à son invité et boit une lente gorgée du sien.

— Peu importe ce que vous en faites. Elle ne peut plus rester ici.

Solomon ne rompt pas le silence. Mitzer le dévisage un instant et ses épaules s'affaissent.

— Amy n'est pas ma fille, dit-il finalement. Ce n'est même pas ma belle-fille. Mais vous le savez déjà, n'est-ce pas ?

— Nous sommes des hommes d'affaires, Alan.

Mitzer hoche la tête devant le non-dit. Bien sûr qu'ils se sont renseignés l'un sur l'autre. Bien sûr que Solomon sait qu'Eden Monceau ne s'appelle pas Amy et qu'elle n'est pas la fille de Mitzer. C'est une enfant perdue, la fille qu'un homme de ce truand a eue avec une jeune danseuse lors d'une mission de trois ans sur le sol américain. Une enfant à la double nationalité devenue orpheline de père après le meurtre prémédité du jeune Français trop doué. Une enfant accueillie avec sa mère par un protecteur inattendu. Une enfant devenue orpheline de mère après une mauvaise chute de celle-ci. Une petite fille de 6 ans laissée dans les mains d'un truand violent et sans pitié et de sa fille de 12 ans, pire que son paternel.

Si l'histoire « officielle » s'arrête là, Solomon a comblé les vides. Eden est devenue Amy, une poupée vivante à la disposition d'une enfant gâtée pourrie jusqu'à l'os. Difficile d'arracher la tête et les bras de ce jouet trop présent et encombrant, ce souvenir vivant d'une femme aimée du père et haïe par la fille. Impossible à détruire, mais si facile à utiliser comme un punching-ball. Et ce que la violence n'a pu briser physiquement, elle l'a massacré psychologiquement. Amy est devenue une esclave, une soumise extrême, une non-vivante. Pas difficile d'envisager que la violence a largement dépassé les passages à tabac, mais Solomon se refuse à penser aux agressions sexuelles. En faisant un calcul rapide, il a eu vite fait de comprendre qu'Eden ne peut vraiment pas avoir 19 ans ; elle n'a même pas 18 ans. Et Mitzer qui veut la lui laisser : une gamine mineure et portant des marques de maltraitance physique évidentes.

— Comme vous le savez déjà, je ne travaille que dans la légalité.

— Rien d'illégal dans tout ce merdier.

Cette fois, c'est Solomon qui lève un sourcil.

— Tous ses papiers sont en règle.

— Amy ne se résume pas à des papiers.

Mitzer fait claquer sa langue, agacé de la résistance opposée. Il en perd son ton courtois.

— Emmenez-la, mettez-la dans un avion et elle saura bien se débrouiller toute seule.

Rien de moins sûr. Cette gamine a été tellement soumise depuis son enfance qu'elle est probablement incapable de « se débrouiller toute seule ».

— Faites seulement en sorte qu'elle ne revienne jamais. Scarlett pourrait se montrer moins… plus agressive.

— Dois-je craindre directement ou indirectement pour ma propre sécurité ?

— Je tiens ma fille, monsieur Rickman.

— Monsieur Rickman ?

Solomon va poser son verre intact sur la table basse du salon, juste à côté du contrat en cours de négociation.

— Ça va donc compliquer nos discussions. Faut-il

attendre que Scarlett se calme ou cela met-il fin à toute tentative d'accord ?

— Je ne peux nier une part de responsabilité dans ces difficultés. Peut-être vaut-il mieux laisser passer un peu de temps.

Le garde du corps parti chercher le dossier d'Amy choisit cet instant pour faire son retour. Bon timing… Solomon serre discrètement un poing puis en étire les doigts et retrouve son calme. La situation est totalement ubuesque.

— Ce sont les documents officiels d'Amy, explique Mitzer sans approfondir.

Des cris précèdent de peu l'arrivée de Logan, suivi d'Eden deux pas derrière lui. Scarlett hurle sa rage et vocifère ses insultes haineuses. Le regard de Logan est éloquent sur son niveau de patience résiduelle. Il porte une petite valise, toute petite valise. Eden s'est simplement couverte d'un sweat à capuche et chaussée de tennis usés. Maigres affaires… Solomon ne fera aucun commentaire.

— Quelque chose à lui dire ? interroge-t-il Mitzer d'une voix sombre.

— Lui dire quoi ?

Navrant et écœurant. Solomon revient sur Logan et lui indique la porte d'entrée d'un signe de tête. Son homme récupère la boîte que lui tend le garde du corps et sort le premier. À peine dehors, il pivote sur lui-même, probablement prêt à tout lâcher pour intervenir.

— Alan, salue Solomon en prenant la direction de la sortie.

Pas de poignée de mains. De toute façon, Mitzer

se détourne déjà en avalant d'un trait le reste de son whisky. Solomon rejoint Eden.

— Quelque chose à dire ?

Le regard clair trop brillant fouille celui de Solomon avec une puissance impressionnante, puis il parcourt les lieux pour s'arrêter sur celui qui a été son seul semblant de parent depuis son plus jeune âge. Mitzer la fixe un instant et la soumise se soumet, baissant les yeux et la tête, se murant dans le silence. Solomon pose une main sur la nuque d'Eden qui tressaille et il la conduit vers la sortie. Le trio rejoint la voiture sans un mot. Le chauffeur l'attend côté conducteur, mais Solomon s'oriente vers l'autre côté. Il ouvre la portière arrière et guide doucement la jeune femme à l'intérieur. Il ferme la porte dès qu'elle est assise, croise Logan qui dépose les quelques affaires d'Eden dans le coffre et s'installe à sa place.

Eden couvre ses longs cheveux bruns brillants avec la capuche de son sweat comme elle l'avait fait avec son châle. Elle boucle sa ceinture, repose ses mains sur ses jambes et baisse la tête. Elle ne bougera pas de tout le trajet. Seules les larmes qui s'écrasent sur ses doigts noués prouvent qu'elle n'est pas qu'un jouet cassé. Solomon ne dira rien : l'analyse du merdier dans lequel il vient de se mettre et de la responsabilité qu'il est en train d'endosser suffit largement à lui faire oublier la jeune femme qui vient de le piéger dans ses immenses yeux bleus envoûtants.

3

Vendredi 9 décembre 2016, fin d'après-midi.

— Arrêtez-vous au premier bar que vous verrez.

L'ordre que Solomon fait claquer dans le silence lourd écrase tous les passagers. Il doit réfléchir ; mais avant, il doit parler à Eden, savoir exactement dans quoi il a mis les pieds. Une nouvelle larme rejoint ses congénères sur les mains fines toujours nouées. Elles sont moins nombreuses à présent. Elles auraient pu passer inaperçues tant la gamine paumée est restée immobile et silencieuse.

— Regarde-moi.

Le chauffeur croise par réflexe le regard de Solomon dans le rétroviseur intérieur. Il retourne sur la route tout aussi rapidement. Logan détourne la tête vers l'extérieur ; il sait que l'ordre n'est pas pour lui. Eden semble réagir avec un temps de retard. Ses doigts crispés et exsangues disent tout le contraire. Elle fait face à Solomon lentement et ses magnifiques yeux baignés de larmes se posent directement sur les siens. Des rivières d'eau salée ont laissé des traces sur ses joues qui s'additionnent aux griffures et à la contusion en un tableau sordide. Solomon attrape son mouchoir propre dans la poche de son pantalon et le tend à Eden.

— Nous allons dans un lieu public. Sèche tes larmes.

Il se voulait plus doux, mais son autorité naturelle brutale est trop ancrée en lui. Pourtant, elle lui obéit sans le quitter du regard et essuie ses joues et ses yeux. La voiture s'arrête soudain et Eden lui échappe pour examiner le décor urbain derrière lui. Le chauffeur et Logan sortent du véhicule et viennent ouvrir les portes arrière dans des mouvements très similaires.

Solomon descend et se redresse en lissant sa veste. Eden vient se placer près de lui, un pas en arrière. Jean, sweat avec la capuche sur sa tête tenue baissée, tennis dans un état déplorable… On dirait une adolescente. D'ailleurs, c'est exactement l'image que lui renvoie la vitrine sombre face à eux. Une adolescente un peu plus petite que lui, et surtout beaucoup plus fine. Pas maigre. Il a vu son corps, son ossature légère mais bien charpentée et solide, ses muscles toniques et ciselés. Il a tout retenu. Les rondeurs de la jeunesse aussi. À côté d'elle, il fait figure d'ours. Il sait sa carrure très large et imposante, lourde et épaisse, sa musculature développée et puissante. Il sait que ses mains ressemblent à des battoirs, comparées aux doigts graciles d'Eden. C'est aussi pour ça qu'il est craint.

La jeune femme est toujours derrière lui quand le groupe arrive devant l'entrée d'un bar. Solomon se retourne pour la dévisager. Ses yeux bleu ciel inquiets scannent tout leur environnement, la rue, les gens, les boutiques, la devanture du bar. Solomon en a fait autant ; bien plus vite. Il a aussi eu tout le temps de réfléchir à une parade pour justifier la présence d'une adolescente défigurée près de lui.

— Si on te pose la question, tu es ma filleule. Tu t'es battue à l'école et je viens de te récupérer parce que tes parents sont à l'étranger et que…

Eden baisse les yeux. Ses parents sont morts. Mauvais scénario. Solomon corrige immédiatement.

— Parce que tu es exclue pour une semaine.

— Bien, monsieur.

— Ne m'appelle pas « monsieur », je suis ton parrain.

— Bien, monsieur.

Coup d'œil furtif et serrement des lèvres.

— Pardon, monsieur, s'excuse-t-elle avant que Solomon ait le temps de dire quoi que ce soit.

Elle esquisse un mouvement de recul, mais elle se retient au dernier moment.

— Appelle-moi Solomon.

— D'accord, dit-elle simplement.

Solomon fait volte-face et entre dans le bar. Le tableau offert est typique d'une caricature de la France profonde. Le barman est derrière son zinc sur lequel il s'appuie, bras bien écartés de part et d'autre d'un journal ouvert. Éparpillés sur les tabourets hauts, quelques hommes le nez dans leur verre de vin. Groupés dans un coin, des jeunes désœuvrés. De l'autre côté, plusieurs tables vides. Solomon échange un regard avec Logan. Celui-ci attire le chauffeur et ils partent s'installer au bar, le garde du corps idéalement positionné pour surveiller toute la salle. D'un geste irréfléchi, Solomon prend Eden par le bras. Elle se laisse conduire vers la table la plus isolée malgré la crainte qui la tétanise. Il l'installe sur une chaise et prend place face à elle.

Bien droite, mains sur les cuisses, elle fait le tour des cadres, reproductions de cartes postales anciennes illustrant probablement ce qu'était ce bourg un siècle plus tôt. Tout plutôt que regarder l'homme assis devant elle. Solomon, lui, n'observe qu'elle : les mèches brunes qui débordent de sa capuche, les sourcils fins, son petit nez, ses lèvres qui semblent être une gourmandise à elles toutes seules, comme la cerise sur un gâteau bien trop tentant. Et ce regard bleu ciel…

— *Bonjour, monsieur, mademoiselle*, tonne le barman d'une voix de baryton.

Eden fait un bond sur sa chaise et se tourne vers le géant qui s'est planté à côté d'eux.

— *Oh pardon, je vous ai fait peur.*

Il s'en amuse pourtant, jusqu'à ce qu'il remarque les blessures jusque-là masquées par la capuche. Il jette un coup d'œil méfiant sur Solomon et celui-ci sait que la différence de gabarit ne plaide pas en sa faveur.

— *Tout va bien, mademoiselle ?*

Les yeux bleus se lèvent sur le barman et celui-ci se fige, totalement subjugué.

— *Oui. Merci, monsieur.*

Eden repousse sa capuche d'un mouvement lent et libère ses cheveux avec une sensualité qui désarmerait une armée entière. Putain… Personne ne peut rester indifférent à une telle splendeur. Mais déjà elle baisse la tête et le charme s'évapore, ne laissant derrière lui que des volutes de désir incontrôlé et perdu. L'homme se secoue et reprend son rôle.

— *Que puis-je vous servir ?*

— *Un café, s'il vous plaît*, répond Solomon d'une voix sombre.

— *Mademoiselle ?* insiste le barman devant le silence de la jeune femme.

— *Un chocolat chaud ?*

Une réponse sous forme de question. Un regard hésitant qui s'enfuit aussitôt. Solomon lève un sourcil, surpris : elle n'est quand même pas en train de lui demander son autorisation ?

— *Un café et un chocolat*, récapitule le barman. *Parfait.*

— *Voyez avec ces messieurs pour le reste*, précise Solomon en désignant Logan et le chauffeur du menton.

L'homme fronce les sourcils. Son incompréhension est flagrante, mais il fait partie de ces professionnels qui ont appris à ne pas trop poser de questions. Son regard parcourt pourtant la tenue de Solomon, puis une dernière fois la jeune femme, et il rejoint son bar sans ajouter un mot. Solomon détaille Eden qui a repris sa position d'attente soumise.

— Regarde-moi, exige-t-il à voix basse.

Elle obéit et lutte pour soutenir son regard. Solomon reprend la parole pour combler le silence qui la déstabilise.

— As-tu bien compris tout ce qui vient de se passer ?

Les yeux clairs s'évadent alors qu'elle blêmit. Puis elle baisse la tête. Inévitablement.

— Regarde-moi, Eden.

Aucun mouvement. Rien que des tremblements.

— Regarde-moi, Eden, se répète-t-il sévèrement.

Elle obéit péniblement, le regardant par-dessous, tête toujours basse.

— Quelles sont les trois règles absolues ?

— Vous regarder quand vous me parlez, balbutie-t-elle dans un murmure. Obéir. Et ne jamais vous mentir.

— Alors je répète ma question : as-tu bien compris tout ce qui vient de se passer ?

— Je suis avec vous, maintenant.

Solomon a peur de se méprendre sur le sens de la réponse.

— Avec moi ?

— Je vous appartiens.

Ah non, il ne s'était pas trompé. Impossible de dire quoi que ce soit : le barman revient avec la commande sur un plateau. De toute façon, Solomon est tellement estomaqué par tout ce que sous-entend Eden qu'il serait bien en mal de trouver les mots. Et quels mots, d'abord ? Bordel de merde… Solomon soupire en fronçant les sourcils au moment où l'homme pose le plateau sur la table pour servir. Eden recule sur sa chaise et son regard s'enfuit ailleurs.

— *Merci*, glisse-t-elle par automatisme quand une grande tasse fumante est posée devant elle.

Solomon use de la même politesse discrète et le barman s'éloigne. Le café noir servi dans une petite tasse est accompagné d'un petit morceau de chocolat dont il s'empare. Il le sort de son sachet et en croque un bout qu'il laisse fondre dans sa bouche. Il essaie de gagner du temps, mais l'immobilité vibrante de la jeune femme le pousse à poursuivre. Tant pis pour l'analyse. Même si le niveau de soumission d'Eden dépasse l'entendement, il doit recueillir un maximum d'informations de toute façon.

— Quel âge as-tu ?

Les yeux bleus se ferment le temps d'une inspiration, puis elle relève la tête et son regard inquiet ose l'affronter.

— Dix-sept ans, monsieur.

Et cette fois, elle ne ment pas.

— Date de naissance ?

— 14 février 1999.

On est le vendredi 9 décembre 2016. Elle n'aura 18 ans que dans deux mois.

— Tu n'es plus vierge.

— Non, monsieur.

— Depuis quel âge ?

Eden blêmit brusquement. C'est à croire qu'elle va s'évanouir. Elle fixe Solomon de ses grands yeux écarquillés submergés de larmes. Et soudain, elle cherche son air.

— Respire, ordonne-t-il en se penchant par-dessus la table pour mieux accrocher son regard et imposer sa volonté.

Mais ça reste sans effet sur elle.

— Obéis, Eden, gronde-t-il à voix basse. Respire.

Une larme roule sur la joue trop pâle et marbrée des griffures de Scarlett juste avant qu'elle inspire. Puis elle cligne des yeux, faisant dévaler de nouvelles larmes.

— Pardon, monsieur, se reprend-elle de façon impressionnante.

— Je dois savoir. Quel âge ?

Le regard bleu se fait implorant et Solomon sait qu'elle cherche à éviter de dire la vérité.

— Ne me mens pas.

Quand elle baisse les yeux, il s'attend au pire.

— Neuf ans.

Non. C'est impossible. Il a dû mal comprendre.

— Pardon ?

— Neuf ans, monsieur.

Solomon serre les mâchoires. Le reste est tellement facile à deviner.

— Violée ?

— Je ne m'en souviens pas.

— Pardon ?

— Je ne m'en souviens jamais.

— Droguée ?

Elle hoche la tête.

— Sauf quand je suis punie.

— Et qui décidait de ces punitions ?

Solomon utilise le passé sciemment. Il ne sait pas encore comment il va gérer un tel merdier, mais il sait qu'Eden ne subira plus jamais de telles violences. Elle ne le regarde plus.

— Scarlett, dit-elle du bout des lèvres.

Bien sûr. Mais…

— Tu n'étais pas droguée hier soir et Scarlett semblait surprise de te voir à l'hôtel.

— Ce n'est pas elle qui m'a envoyée. C'est mon père…

— Ce n'est pas ton père, la corrige Solomon brusquement.

Trop brusquement. Le regard bleu s'échappe.

— Mitzer te… punissait, lui aussi ?

— Non, monsieur.

— Pourtant, il t'envoyait satisfaire des hommes.

— Que depuis deux ans, monsieur, explique-t-elle en le regardant furtivement.

— Que depuis deux ans ?

— Avant, il ne savait pas, dit-elle avant de se taire.

— Il ne savait pas quoi ?

— Que j'étais déjà une pute, fait-elle en baissant la tête.

Solomon ne répond pas tout de suite. Il n'est pas naïf ; il sait bien que beaucoup de jeunes femmes, jeunes hommes et enfants sont exploités dans des réseaux de prostitution. Comment un homme peut-il infliger ça à une gamine qu'il a élevée ?

— Tu n'es pas une pute, Eden.

Elle ne dira rien. Il sait, sans trop savoir comment, qu'elle ne veut plus en parler. Ses yeux tombent alors sur son café et le chocolat chaud. En touchant la tasse, il constate que c'est encore chaud. Voilà qui fera un peu diversion.

— Bois ton chocolat, Eden, commande-t-il d'une voix ferme.

Elle agit avec un automatisme inconscient effrayant. Ses doigts crispés prennent les deux sachets de sucre, en déchirent l'emballage en tremblant fortement et en versent le contenu dans sa tasse. Puis elle plonge sa petite cuillère dans le liquide brun et la fait tourner encore et encore. Solomon termine son café sans qu'elle ait tenté de boire la moindre gorgée. Comment une jeune femme a-t-elle pu livrer une petite fille à des hommes ? Des pervers qui trouvent du plaisir en abusant d'enfants drogués… Ça lui donne la nausée.

— Bois ton chocolat, Eden, répète-t-il. Il va être froid.

Elle repose sa cuillère doucement, entoure sa tasse de ses doigts et la porte à ses lèvres. Solomon la voit hésiter, pincer les lèvres en fermant les yeux et déglutir péniblement.

— Tu vas vomir ?

— Non, monsieur, fait-elle sans ouvrir les yeux, tremblant un peu plus.

— Arrête, Eden.

Solomon allonge le bras et se saisit de la tasse, frôlant sa peau glacée. Elle sursaute, perdant le contrôle de ses doigts et de ses yeux terrorisés. Solomon met la tasse sur sa soucoupe et ramène sa main contre lui.

— Tu vas bien écouter ce que je vais te dire.

Elle hoche la tête.

— Si je te pose toutes ces questions, c'est pour comprendre la situation et prendre les décisions les plus adaptées. Le simple fait que tu sois mineure me place dans une position complexe, parce que je n'ai officiellement aucun lien avec toi. Te reste-t-il de la famille, en France ou aux États-Unis ?

— Je ne sais pas.

— Il va falloir qu'on fasse des recherches. On connaît l'identité de tes parents ; les autorités pourront…

— Je n'ai pas le droit.

— Pas le droit de quoi ?

— Parler à la police…

— C'est moi qui le ferai.

Panique dans les yeux bleus. Eden perd son souffle.

— Pourquoi n'as-tu pas le droit de parler à la police ?

— C'est une règle absolue.

— Une règle de Mitzer ?

— Oui, monsieur.

— Quelles sont les autres ?

— Baisser les yeux. Se taire. Obéir. Ne parler à personne. Ne pas sortir sans autorisation, ni sans être accompagnée. Ne pas résister. Se soumettre. Ne pas pleurer…

Sa voix dérape à cet instant précis et une larme dévale sa joue. Solomon retient de justesse un « Ne pleure pas » qui aurait été une catastrophe. Tout est déjà une sacrée catastrophe. Un putain de bordel inextricable. Il doit réfléchir, maintenant.

— Tu vas pouvoir avaler ton chocolat ?

— Oui, monsieur.

— As-tu besoin d'autre chose ?

— Non, monsieur.

— Prends ton temps, Eden. On n'est pas loin, d'accord ?

— Oui, monsieur.

Solomon se lève brusquement et rejoint Logan, hésitant entre la colère et la haine. Il ne peut plus les contenir et Eden n'est plus en capacité d'absorber quoi que ce soit.

Logan lève le nez du cahier qu'il étudie depuis cinq minutes. Dès que son coca a été commandé, il est retourné à la voiture récupérer le dossier relatif à Amy/

Eden. Il a inventorié son contenu tout en jetant régulièrement un coup d'œil sur son patron. Il sait que celui-ci a questionné la gamine et qu'il n'a pas aimé ce qu'il a entendu. Et à la façon qu'il a de se déplacer, Logan sait que Solomon Rickman est furieux. Méchamment en colère. L'entretien à venir va être pénible.

— Et si vous alliez faire un tour ? suggère-t-il au chauffeur.

Celui-ci ne se fait pas prier et déguerpit plus vite que son ombre. Les jeunes semblent prendre ce départ pour un signal et quittent les lieux en moins de temps qu'il ne faut pour le dire. Alors que M. Rickman se plante devant lui, Logan range le cahier dans la boîte.

— Ce que vous avez trouvé là-dedans est-il aussi sordide que ce qu'elle m'a dit ? attaque l'homme débordant de rage.

— On a ses papiers : passeport américain *a priori* valide, carte d'identité française et bulletin de naissance. Elle a un compte épargne, mais il n'y a pas grand-chose dessus. Aucune trace du moindre parcours scolaire. Par contre, on a tout son dossier médical.

Logan hésite.

— Et ? exige M. Rickman.

— Et c'est sordide, soupire Logan. Tout a été répertorié depuis qu'elle a 6 ans : du simple rhume au poignet gauche cassé, en passant par les viols, sous une drogue ou une autre ou pas du tout, et les premières soirées d'*escort* imposées. Sans oublier les comptes-rendus des visites chez un gynéco qui laissent peu de place à l'imagination quant à la façon dont elle a été traitée.

— Premier viol ?

— Neuf ans.

— Putain… Ce connard savait tout et il a osé me dire qu'il tenait sa fille et que je ne devais pas m'inquiéter pour ma sécurité, ni la sienne. Quel enculé !

La voix de M. Rickman siffle à défaut de tonner, comme il contient sa colère à défaut de pouvoir la laisser exploser. Il ne serait pas coincé dans ce bar avec bien trop de témoins – même s'il n'en reste plus que quatre –, il ferait les cent pas dans des allers-retours nerveux. Ses ordres fuseraient, propulsés par son agacement et toucheraient chaque collaborateur présent. Logan ne dira pas un mot ; d'autant que son regard est attiré par Eden qui prend la direction des toilettes avec des mouvements calmes et lents. Pas d'urgence de ce côté-là, il peut gérer plus sereinement son patron qui fulmine.

— Je suis prêt à parier que cette garce a déjà posé un contrat sur Eden. Cette gamine va passer sa vie à regarder derrière elle.

Silence que Logan ne rompra pour rien au monde.

— On connaît quelqu'un qui pourrait nous prévenir si c'est le cas ?

— Pour un contrat ?

M. Rickman acquiesce d'un signe de tête.

— Je trouverai.

Logan connaît déjà quelqu'un, mais ça fait partie des choses que son patron n'a pas besoin de savoir ; et il ne doit pas savoir. Soudain, son regard suit par instinct le barman qui se dirige vers le fond de la salle. Ce dernier est méfiant depuis qu'il a pu observer Eden et a probablement remarqué les marques de coups sur son visage. M. Rickman suit le regard de Logan au moment où le barman rejoint la jeune femme de retour vers sa table.

— *Mademoiselle, tout va bien ?*

Eden lève ses yeux incomparables sur le barman et fronce les sourcils.

— *Oui, merci.*

— *S'il y a quoi que ce soit... Il suffit de demander, vous savez.*

Elle ne répond pas et son regard se baisse.

— *Cet homme...* insiste le chevalier servant.

— *Mon parrain.*

— *Que vous appelez* « Monsieur » *et qui vous fait pleurer ?*

Eden le dévisage à nouveau, tout en faisant un pas en arrière, visiblement suspicieuse ou apeurée.

— *Il n'est pas très content que je me sois battue au lycée ; et encore moins que j'aie été renvoyée une semaine.*

— *Ça vient de là, les griffures ?* fait le barman en désignant le visage du doigt.

— *Oui, monsieur*, confirme-t-elle en passant le revers de ses doigts sur sa joue.

— *Il y a une pharmacie un peu plus loin. Vous trouverez de quoi soigner ça.*

— *Merci, monsieur.*

Eden se ferme en baissant la tête, mettant fin, de fait, à la discussion. Le barman la détaille quelques secondes puis se détourne pour revenir derrière son bar. Logan fait aussitôt semblant de fouiller dans la boîte.

— Au moins, elle sait obéir, marmonne M. Rickman en fourrant ses mains dans ses poches.

Logan observe son patron sans un mot. Celui-ci a retrouvé son calme et semble réfléchir, les yeux dans le vide, sourcils froncés. Logan sait qu'il n'a plus qu'à attendre la décision.

— Elle est bien citoyenne américaine ? reprend M. Rickman en se tournant vers elle.

— Apparemment, son passeport est un vrai et il serait valide ; mais je préfère vérifier.

— Si c'est confirmé, on la ramène au pays.

Logan est heureux de cette décision, mais il ne manifestera pas sa joie de savoir cette gamine sous la protection de son patron, sous sa protection à lui. Le sentimentalisme n'a pas sa place dans son boulot ; et encore moins dans le cœur de Solomon Rickman.

Solomon tire la chaise à côté d'Eden. Elle sursaute et pivote pour lui faire face, heurtant son genou. La peur la fait pâlir, fait fuir son regard et noue ses doigts. Solomon n'en tient pas compte et ne modifie en rien son comportement : la survie de cette gamine va dépendre de lui, mais aussi et surtout de sa capacité à le suivre. Et à la façon dont elle recule quand il se penche vers elle, il sait que ce n'est pas gagné.

— Ne me fuis pas, exige-t-il sèchement.

— Pardon, m…

Elle se tait. Elle tait le mot qu'elle prononce habituellement de façon si automatique. Le coup d'œil au barman signe sa compréhension de son erreur, de leur erreur. Elle n'est pas censée l'appeler « monsieur ».

Elle a désobéi, il n'a pas relevé. Trop tard. Il faudra être plus vigilant par la suite.

— Cet après-midi, je t'ai expliqué que je pouvais être violent et imprévisible ; et qu'il faudrait suivre. Tu t'en souviens ?

— Oui.

— C'est plus que vrai, assène-t-il durement. Je suis quelqu'un d'impatient, brutal et violent. Les trois règles absolues sont valables pour tous ceux qui travaillent pour moi et ne sont jamais négociables : tu me regardes quand je te parle, tu obéis quel que soit l'ordre et tu ne me mens jamais. Est-ce que c'est clair ?

— Oui.

— Tu ne retourneras jamais chez Mitzer. Tu ne reverras jamais Scarlett. Tu n'entreras plus jamais en contact avec eux. En aucun cas. Tu n'appelleras plus jamais aucune des personnes que tu as connues ici, poursuit-il sans la lâcher des yeux. On ne va pas te faire disparaître, mais ils ne doivent plus jamais entendre parler de toi. Tu vas donner ton téléphone à Logan ; on t'en…

— Je n'ai pas de téléphone.

— Des comptes sur des réseaux sociaux ?

— Euh… Facebook ?

— Et les autres.

Silence et yeux écarquillés d'incompréhension. Solomon fronce les sourcils sous le coup d'un doute.

— Sais-tu de quoi je parle ?

— Pas trop.

Solomon préfère se taire. Il devra aussi faire

l'inventaire de tout ce dont elle a été privée. Et soudain, sa décision se transforme en évidence.

— Tu es mineure et franco-américaine. Je compte te ramener aux États-Unis. Tu vas rester avec moi jusqu'à ta majorité ou qu'on retrouve ta famille. Après, on verra. Des questions ?

Eden est livide. Elle secoue la tête en clignant des yeux. Solomon a bien conscience du chaos qu'il engendre dans sa vie et qu'elle lutte pour soutenir son regard. Elle a encaissé pire. Elle encaissera ça aussi.

— Il est prévu qu'on aille au restaurant ce soir, explique-t-il en se redressant. Tu as une tenue correcte ?

Les yeux au bleu incomparable luisent de larmes retenues et les lèvres se pincent.

— Je suppose que la réponse est non.

Mouvement de tête à peine perceptible.

— Je peux savoir quel type de vêtements tu as pris avec toi ?

Le regard se fait suppliant.

— As-tu pris des vêtements, Eden ?

— Un pantalon, un pull et trois tee-shirts, murmure-t-elle avant de se taire.

— Pardon ? C'est une plaisanterie ?

— Non, monsieur, fait-elle en reculant.

— Ne me fuis pas, Eden.

Mais elle ne bouge plus ; respire à peine.

— On t'a demandé de faire ta valise et tu es revenue avec une valise. Qu'est-ce qu'il y a dedans ?

— Mon album photo, mes affaires de toilette, un deuxième jean, un pull, trois tee-shirts et quelques sous-vêtements.

— Et c'est tout ?

— Oui, fait-elle dans un souffle.

— Pourquoi as-tu pris aussi peu de choses ?

— C'est tout ce qui m'appartient.

Cette fois, elle baisse les yeux et la tête.

— Regarde-moi, ordonne-t-il aussitôt.

Et elle obéit. Elle obéit encore et toujours, avec un courage désarmant dont elle n'a même pas conscience. Solomon soupire et poursuit.

— Tu as de l'argent ?

— Non.

— Pas de carte ?

— Non.

— Pas même du cash ? persiste-t-il, incrédule.

— Non.

— Si j'avais décidé de ne pas te garder avec moi, qu'aurais-tu fait ?

— J'aurais trouvé un hôtel.

— Sans argent pour payer ?

Les yeux bleus s'agrandissent à mesure que l'affolement prend le dessus.

— De quoi aurais-tu vécu, Eden ?

— Je… je ne sais pas.

Elle en perd le souffle. Sa panique est indescriptible et douloureuse. Elle ramène le dos de sa main contre sa bouche, ferme les yeux et lutte. Contre les larmes. Contre les sanglots. Contre la nausée. Elle a bu son chocolat ; elle va le vomir. Solomon la force, l'index sous son menton, à relever la tête.

— Regarde-moi, Eden.

Le regard s'offre à lui, pupilles totalement dilatées,

larmes prêtes à déborder. Il doit lutter à son tour. Contre l'envie incompréhensible de la prendre dans ses bras. Contre un désir malvenu pour une enfant sans défense. Il ne sera peut-être pas très doué, ni patient, ni tendre ; mais Eden est sous sa responsabilité à présent.

— Respire, ordonne-t-il en libérant le menton.

C'est plus un hoquet qu'une respiration. Elle craque complètement et pourtant elle tente de se maîtriser. Ses paupières se baissent et balaient le film d'eau salée qui s'évacue en grosses larmes, inondant ses joues. Sa main retombe comme si elle en avait perdu le contrôle. Comme si contenir sa peur et son désespoir accaparait toute son énergie. Les doigts glacés viennent heurter la main de Solomon abandonnée entre leurs genoux. Elle la serre soudain comme elle serre son poing libre, comme son corps se tétanise.

— Respire, Eden, répète-t-il, plus exigeant et sévère.

L'inspiration est brutale, mais elle ouvre la voie à une respiration hachée que la jeune femme maîtrise en quelques secondes. Solomon craint de comprendre que ce tour de force ne soit que la démonstration de l'expérience acquise. Ne pas résister, se soumettre et ne pas pleurer : trois des ordres auxquels Eden a appris à obéir sans exception possible et à coups de punitions. Une rage soudaine et violente s'empare de Solomon et il sent tous ses muscles se contracter. Il en serre les doigts froids d'Eden qui sursaute et retire sa main brusquement.

— Pardon, monsieur.

C'est un réflexe ; son excuse et le « monsieur » aussi. Elle serre les lèvres et se tétanise. Une main nerveuse essuie les larmes avec force. Elle cligne des yeux. Son effort pour effacer sa perdition est considérable.

— Respire, Eden, soupire Solomon.

Enfin, la respiration ralentit et s'amplifie. Le regard d'Eden s'est déporté au-delà de lui, mais il ne la rappellera pas à l'ordre. Elle a besoin de cette échappée. Il en profite pour détailler ses iris, cette œuvre d'art naturelle qui marie des veinules gris anthracite et des stries blanches sur un fond bleu ciel étincelant d'inclusions bleu-vert. Quand elle bat des paupières, il prend conscience que les cils sont naturellement longs et sombres ; et ce n'est grâce à aucun maquillage. Il n'y a d'ailleurs rien d'artificiel sur ce visage élégant malgré les ravages de la maltraitance et de la déroute.

Solomon comprend peu à peu qu'il doit rassurer Eden. Sa soumission est telle qu'elle est perdue sans guide. Intuitivement, il sait qu'il doit lui redonner un cadre, des limites et des ordres. Des ordres, il sait faire ; le réconfort...

— Regarde-moi.

Putain, ces yeux...

— Je veux que tu comprennes que tu es en sécurité avec moi. Tu es désormais sous ma protection. Même si je suis dur et sévère, je n'userai jamais des punitions que tu as pu subir. Tu comprends ?

Hochement de tête.

— Je ne te toucherai pas. Tu n'es ni une *escort*, ni une pute, ni ma maîtresse ; et tu es mineure. Considère-toi comme ma pupille.

Au moment où elle acquiesce d'un nouveau hochement de tête, une lueur différente brille dans les yeux pâles, les transformant en une arme envoûtante redoutable. L'espace d'un instant, Solomon se demande à quoi peut ressembler ce regard lorsqu'Eden est profondément sereine et heureuse, ou lorsqu'elle rit. Il ne l'a jamais vue rire, ni même esquisser un sourire. Il n'est soudain pas certain de vouloir assister à une telle métamorphose, pressentant qu'il serait incapable de résister à un tel enchantement.

— On s'en va, décide-t-il brusquement.

Solomon se lève aussitôt, replace sa chaise et rejoint Logan sans un regard pour Eden. Dans le reflet de la baie vitrée du bar, il la voit l'imiter avec des gestes plus lents mais tout aussi efficaces. La façon dont elle rassemble ses longs cheveux bruns et les maintient d'une main le temps de remettre sa capuche fait naître en lui une pulsion bien éloignée de l'amour paternel, ou de l'amitié, ou même de la distance attentionnée qu'il compte mettre entre lui et sa pupille. La jeune femme l'a marqué dès le premier regard posé sur elle. Ses premières pulsions ont été de contempler son corps et de vouloir la baiser. Peut-être lui faire l'amour. Pas de la prendre sous son aile comme un père, un oncle, ni un tuteur. Le désir s'est profondément ancré en lui et il va devoir le museler. Solomon file directement dehors sans attendre son garde du corps. L'air froid de ce début de soirée ne parvient pas à l'apaiser et il soupire.

Finalement, la connerie à ne pas faire était peut-être celle-là.

4

Samedi 10 décembre 2016, début de matinée.

— Tu as fait quoi ?

L'incompréhension et la surprise de Steve sont tellement fortes qu'il ne parvient pas à retenir son exclamation. Sa colère non plus. Ça lui vaut les regards étonnés ou réprobateurs des quelques personnes en train de prendre leur petit déjeuner dans la salle de restaurant de l'hôtel. Il s'en fiche : l'histoire que Solomon vient de lui raconter dépasse tout ce qu'il aurait pu imaginer un jour comme la pire des emmerdes.

— C'est pour ça que tu es arrivé en retard au restaurant hier soir ?

— Oui.

— Et elle est où ? Elle a dormi où ?

— Dans la deuxième chambre de ma suite.

— Tu plaisantes ?

— Il n'y avait plus aucune chambre de libre, s'agace Solomon.

Steve préfère se taire : en presque dix-sept ans, Solomon lui a fait prendre beaucoup de risques. Des risques professionnels. Cette fois, sa décision a toutes les chances d'attirer sur lui, sur eux et leur groupe, des emmerdes dont ils n'ont pas idée. Alors Steve est furieux : l'argent et les affaires, il connaît et comprend. Il a accepté l'idée de pouvoir tout perdre depuis bien longtemps et il a toujours veillé à protéger leurs arrières. Mais là, c'est jouer avec le feu, avec une bombe dans les flammes. C'est jouer avec leurs vies. Aucune loi, aucun texte ne peut les protéger d'un contrat mettant leurs têtes à prix.

— C'est de l'inconscience, lâche-t-il dans un soupir.

— Et que voulais-tu que je fasse ? Je ne pouvais pas la laisser là-bas ?

Solomon se bute. Il va être impossible de lui faire entendre raison, mais la colère est mauvaise conseillère.

— Et pourquoi pas ?

— Parce qu'elle serait déjà morte, peut-être ? siffle Solomon en se penchant en travers de la table.

— N'exagère pas, Solomon.

— Descends sur terre, Steve. On vit du côté privilégié de la barrière. Il existe bien un monde où les gamines comme elle ne sont que des sex-toys vivants. Un monde où la morale qui empêche la plupart des gens de tuer ceux qu'ils n'aiment pas n'existe pas. Scarlett Mitzer fait partie de ce monde. Elle a drogué et prostitué une gamine de 9 ans alors qu'elle-même n'avait que 15 ans. Qu'est-ce qui, à 24 ans, pourrait la retenir de la faire buter ?

— Et toi, tu ne trouves rien de mieux à faire que te placer entre l'arme et la victime.

Solomon ouvre la bouche, mais il ne doit rien trouver à répondre face à cette vérité, car il la referme sans avoir prononcé un mot. Steve comprend son ami. Celui-ci n'a jamais supporté la violence faite aux femmes, ni aux enfants, ni aux hommes. La violence gratuite est pour lui un non-sens. Steve l'a vu changer après le décès d'Alice. Ces deux-là s'étaient connus dès la première année d'université et partageaient tout : les études, les ambitions, une vision de la vie, l'humour… En perdant sa femme, Solomon a perdu son humanité. Il s'est renfermé sur lui-même. Il était dur en affaires, il est devenu impitoyable. Il était exigeant en amitié, mais jovial ; il est devenu inaccessible et souvent brutal. Aucune femme n'a trouvé grâce à ses yeux.

Steve n'est pas aveugle. Il connaît bien le type de femmes que fréquente son ami. Il sait aussi que toutes ces relations artificielles reposent sur une base à peu près légale. À ce jour, l'honneur est toujours sauf. Solomon ne risquerait jamais la respectabilité de leur groupe pour une fille. Jusqu'à aujourd'hui.

— Cette fille est peut-être mineure, mais c'est une prostituée.

— C'est une enfant-esclave jetée dans les bras d'hommes peu regardants pour satisfaire leurs pulsions.

— Pardon Solomon, mais tu fais partie de ces hommes.

— Je ne viole aucune femme, Steve, s'offusque Solomon à voix basse. Et encore moins des gamines.

— Quand elle a débarqué dans ta chambre l'autre nuit, tu n'allais pas la baiser peut-être ?

Silence.

— Je ne savais pas.

— Et tu n'aurais pas su, réplique Steve sèchement. Et tu aurais fait partie de ces hommes que tu réprouves.

— J'aurais vu les marques de coups sur son corps.

— Et si elle n'avait eu aucune marque ?

Solomon recule et s'adosse à sa chaise. Visage totalement fermé, yeux noirs et poings serrés. Steve soupire et persiste.

— Tu te voiles la face, Solomon. Tu ne sais rien des jeunes femmes que tu fréquentes. Tu ne sais rien de leur vie, des raisons qui les poussent dans tes bras et dans ton lit. Combien ont un passé aussi peu enviable que la gamine que Mitzer t'a refilée comme on se débarrasse d'un vieux jouet ? T'es-tu jamais posé la question avant de les baiser ?

— Aucune n'a jamais montré le moindre signe de peur. Elles étaient toutes consentantes et j'ai toujours clairement expliqué les règles du jeu.

— Méritaient-elles pour autant d'être traitées comme des putes jetables ?

— Arrête, Steve.

Steve se tait et dévisage son ami en buvant une gorgée de son café. Solomon n'aime pas se tromper, mais là, pour le coup, il s'est planté en beauté. Enfin… pas tant que ça.

— Solomon, je te connais comme un frère et je sais que tu es sûrement l'homme le plus prévenant que ces filles aient rencontré. Pour la plupart, tu es un trophée ou un espoir ; pour quelques-unes, tu es un client. Je reconnais que la probabilité pour que tu aies été un tortionnaire subi est très faible ; mais reconnais qu'elle n'est pas nulle.

Solomon ne dit rien. Son regard suffit.

— Je suis aussi lucide que toi au sujet des déviances de ce monde, poursuit Steve. Si ça t'affecte à ce point, crée une fondation. Tu gagnes plus d'argent que tu ne peux ou ne veux en dépenser. Tu pourrais financer à toi tout seul un programme pour prendre en charge des dizaines de gamines comme Eden. Il en existe déjà, d'ailleurs. Je suis sûr que tu pourras lui trouver une place sans problème.

— J'ai déjà décidé de la prendre en charge.

Et vu le ton employé, sa décision n'est plus négociable. Il y a des jours où Steve aimerait tordre le cou de sa tête de mule de meilleur ami et patron.

— Attirer sur nous les tueurs que cette psychopathe de Scarlett va lancer aux trousses de sa sœur, ou pseudo-sœur…

— Son esclave, le corrige Solomon sévèrement.

— Ça ne change rien.

— Ça change tout.

Cette fois, Steve s'impatiente. Il se penche par-dessus la table et libère sa colère.

— Oui, ça change tout. Parce que si cette gosse est effectivement une enfant-esclave avec toutes les privations qui vont avec, les violences psychologiques, les mauvais traitements et autres punitions, les viols… dis-toi bien que les conséquences sur son développement et son comportement n'ont rien d'anodin. Tu n'es pas un professionnel de santé, que je sache. Puis-je savoir…

Steve se tait brusquement. Au moment précis où il comptait demander à son ami pourquoi il tenait tant à s'occuper de cette fille, il aperçoit Logan Henson à l'entrée de la salle de restaurant. Deux pas derrière lui, une adolescente en tennis, jean et tee-shirt. Il devine immédiatement que c'est elle, Eden. Solomon suit son regard. Dans un soupir, il fait signe à son homme de les rejoindre. Le garde du corps se tourne vers la jeune fille, lui parle, puis prend la direction de leur table. Pendant tout ce temps, Eden n'a pas esquissé le moindre mouvement. Elle est restée debout, tête basse, les mains jointes devant elle. On dirait une servante qui attend les ordres. Une servante qui a perdu son uniforme. Elle ne se met en mouvement que lorsque Logan a déjà fait quelques pas. Ça n'a pas l'air de le surprendre quand il jette un coup d'œil derrière lui pour s'assurer qu'il est suivi. Dès qu'il s'arrête près de leur table, Eden l'imite… deux mètres plus loin.

— Logan, le salue Solomon.

— Monsieur. Monsieur Barlow.

— Bonjour, Logan, répond ce dernier.

Il ne dira rien de plus. La présence de la jeune femme dans sa position d'attente – ou de soumission – le perturbe profondément. Elle ne les a toujours pas regardés. Elle n'a levé les yeux à aucun moment pour observer la salle, les tables, ni les gens, les gardant rivés au sol. Son visage n'exprime aucune impatience. Il n'exprime rien, en fait. Cette fille lui fait penser à un robot et ça lui fait froid dans le dos. Solomon, lui, semble avoir dépassé ce stade.

— Bonjour, Eden, dit-il de sa voix autoritaire.

— Bonjour, monsieur. Monsieur Barlow.

Elle parle de façon précipitée en jetant des coups d'œil furtifs, comme quelqu'un qui rattrape son impolitesse. Elle n'a pas bougé. À peine a-t-elle tressailli. C'est sa voix qui trahit sa nervosité.

— Asseyez-vous, ordonne Solomon. Tous les deux, précise-t-il devant l'hésitation du garde du corps et l'immobilité de la jeune femme.

Celle-ci s'approche à pas mesurés alors que Logan tire une chaise pour qu'elle prenne place. Elle se fige à côté de lui et Steve remarque ses doigts qui se nouent.

— Souhaitez-vous que je vous resserve quelque chose ? demande-t-elle soudain.

— Regarde-moi.

Combien de fois Steve a-t-il entendu Solomon avoir cette exigence ? Tous ceux qui travaillent avec lui ou le côtoient depuis longtemps savent qu'il faut le regarder quand il leur parle. Steve s'est même surpris à le demander lui-même. Les yeux trahissent toutes les émotions, bien plus que le corps. Il n'est pas aussi doué que son ami pour interpréter ces signes, mais il connaît quelques trucs. Largement suffisants pour identifier l'inquiétude et la peur dans le regard qui se lève sur eux. Un regard qui le happe de par sa couleur indéfinissable : bleu ciel tirant sur le gris. Un regard aussi pâle, malgré les pupilles dilatées, que la peau du visage incroyablement fin et parfait. Cette jeune femme est belle. Très belle. Magnifique. Steve en est estomaqué. Et là, même lui qui est profondément amoureux de son épouse ressent une attirance surprenante. Il comprend alors – ou croit comprendre – pourquoi Solomon veut garder cette fille près de lui. Malgré le doute, la flambée de colère est immédiate. Steve se penche vers son ami et cherche son regard.

— Dis-moi que ce n'est pas qu'une histoire de cul, chuchote-t-il à voix basse.

Il aurait mieux fait de se taire. Ce n'est pas souvent qu'il réussit à déchaîner la rage violente de Solomon. À chaque fois, il l'a mal jugé ou a douté de sa probité. À chaque fois, il se fait fusiller par des yeux noirs insondables. À chaque fois, il en tremble et prend de la distance. En reculant sur sa chaise, Steve croise le regard bleu d'Eden et y lit une peur incommensurable. Il ne peut que s'en vouloir d'avoir douté de son ami ; et ça, depuis le début de leur conversation. C'est alors qu'un serveur se rapproche d'eux, arrivant dans le dos de la jeune femme.

— *Mademoiselle, puis-je...*

Eden fait un tel bond que le serveur est incapable de finir sa question. Tous deux s'éloignent l'un de l'autre d'un même mouvement de recul ; lui en présentant ses mains en guise d'excuse, elle en manquant de tomber tant ses gestes sont raides. Sa terreur fige tout le monde. Sauf Solomon.

— Eden, appelle-t-il sur un ton exigeant. Tu veux bien t'asseoir ?

Le regard bleu clair quitte le serveur, croise furtivement celui de Solomon et se baisse aussitôt sur la chaise que lui tient toujours Logan. Elle prend place sans un mot, visiblement gênée que quelqu'un l'aide, ou simplement méfiante. Une fois assise, mains jointes sous la table – et Steve imagine sans peine les doigts noués sur ses cuisses –, elle entame une observation rapide de tout ce qui l'entoure. Elle regarde le garde du corps s'installer à sa droite sans lui rendre son sourire. Elle passe sur les reliefs du petit déjeuner, évite Solomon, s'attarde sur Steve avant de filer dans le décor de la salle. À cet instant, l'émerveillement efface la peur, arrondit ses yeux d'autant plus captivants et illumine son visage d'une douceur improbable. Soudain, la fille craintive a disparu, ne laissant qu'une jeune femme à la beauté époustouflante.

— *Que souhaitez-vous pour votre petit déjeuner ?*

L'intervention polie du serveur arrache Steve à sa contemplation comme elle fait trembler Eden. Le mirage s'éteint tout aussi brusquement. Le fait qu'elle n'ose pas lever les yeux sur l'homme en uniforme, qu'elle cherche une réponse dans le regard de Solomon et qu'elle pâlisse à vue d'œil vrille le cœur de Steve. Jamais il n'avait ressenti la peur d'un autre être humain de façon aussi puissante, violente. Jamais il n'avait eu envie de protéger quelqu'un avec la même force qu'il protège sa famille. Il se croyait plus lucide que Solomon sur la maltraitance et l'asservissement de certaines jeunes femmes. Il n'avait jamais pensé pouvoir se tromper à ce point.

Solomon se ressaisit bien plus vite que Steve. Par sa présence et sa question, le serveur a sans le savoir rabattu le rideau sur le spectacle grandiose en œuvre sur le visage d'Eden. Pendant quelques secondes, la peur viscérale qui met sous tension ses traits et pose sur ses yeux un voile de tristesse a cédé la place à un bonheur simple et naïf. L'enfant cachée derrière les murailles de maîtrise a montré le bout de son nez et son regard pétillant de curiosité a subjugué Solomon. Il y a entrevu la femme que pourrait être Eden et, comme la veille dans le bar, la promesse est vertigineuse et terrifiante. Mais si tentante.

— Que proposez-vous ? demande Logan dans sa langue maternelle, obligeant le serveur à quitter la sienne.

— À votre convenance, monsieur : continental, américain ou selon votre appétit.

— Génial, se réjouit Logan comme un gamin.

Solomon devine que son garde du corps surjoue pour offrir à sa protégée un espace de liberté. C'est mal évaluer la force de sa soumission. Eden n'a connu que les ordres. Si elle est capable de décisions autonomes, ce n'est sûrement pas en présence de ses « maîtres », et encore moins placée en position d'invitée, qu'elle les énoncera. Servir, pas être servie… Son regard analyse les petits déjeuners entamés sur la table, mais aussi sur les tables visibles de sa place. Quand Logan met fin à la liste des composants de son repas, les yeux bleus viennent s'accrocher à ceux de Solomon. L'impression d'être devenu un repère pour elle est assez déroutante.

— Et pour mademoiselle ? s'enquiert le serveur d'une voix douce.

— *Un chocolat chaud ?*

De nouveau, Eden fait part de son souhait sous forme de question. Cette fois, le serveur entend les intonations interrogatives et y répond.

— *Bien sûr, mademoiselle. Souhaitez-vous autre chose ? Les miniviennoiseries sortent du four.*

— *Oui.*

Silence. Le serveur ne peut pas comprendre. Personne

ne peut comprendre ce que signifie ce « *oui* ». Solomon se redresse et s'applique à parler avec gentillesse.

— Que veux-tu manger, Eden ?

— *Des viennoiseries ?*

— *Croissant, pain au raisin, pain au chocolat ou brioche*, propose le serveur.

C'est trop pour elle. Ça se lit dans ses yeux. Alors Solomon prend la décision à sa place.

— *Apportez un assortiment de viennoiseries et de la baguette avec de la confiture.*

— *Bien, monsieur.*

— *Et je voudrais un autre café*, termine-t-il avant d'interpeller son ami. Steve ?

Steve quitte brusquement Eden du regard et fait la mise au point sur Solomon. Celui-ci sent son ami déstabilisé sans savoir si c'est par la beauté de la jeune femme ou sa perdition. Quelle qu'en soit la raison, finie l'assurance moralisatrice. Solomon retient un soupir : il ne peut pas en vouloir à son ami. Et dire que ce dernier le pensait inconscient des séquelles possibles des mauvais traitements infligés à cette enfant. Bon, d'accord, pas si conscient que ça. Pas à côté de la plaque non plus. Le fait de comprendre qu'il a pu lui-même maltraiter des filles sans le savoir l'a profondément secoué, mais Solomon n'est pas homme à s'apitoyer ou se flageller pour les erreurs passées. Il apprend et progresse.

— Pardon ? se reprend Steve.

— Café ?

— Oui, merci.

— Bien, monsieur, fait le serveur avant de s'éclipser.

Steve s'accoude à la table et soutient sa tête du bout des doigts sur ses tempes. Il laisse son regard naviguer entre Eden et Solomon. Lorsqu'il se décide à parler, c'est pour s'adresser à la jeune femme.

— Bonjour, Eden. Je m'appelle Steve Barlow, poursuit-il lorsqu'elle lui jette un coup d'œil furtif. Je suis l'indispensable bras droit de Solomon.

Silence ; et ce silence torture Eden très efficacement. Les yeux bleus ne savent pas où se poser. Chaque fois qu'ils effleurent Steve, celui-ci semble perdre un peu plus de son assurance et vieillir. Solomon sent l'angoisse monter d'un cran : le temps pendant lequel Eden réussit à soutenir son regard diminue inexorablement. Quelqu'un doit parler, et ce sera lui.

— J'ai expliqué à Steve que tu allais rester avec nous quelque temps.

— Bien, monsieur, dit-elle en le regardant.

— Et je voulais te souhaiter la bienvenue parmi nous, poursuit Steve avec un sourire.

— Merci, monsieur.

Eden s'applique, mais tout trahit son malaise : ses yeux qui fuient, sa tête qui peine à se relever, ses lèvres pincées, ses sourcils froncés. Être à table avec eux ressemble à un supplice.

— Tu as passé une bonne nuit ? demande Steve avec bienveillance.

— Oui, monsieur.

Tête un peu plus basse et teint un peu plus pâle. Eden élude la vérité. Solomon fait claquer sa langue. C'est un réflexe. C'est une erreur. Le regard bleu ciel est désormais effrayé.

— As-tu dormi ? l'interroge-t-il malgré tout.

Sa voix est sombre et menaçante. On repassera pour la bienveillance. Eden secoue la tête sans le quitter des yeux. Elle n'a pas dormi. Aucun signe de fatigue pour autant. Il ne s'en serait jamais douté. Soudain, elle détourne son regard et recule sur sa chaise. Solomon n'a pas besoin de se retourner pour comprendre : quelques secondes plus tard, deux serveurs disposent les éléments d'un petit déjeuner appétissant sur la table. Logan entame son repas avec gloutonnerie. Steve s'empare de la corbeille de viennoiseries et la propose à Eden dans une tentative de rapprochement pleine de prévenance.

— Eden ? Elles sont délicieuses, ajoute-t-il devant son hésitation.

Une main fine prend délicatement un petit pain au chocolat et le pose à côté de sa tasse vide, puis elle rejoint sa position initiale sur les cuisses serrées.

— Tu n'as pas faim ? remarque Logan avec une fausse naïveté.

Eden le dévisage un instant avant de répondre.

— Pas trop.

— Tu devrais, c'est trop bon, fanfaronne-t-il en soulevant une fourchette chargée d'œufs brouillés.

Elle réussit à réprimer une grimace, pas le mouvement de recul. Solomon intervient à son tour : la jovialité ne fonctionne pas avec Eden quand la peur prend le dessus. Elle n'est pas prête ou ne sait pas. Il est de nouveau convaincu qu'une autorité douce et patiente est ce dont elle a besoin pour l'instant. Alors il reprend les choses en main.

— Qu'as-tu mangé hier soir ?

Yeux écarquillés et silence. La réponse est : rien.

— Il faut que tu manges, Eden. Rien ne se résout le ventre vide, assène-t-il.

— Bien, monsieur.

Eden obéit à l'ordre énoncé avec une autorité tout sauf douce et patiente. Solomon soupire intérieurement. Steve a peut-être raison, finalement : il n'est pas un professionnel. Comment a-t-il pu penser qu'il saurait s'y prendre avec elle ? Il n'est que brutalité et violence. Pourtant Eden se met en action sans hésitation, et quand elle soulève la carafe de jus d'orange, son visage a déjà repris une sérénité apparente très convaincante.

— Souhaitez-vous du jus d'orange, monsieur ?

Solomon n'est pas dupe, mais il la suit dans sa fuite en avant.

— Non. Merci, Eden.

— Monsieur Barlow ? interroge-t-elle aussitôt.

Celui-ci secoue la tête, les doigts sur sa bouche pleine du minipain au raisin qu'il vient d'enfourner.

— Moi oui, réclame Logan.

Eden remplit le verre tendu et le sien avec des gestes lents et précis. L'impression de force tranquille à l'œuvre est puissante. Solomon se demande alors si cette lenteur d'exécution et cette absence d'interaction lorsque rien ne l'y oblige ne sont pas une forme de résistance pour Eden. Une protection, assurément : à maîtriser ses gestes, elle évite les erreurs, et donc les punitions. Mais elle pourrait être plus rapide. Et soudain, il se souvient de la façon dont elle s'est retranchée derrière les ordres reçus pour refuser d'obéir à

Scarlett, son bourreau, et la façon dont elle élude ou use de semi-vérités. Une finesse d'esprit qui signe une intelligence certaine. Ça ne peut pas être que sa soumission extrême. C'est trop fin, trop subtil. Le tout est de savoir si elle en a conscience.

Solomon la regarde se servir son chocolat chaud avec la même lenteur. Les gorgées de jus d'orange, les cercles de la petite cuillère dans sa tasse, des doigts qui ne s'approchent jamais du pain au chocolat pourtant si proche. Eden tente l'illusion. Solomon croise alors ses bras sur la table, se penche en avant et attend qu'elle le regarde. Il n'aura pas à compter jusqu'à trois. Elle pâlit alors que ses yeux peinent à lui obéir.

— Le pain au chocolat ne sera pas suffisant.

Aller-retour sur la viennoiserie sciemment ignorée. Lèvres qui se serrent. Petite futée prise en flagrant délit de dérobade. Solomon attrape un petit croissant dans la bannette qu'il pose à côté du pain au chocolat. Puis il choisit un morceau de baguette, un pot de confiture miniature et s'empare du beurrier ; et tout ça rejoint la tasse d'Eden.

— Solomon, l'interpelle Steve en affichant un air désolé et prudent.

— Quoi ?

— Nous n'avons pas tous ton appétit.

Son coup d'œil à Eden incite Solomon à faire attention à sa pupille. Yeux rivés sur la dose imposée, elle est désormais blême et au bord de la nausée.

Merde.

— Ça fait trop ? se force-t-il à s'étonner sur un ton navré.

Le regard clair le fige sur place. Le désespoir d'Eden est une véritable arme dont la lame glaciale se plante de façon imparable dans le cœur des hommes ; et Solomon a l'impression d'être totalement incapable de s'en protéger. Mais les yeux effrayés lui échappent.

— Regarde-moi. Ça fait trop ? répète-t-il quand elle obéit.

— Oui, monsieur.

— Tu manges la baguette et…

Solomon s'interrompt : il a choisi exactement ce qu'elle ne pourra pas avaler. Il le sait parce qu'elle a fermé ses yeux une pleine seconde, sa façon à elle d'aller chercher son courage pour satisfaire les exigences de celui qui ordonne.

— Pas le pain, c'est ça ?

La panique est immédiate.

— Si, monsieur, fait-elle en tendant une main tremblante vers le morceau de baguette.

— Arrête, Eden, la contre-t-il en s'en emparant avant elle. Tu as le droit de préférer les viennoiseries. Tout ce que je veux, c'est que tu manges.

La main repart sous la table. Et soudain, cette soumission extrême agace Solomon. Il dévisage Logan qui semble aussi désemparé que lui, puis Steve qui lui fait signe d'une main de se calmer. Alors Solomon respire un bon coup et tente une négociation.

— Serais-tu capable d'avaler trois viennoiseries ?

Retour des yeux bleus sur lui.

— Oui, monsieur.

La baguette repart dans la bannette que Solomon pose devant Eden.

— Choisis ce qui te fait envie.

Cette fois, le regard d'Eden se plisse alors qu'elle scrute celui de Solomon en fronçant ses sourcils. Elle décrypte ses traits comme elle ne l'a jamais fait. Puis elle se détourne brusquement, manifestement gênée.

— Alors Eden, l'interpelle Steve d'une voix plus enjouée. Qu'as-tu au programme du jour ?

La main chargée d'un deuxième pain au chocolat suspend son vol au milieu du trajet. Eden regarde Steve, puis Solomon, puis revient sur Steve. Elle lâche la viennoiserie et blêmit à mesure qu'elle ramène sa main contre elle.

— Je suis à votre disposition, monsieur.

Voix éteinte, dos bien droit, tête baissée, doigts probablement noués sur ses cuisses, Eden redevient Amy. Steve et Logan en restent sidérés, bouche bée. Pas Solomon.

— Regarde-moi, Eden, l'appelle-t-il.

Elle tressaille alors que ses yeux peinent à atteindre les mains de Solomon croisées sur la table. Sa soumission est la plus forte.

— Eden, exige-t-il durement.

Le regard bleu virant au gris parvient enfin à rejoindre celui de Solomon et il n'aime pas ce qu'il y voit.

— Je sais ce que tu penses.

Elle lance un coup d'œil méfiant à Steve. Progression depuis que Solomon l'a prise sous son aile, réduite à néant. Ce n'était pas allé bien loin, mais le retour au point zéro est violent.

— Steve est mon meilleur ami. Il est marié depuis

douze ans à une femme dont il est irrémédiablement amoureux. Il a deux enfants…

— Ils sont toujours mariés, fidèles à leurs épouses et pères merveilleux.

C'est un murmure à la limite de l'audible, mais c'est dit. Steve s'apprête à parler, probablement pour se défendre. Solomon le fait taire d'un signe de tête, puis il se penche vers Eden. Elle est livide, terrorisée, et respire à peine.

— Les trois règles absolues ?

— Vous regarder quand vous me parlez, obéir et ne jamais vous mentir, récite-t-elle en clignant des yeux.

— Elles valent aussi pour moi.

Silence.

— Je regarde les gens à qui je parle. J'obéis… à qui je dois obéissance. Et surtout, je ne mens jamais.

Silence immobile.

— Je ne te toucherai pas. Personne ne te touchera tant que tu seras sous ma protection.

Le regard fuit. Il revient plus humide.

— Ton programme du jour, annonce-t-il. Tu as rendez-vous avec une styliste à 9 h 30, dans le hall. Mlle Rolland va rester avec toi, toute la journée s'il le faut, pour t'aider à te constituer une garde-robe.

Clignement des yeux bleus et larme. Solomon continue.

— Des vêtements pour le quotidien et quelques tenues plus habillées, des robes de soirée.

— Quel type de vêtements ? demande-t-elle d'une voix tendue, à la limite de la cassure.

— Des vêtements classiques et élégants. Pas comme…

Le regard de Solomon se baisse sur le tee-shirt usé et Eden l'imite. Il est maladroit. Des haillons modernes. C'est minable, pitoyable. C'est tout ce qui lui appartient. Elle n'a pas eu le choix. Il ne peut pas cracher dessus.

— Pardon, Eden.

— Je comprends, monsieur.

Putain, ces yeux… Confiance niveau un retrouvée.

— Et pour les robes de soirée ? ose-t-elle timidement.

— Quelque chose de sage. Je ne veux plus te voir dans une tenue comme celle que tu portais avant-hier soir.

— Bien, monsieur.

— Tu seras également accompagnée par un garde du corps.

— Bien, monsieur.

Elle ne demandera pas pourquoi ; elle obéit. Solomon n'aime pas trop ça, mais il n'a pas le choix : Paris n'est pas un endroit sûr pour elle.

— Steve et moi avons des rendez-vous toute la journée. Nous dînons au restaurant avec un client ce soir. J'ai prévu que tu te joignes à nous.

— À quelle heure dois-je être prête ?

— Dix-neuf heures.

— Bien, monsieur.

Solomon dévisage Eden sans un mot. À cet instant, elle est en pleine possession de ses moyens. Recevoir des ordres, satisfaire des exigences, s'adapter aux demandes quelles qu'elles soient, voilà ce qu'elle sait faire. C'est une servante, une soumise. Une esclave. Cet abandon d'elle-même est terrifiant. Il ne faudra pas cinq secondes pour qu'elle commence à vibrer sous le poids de l'examen dont elle fait l'objet. Solomon décide de mettre fin à son supplice.

— Tu veux bien manger ?

— Oui, monsieur.

La main fine repart chercher le pain au chocolat qu'elle a abandonné. Ce n'est que de l'obéissance pure. Il lui a probablement coupé l'appétit. Il est grand temps que Steve et lui quittent cette table.

— On y va, Steve, annonce-t-il en se levant.

Steve le regarde avec surprise. Il soupire, pose sa tasse et se lève à son tour. Tous deux récupèrent leurs vestes pendues au dossier de leurs chaises.

— Si vous permettez, monsieur, intervient Logan. C'est moi qui vais rester avec Eden. L'équipe française peut vous escorter à vos rendez-vous.

Le coup d'œil à Eden suffit. Logan a raison : elle le connaît. Ce sera plus facile pour elle que se trouver seule avec des inconnus.

— Très bien, acquiesce Solomon. Bonne journée à tous les deux.

Solomon et Steve sortent de la salle en silence, Ce n'est qu'une fois qu'ils sont seuls dans l'ascenseur que Steve énonce à voix haute ses pensées profondes.

— Je ne pensais pas qu'on puisse casser une personne à ce point. Il va falloir du temps, beaucoup de temps ; et de la patience.

— Je sais.

— Il faut surtout qu'elle ait confiance. Tant qu'elle

n'aura pas confiance, elle se repliera derrière sa soumission extrême.

Confiance…

— C'est pas gagné, soupire Solomon.

Steve ne dit rien. Aucun commentaire. Aucune réplique percutante et moqueuse. Aucun reproche. Aucun conseil. Son silence est le meilleur des avertissements.

5

Samedi 10 décembre 2016, fin de matinée.

Julie Rolland soupire pour réprimer une grimace. M. Rickman, l'Américain qui a fait appel à elle, l'avait prévenue que la jeune femme qu'il lui confiait n'était pas très bavarde, et il ne lui avait pas menti. À croire qu'elle ne connaît que quelques mots : « oui », « non », « je ne sais pas » ; toute une déclinaison de « trop » : court, long, collant, échancré, bariolé… sans oublier les « madame » à répétition. C'est également quelqu'un d'extrêmement timide… ou une jolie idiote. Elle est belle, très belle, et elle semble incapable de prendre une décision toute seule sans chercher l'approbation du colosse qui l'accompagne. Le schéma est assez classique : jeune femme magnifique entretenue par un homme riche et sous surveillance d'un garde du corps. Elle aurait pu être la fille de l'Américain à la voix grave et veloutée, mais Julie n'y croit pas : sa cliente s'y connaîtrait un peu plus en mode. Elle s'y connaîtrait, tout simplement. En attendant, elle vient de refuser sa dixième proposition de style en moins de trente minutes.

— *Rien ne vous plaît, mademoiselle ?*

— *Non.*

— *Ce sont pourtant les bases des tenues à la mode…*

— *Non.*

— Eden ?

L'homme interpelle la jeune femme avec une certaine inquiétude et dévisage Julie avec sévérité. Le fait que celle qu'il protège se bute et qu'elle-même s'agace ne doit pas lui plaire.

— Quel est le problème ?

Bizarrement, la jeune femme semble tout aussi réservée avec le garde du corps. Julie s'en sent rassurée : c'est la première fois qu'elle n'arrive pas à cerner la personnalité d'une cliente. Ses questions sur ses goûts sont restées sans réponse. C'était à croire que la jeune femme ne comprenait rien à ce que Julie lui disait.

— Faut-il appeler M. Rickman ?

— Non ! répond la demoiselle soudain affolée.

L'homme se rapproche d'elle doucement et se penche légèrement pour mieux capter son regard inhabituellement clair.

— Qu'est-ce qui ne va pas ?

— Il a dit « classique et élégant ».

— Il y avait des trucs classiques et élégants dans ce que Mlle Rolland t'a montré.

— Ça ne lui plaira pas.

— Et qu'est-ce qui lui plaira ? fait-il avec un sourire.

La jeune femme semble hésiter, mal à l'aise. Elle croise et décroise ses doigts et son regard ne cesse de faire des allers-retours entre le garde du corps et Julie. Celle-ci se sent totalement perdue, mais elle ressent le besoin de venir en aide à sa cliente visiblement désemparée.

— Excusez-moi… Pouvez-vous m'expliquer ce que vous voulez ? demande-t-elle dans un anglais très scolaire. Je peux essayer si… vous me dites ce que vous voulez.

Le regard bleu clair quitte Julie pour interroger l'homme. Celui-ci recule d'un pas et incite sa protégée à s'expliquer elle-même. La nervosité qui agite la jeune femme est impressionnante, mais pas autant que sa façon de s'apaiser en une simple inspiration.

— *Il faut des vêtements très classiques et sobres. Pas de couleurs criardes. Des coupes simples. Pantalon en toile ou jupe droite, chemise, pull ou veste.*

— *Comme un uniforme ?* s'étonne Julie.

— Un uniforme ? comprend l'homme, tout aussi surpris.

Il contient son début de rire dès que le regard perdu et désolé de la jeune femme croise le sien.

— Eden, soupire-t-il tendrement dès qu'elle baisse la tête.

Paradoxalement, il recule d'un pas. Julie aurait parié qu'il s'avancerait pour chercher le contact et la rassurer. Pourtant, cette distance offerte semble avoir été la bonne décision, car la demoiselle le regarde à nouveau.

— M. Rickman aime le classique et l'élégant, mais je ne pense pas qu'il envisageait un uniforme.

Il se moque d'elle gentiment. Elle s'apaise mais ne prononce pas le moindre mot.

— OK, dit-il doucement avant de se tourner vers Julie. *Vous comprendre mademoiselle* ?

— *Oui. Laissez-moi essayer quelque chose.*

— *S'il vous plaît. Merci.*

Julie prend alors le temps de détailler les portants de son dressing, de se remémorer les articles exposés et ceux qu'elle a encore en réserve. Dès qu'elle visualise la tenue qui pourrait satisfaire l'exigence de sa cliente particulière, elle part piocher les vêtements correspondants et constitue l'ensemble. Elle présente enfin un pantalon gris sombre légèrement luisant, une chemise bleu ciel en accord parfait avec ses yeux étonnants et une veste noire. Lèvres pincées, la jeune femme analyse la proposition quelques secondes. Julie sait qu'elle a vu juste lorsque le regard impressionnant perd son éclat glacial.

— *Oui.*

— Classique et élégant, sourit Julie. *Ce n'est toutefois pas très à la mode. Avec quelques variations...*

— *Mais c'est indémodable, non ?*

— *La base est intemporelle*, acquiesce Julie. *En jouant sur la coupe et quelques détails, le classique et élégant suranné devient moderne. Je peux vous montrer ?*

— *D'accord.*

Julie se retient de souffler, remercier Dieu ou s'exclamer « À la bonne heure ! ». Après quatre heures de shopping et douze boutiques, la cliente systématiquement affolée des sommes engagées et systématiquement rassurée par le garde du corps repart avec une garde-robe complète, sous-vêtements compris. Julie se fera la réflexion bien plus tard que, malgré sa satisfaction, la jeune femme nommée Eden n'a jamais souri. Trop bizarre, cette fille…

Samedi 10 décembre 2016, fin d'après-midi.

Quand les portes de l'ascenseur s'ouvrent à l'étage de sa suite, Solomon découvre Logan en position d'attente. Costume impeccable, cheveux encore humides, il a pourtant l'air fatigué ; et ce n'est pas fréquent de voir cet homme endurant avec des traits tirés.

— Un problème ? s'inquiète Solomon.

— C'est long, six heures de shopping, explique-t-il dans un soupir.

— Ça s'est mal passé ?

— Plus d'une heure pour définir le style et cinq heures de marche et d'essayages. La styliste en a bavé. Pas facile de suivre quelqu'un qui ne parle presque pas.

— Comment va Eden ?

— Elle est un peu perdue. Complètement paumée, en fait. La quantité de vêtements, les chaussures neuves, le maquillage, les deux valises et, surtout, les sommes dépensées… Elle s'est décomposée un peu plus à chaque achat.

— Où est-elle ?

— Dans sa chambre.

Solomon prend aussitôt la direction de la suite. Il lâche sa veste sur un fauteuil et va se placer devant la porte de la chambre qu'il a laissée à Eden. Il hésite avant de toquer, mais le silence qui règne autour de lui le pousse à agir. Les quelques coups frappés ne recevant aucune réponse, il se résout à ouvrir doucement la porte. Le spectacle qui l'attend le laisse sans voix, le cœur enserré dans une gangue de désolation terrifiée : au milieu de dizaines de paquets et autres sacs de boutiques, Eden. Lui tournant le dos, en sous-vêtements, à genoux et assise sur ses talons, elle tourne la tête d'un côté à l'autre de la pièce. Solomon n'a aucun mal à imaginer le regard clair passant sur chaque paquet, son cerveau se souvenant de leur contenu et probablement du prix. Quand elle se penche en avant et s'appuie au sol de ses deux mains dans un soupir profond qui lui fait baisser la tête, Solomon se désole de ne pas pouvoir lire son regard.

Frapper deux coups sur la porte la fait sursauter. C'était à prévoir, tout comme sa surprise de découvrir quelqu'un sur le seuil de sa chambre. Enfin, sa surprise… C'était ce à quoi Solomon s'attendait, pas à une terreur incommensurable. Eden pivote sur elle-même, se met debout d'un bond et recule. Emportée par son élan, elle se prend les pieds dans des paquets. Elle bat des bras pour tenter de garder l'équilibre, mais elle perd la bataille. Sa chute est brutale et sa tête tape contre le lit tandis qu'elle amortit péniblement l'impact au sol. Solomon n'a pas le temps de faire deux pas qu'elle s'appuie d'une main sur la moquette et agrippe le dessus-de-lit pour se relever. Il est arrêté par le regard noir de peur et d'inquiétude.

— Pardon, monsieur.

Pardon ? Elle s'excuse d'être tombée alors que c'est sa faute à lui ? Pire : à peine sur ses pieds, elle prend sa position de soumise et semble attendre que Solomon décide de la suite. Sans vêtement pour la couvrir, il n'est pas difficile de voir les muscles se contracter dans un effort surhumain pour contrôler son corps ; et sûrement les pleurs qui lui font tordre la bouche.

— Je te prie de m'excuser. Je n'avais pas le droit d'entrer dans ta chambre sans…

— Vous avez tous les droits, monsieur.

Silence immobile.

— Regarde-moi.

Les yeux bleus aux pupilles dilatées se lèvent sur lui avec lenteur, mais ils fuient aussitôt.

— Regarde-moi, répète-t-il, plus exigeant.

Elle obéit et soutient enfin son regard.

— Je voulais seulement savoir…

Solomon se fige : le seul pas qu'il a fait a suffi à faire trembler Eden. Il sait que la raideur qui contraint un peu plus le corps abîmé est sa façon à elle de s'empêcher de reculer. Elle a peur : très probablement peur de lui, des exigences qu'il pourrait avoir, de la punition que lui vaudrait le moindre début de désobéissance. Elle n'a aucune confiance en lui. Comment pourrait-elle ?

— Eden, dit-il en reculant d'un pas. Tu peux avoir confiance en moi. Comme je te le disais ce matin, je ne mens jamais.

— Oui, monsieur.

— T'es-tu fait mal ?

— N…

Elle se reprend en fermant les yeux. Elle allait lui mentir.

— Ça va aller.

Elle passe instinctivement une main sur l'arrière

de sa tête et grimace. Les lits ont un cadre en bois. Si elle a cogné l'angle, elle est peut-être blessée. Le « peut-être » disparaît quand Eden ramène devant elle ses doigts tachés de sang.

— Merde, lâche Solomon. Laisse-moi regarder.

Cette fois, il cesse de prendre la moindre précaution. En quelques pas, il traverse la barrière de paquets et s'approche d'Eden. Elle recule ; bien sûr qu'elle recule.

— Ne me fuis pas.

L'ordre part tout seul, c'est plus fort que lui ; mais il glisse les mains dans les poches de son pantalon plutôt que de la rattraper.

— Désolée.

— Laisse-moi examiner ta blessure, répète-t-il en la regardant droit dans les yeux.

— Bien, monsieur.

Eden se soumet et baisse les yeux. Solomon soupire malgré lui. Le lien établi avec elle est un véritable yo-yo : progression subtile lorsqu'ils sont ensemble plus de cinq minutes, marche arrière brutale dès qu'ils sont séparés. S'il veut établir une relation de confiance durable, il faudra qu'il reste près d'elle, qu'il lui consacre plus de temps.

— Eden, il va falloir que je te touche.

— Oui, monsieur, fait-elle en clignant des yeux.

Il réalise qu'il lui avait promis de ne pas la toucher. Le terme était mal choisi. Il doit modifier sa promesse ; mais avant tout, il doit la couvrir. C'est la première preuve de respect. Il ne peut pas la laisser ainsi, à moitié nue, offerte à sa vue selon son bon vouloir. Il lui suffit de tendre le bras pour récupérer le tee-shirt élimé gisant sur le lit.

— Enfile ça, ordonne-t-il.

Elle obéit, soulevant ensuite ses cheveux pour les laisser couler dans son dos avec des gestes qui, même exécutés avec une forme de prudence, emmènent Solomon dans le souvenir d'une femme qui avait la même grâce. Il adorait la chevelure blonde et épaisse d'Alice. Son épouse. Aussi forte et souriante qu'Eden est fragile et mutique. La première choyée et adorée, privilégiée par la vie ; jusqu'à ce qu'un accident vasculaire cérébral ferme brutalement le livre de son existence. La deuxième aimée puis haïe au point d'être réduite en esclavage ; jusqu'à ce que la vie lui offre un protecteur inattendu et maladroit.

— Eden, quand je t'ai promis que je ne te toucherais pas, je songeais à des contacts intimes non désirés.

Les yeux bleus s'arrondissent et elle tremble.

— Je ne te baiserai jamais et tu es trop jeune pour que je te fasse l'amour.

Eden bloque sa respiration.

Merde. Il n'aurait jamais dû dire ça de cette façon. Ça lui a échappé, lapsus lâché par un désir désormais malvenu, mais difficile à museler. Solomon est furieux envers lui-même. Comment peut-il être aussi immature et inconvenant devant cette enfant-esclave au corps meurtri ? Il se reprend aussitôt en serrant les poings dans ses poches. Il doit oublier qu'il l'a désirée un soir d'ignorance.

— Je vais prendre soin de toi, Eden. Ça veut dire que, parfois, je vais être amené à te toucher. Te prendre la main ou le coude pour te conduire. Te prendre par les épaules ou la taille pour te protéger. Un jour, je t'enlacerai pour te saluer, te rassurer ou te féliciter. J'aurai pour toi ces gestes anodins qu'ont les gens qui se connaissent et s'apprécient.

Respiration contenue. Yeux qui clignent. Larme qui roule.

— Un jour, je prendrai ton visage dans mes mains pour essuyer tes larmes.

Une main nerveuse écrase une deuxième larme.

— Pour l'instant, je vais toucher ta tête là où tu saignes pour contrôler ta blessure. D'accord ?

— Oui, monsieur.

Elle n'aurait pas dit non. Il le sait.

— Préfères-tu que ce soit quelqu'un d'autre ?

Le regard clair change brusquement et Solomon doit masquer sa surprise d'être examiné comme il ne l'a jamais été. Il se soumet. Oui, lui, l'homme dur et craint, le dominant, se soumet à cette jeune femme qu'il ne parvient pas à comprendre. Derrière sa soumission absolue, Eden regarde et analyse. Elle voit et comprend des choses qui, il en est persuadé, lui échappent. Et quand elle secoue sa tête en quelques mouvements infimes, la conviction que ce n'est pas par peur qu'elle accepte qu'il la touche ressemble étrangement à une certitude.

— Mets ta main où tu t'es fait mal. À l'exception de tes doigts, c'est le seul endroit que je vais toucher.

Eden fixe Solomon quelques secondes avant d'obéir. Il sort les mains de ses poches et lève la gauche doucement. Les yeux bleus la suivent, Eden vibre quand les doigts épais effleurent les siens, mais elle ne recule pas. Puis, à défaut de pouvoir surveiller la main de Solomon, elle accroche son regard.

— Tu veux bien te tourner ?

Elle s'exécute avec une lenteur maîtrisée criant sa méfiance pour qui ne saurait la lire directement dans son regard. Son corps se tend un peu plus, prêt à fuir ou encaisser. Solomon fait abstraction du sentiment d'urgence ou de panique qui émane d'elle pour se concentrer sur ce qu'il fait. Dès qu'elle s'immobilise, il soulève légèrement ses doigts.

— Enlève ta main.

L'ordre est trop ferme ; il l'entend lui-même. Elle obéit pourtant sans hésiter, même si ses mains sont probablement en train de s'étreindre maintenant. Il écarte délicatement les cheveux bruns qui glissent dans ses doigts et trouve rapidement le cuir chevelu égratigné. Rien de grave. Eden aura collecté sur ses doigts les quelques gouttes de sang qui auront perlé.

— Ce n'est rien, mais ça risque de piquer quand tu te laveras les cheveux, annonce-t-il en la libérant de sa présence. Et tu as déjà une bosse qui se forme.

— D'accord.

Elle ne bouge pas, statue parfaite en attente d'un ordre. Solomon s'écarte d'elle et commence à déambuler parmi les paquets.

— Je peux regarder ? demande-t-il, soudainement curieux.

— Oui, monsieur.

Monsieur… Il la dévisage tandis qu'elle pivote en parcourant du regard les achats éparpillés çà et là dans sa chambre. Ses grands yeux tristes se ferment le temps d'une longue inspiration. Lorsqu'elle les pose sur lui, Solomon doit à nouveau réprimer le désir. Histoire de faire diversion, il ouvre le premier sac et y plonge une main pour en sortir… de la lingerie. Mauvaise pioche. Et, à la façon dont Eden pince ses lèvres et lutte pour soutenir son regard, il n'est pas le seul gêné. La lingerie rejoint le fond du sac qu'il pose sur le lit.

— Je devrais peut-être te laisser déballer tout ça toi-même.

— Bien, monsieur.

Monsieur… Non, ce n'est pas possible. Il ne peut pas la laisser l'appeler « monsieur » plus longtemps.

— Eden, l'interpelle-t-il en lui faisant face. Tu ne dois plus m'appeler « monsieur ».

— Bien, m…

Le regard bleu fuit celui de Solomon et repart sur les paquets. Peur, tristesse, désarroi. Tout se lit dans ses yeux si particuliers et sur les traits de ce visage parfait. Tout se lit, mais rien n'est dit.

— Parle-moi, Eden.

L'inquiétude dilate les pupilles rivées sur lui. Elle mord ses lèvres, entortille ses doigts et baisse la tête. Ça commence bien…

— Regarde-moi, exige-t-il plus durement. Parle-moi, répète-t-il une fois obéi. Je dois savoir ce que tu penses.

— Je… Je n'ai pas le droit, monsieur.

— Solomon, la corrige-t-il.

Elle se fige. C'est maladroit, si maladroit. Ce n'est

pas comme ça qu'il va l'amener à lui parler. Alors il soupire pour éteindre son impatience malvenue.

— Pas le droit de quoi ?

— De vous parler. Dire ce que je pense.

— Règle de Mitzer ? devine-t-il.

— Oui, m... Oui.

— Oublie les règles de Mitzer, Eden. Tu ne le reverras jamais.

Panique et désarroi dans les yeux bleus assombris.

— Avec moi, tu as le droit, et même le devoir de parler.

La respiration d'Eden accélère, aussi contrainte que son corps qu'elle verrouille pour l'empêcher de trembler. En vain.

— De quoi as-tu peur, Eden ?

Elle bloque son souffle, pupilles totalement dilatées. Encore une question qu'il n'aurait pas dû poser. Sûrement trop tôt.

— Oublie ma question, elle est maladroite.

Le silence est assez terrible. Seule la respiration difficile d'Eden s'entend, une respiration qui s'apaise alors qu'elle reprend le contrôle.

— Je n'ai pas d'argent, dit-elle à mi-voix.

— Pourquoi as-tu besoin d'argent ?

Elle regarde le sol jonché de paquets et Solomon comprend.

— Tout ça est à toi, Eden.

Elle cligne des yeux, baisse la tête pour effacer la larme qui lui a échappé, puis lève sur lui un regard éteint. Visage fermé, corps raide parfaitement contrôlé, Eden est redevenue Amy.

— Je suis à votre disposition, monsieur, annonce-t-elle d'une voix neutre en penchant un peu plus la tête.

Solomon se rapproche d'elle lentement en remettant ses mains dans ses poches.

— Eden, soupire-t-il. Regarde-moi.

Elle s'exécute en gardant la tête basse.

— Tu ne me dois rien. Tu n'avais pas de vêtements, alors je t'ai acheté des vêtements.

— Mais…

— Mais quoi ? l'interroge-t-il quand elle ne poursuit pas.

— Je n'ai rien fait pour mériter tout ça.

Solomon réfléchit vite. Eden est une enfant-esclave. Tout ce qui lui appartient tient dans une valise minuscule. Elle n'a connu qu'asservissement depuis qu'elle a perdu sa mère. Et voilà que lui, un inconnu arrivé dans sa vie depuis à peine deux jours, dépense plusieurs milliers d'euros pour la faire habiller par une styliste. Tout cet argent, tous ces vêtements, chaussures et autres accessoires. Ce doit être incompréhensible pour elle.

— Tu es ma pupille, Eden. Est-ce que tu sais ce que ça veut dire ?

— Que je vous appartiens.

Il en reste bouche bée. Il pensait qu'elle avait compris que ce n'était pas le cas.

— Que je suis votre servante ? tente-t-elle, visiblement perdue.

— Ma servante ?

— Oui, monsieur.

— Tu n'es pas ma servante.

Après la déroute, la panique.

— Pourquoi dis-tu ça, Eden ?

— Parce que c'est ce que je suis, explique-t-elle, désemparée, après un long silence.

L'incompréhension dépasse les capacités de Solomon et la colère qui prend le dessus lui fait serrer les poings dans ses poches.

— Tu n'es pas une servante, dit-il trop durement. Être ma pupille, ça veut dire que tu es sous ma responsabilité. Que je suis ton tuteur. En tant que tuteur, je vais m'occuper de toi : te nourrir, t'héberger, te vêtir, te permettre de suivre des études. Et je vais payer tout ça, parce que c'est mon rôle. Comme un p…

Comme un père ; mais il ne peut pas dire ça à celle qui a perdu le sien quand elle était toute petite. Pas à celle qui, la veille encore, appelait « père » un homme qui la maintenait en esclavage et la prostituait.

— Ce que tu as vécu chez Mitzer, c'est terminé. Je veillerai à ce que plus personne ne te fasse subir un tel traitement. Est-ce que tu comprends ?

Eden tremble. Son regard glacé par la peur semble fouiller le visage de Solomon à la recherche de quelque chose, un détail qu'elle ne trouve visiblement pas.

— Je ne comprends pas ce que vous attendez de moi, monsieur Rickman.

Mais elle aura eu le courage de le dire.

— Je t'offre une nouvelle vie, Eden. Tu étais traitée comme une esclave, je te rends ta liberté.

Les sourcils bruns se froncent.

— Je peux partir ?

— Si c'est ce que tu souhaites, admet Solomon, surpris de le faire à contrecœur.

— Mais je suis mineure, sans argent, ni aucune éducation, énonce-t-elle avec une lucidité effrayante.

— Je peux te donner tout ça. Je veux dire : te prendre en charge jusqu'à ce que tu sois autonome.

— Pourquoi ?

— Pourquoi quoi ?

— Pourquoi moi ?

Solomon se trouve incapable de répondre. La vie a placé sur son chemin un être fragile. Une jeune femme sublime. La seule qui ait allumé quelque chose dans son cœur mort. Une enfant-esclave qu'il est en train de prendre sous sa protection. L'objet d'un désir puissant qu'il ne pourra, de par sa décision, jamais assouvir.

— Parce que la vie en a décidé ainsi ? lance-t-il comme une proposition.

Eden blêmit brusquement. À tel point que Solomon sort les mains de ses poches, prêt à la rattraper si elle s'effondre. Mais elle reste bien droite. Seuls ses yeux qui s'emplissent de larmes dévoilent le bouleversement de ses repères.

— Je ne suis pas un homme très tendre, Eden…

— Violent et imprévisible, chuchote-t-elle.

— Oui.

— Avec trois règles absolues.

— Oui, et non négociables, ajoute-t-il durement.

— Bien, monsieur, dit-elle en essuyant ses larmes.

— Solomon.

Elle pince ses lèvres. Trop tôt pour le prénom.

— Je t'offre une nouvelle vie, Eden. Sans aucune contrepartie. L'argent, c'est mon problème. Toi, tu réfléchis à ce que tu veux faire ; et ce sera notre contrat. Aucune limite, tu es libre. Est-ce que tu comprends ?

— Oui.

— On en reparle demain ?

— D'accord.

— Parfait.

Les yeux bleus restent rivés sur Solomon, le piégeant une fois de plus par leur pouvoir envoûtant. Il doit cette fois encore contraindre les pulsions du désir. Eden est intouchable désormais.

— Je pensais t'emmener au restaurant avec nous, ce soir. Steve et moi devons y retrouver un bon client et son épouse. Est-ce que tu veux venir ?

— Oui, monsieur.

— Pas « monsieur », Eden. Je sais que ça va être compliqué pour toi d'user de mon prénom, mais il ne faut pas m'appeler « monsieur » en public.

— Bien, m…

Elle serre les lèvres et détourne son regard, craintive.

— Ça viendra, la rassure-t-il sans oser sourire. Tu sais ce que tu vas porter ?

Les yeux filent sur les paquets épars.

— Une robe ?

— Comme tu veux, Eden. Mets de côté ce que tu veux porter ce soir. Je vais demander au service d'étage de laver le reste.

— Euh… D'accord, fait-elle dans un souffle, yeux écarquillés.

— On part à 19 heures.

— Oui, monsieur.

Solomon ne la corrigera pas. Pas cette fois : Eden a

besoin de temps. Il lui offre une nouvelle vie. Facile à dire pour lui qui a tout et besoin de rien. Probablement difficile à concevoir pour elle. Une fois la porte de sa propre chambre fermée, Solomon part s'asseoir sur son lit et laisse son cerveau se débrouiller avec le sac de nœuds qu'il a lui-même créé. Au bout d'une demi-heure, il est convaincu de deux choses : prendre Eden sous sa protection est la meilleure chose qu'il ait faite dans sa vie et garder Eden auprès de lui est la pire connerie qu'il ait faite dans sa vie.

Sagesse et désir ne font que rarement bon ménage.

Samedi 10 décembre 2016, début de soirée.

— Tous ses papiers sont bien en règle, annonce Logan. Son passeport américain est valide.

— Je me demande bien pourquoi Mitzer a pris la peine de s'occuper de ça quand on sait comment il traitait cette gamine, s'étonne Steve en finissant de se servir un whisky au bar de la suite. Solomon, whisky ?

— Non.

Steve le rejoint et prend place dans le fauteuil face au sien.

— À mon avis, reprend Logan, il devait se tenir prêt à user indifféremment des papiers français ou américains d'Eden au cas où il aurait fallu lui faire quitter la France.

— Et pour quelle raison ? s'inquiète Steve.

— Je préfère ne pas savoir, réplique Solomon d'une voix tranchante.

Non, il ne veut pas savoir. Le regard de Logan est suffisamment explicite : encore un truc bien sordide.

— J'ai eu un message de Brooke, lance Steve pour changer de sujet. Tout est réglé côté assurances pour Eden. Elle nous envoie un document qu'a préparé le service juridique et qu'il faudra faire signer à Mitzer pour le transfert de responsabilité.

— Je m'en occuperai, décide Solomon.

— OK.

La porte de la deuxième chambre s'ouvre à cet instant et le silence se fait dans la suite. Eden ferme derrière elle et s'avance lentement. Elle est magnifique. Elle a choisi une robe toute simple qui s'arrête juste au-dessus du genou, des ballerines à petits talons, un manteau noir plié sur un bras et une pochette noire à la main. Elle a rassemblé ses longs cheveux dans une tresse, dégageant son visage et révélant ses traits fins. Son regard n'en est que plus grand, plus captivant ; sa clarté accentuée par le bleu marine profond de la robe. Quant à ses lèvres soulignées par un gloss légèrement brillant…

Putain…

— Waouh ! s'exclame Steve. Tu es superbe, Eden !

Et voilà, bourde numéro un. Eden se fige au milieu de la pièce et fait aller son regard sur les trois hommes avant de s'arrêter sur Solomon. Celui-ci se lève et s'approche d'elle avec prudence.

— Le compliment de ce balourd est mérité, fait-il dans un sourire qu'elle ne lui rend pas.

— Balourd ! s'offusque Steve en riant. Tu es gonflé ! En général, c'est toi le mufle.

— Cette robe te va très bien, continue Solomon sans relever l'attaque de son ami.

— Merci.

— On y va ? lance Steve en se levant.

Il avale d'un trait le fond de son whisky. Solomon voit le regard d'Eden s'attarder sur son ami, se baisser alors que le verre cogne la table basse et se relever pour détailler le fanfaron avec inquiétude.

— Je meurs de faim, clame Steve en tapant dans ses mains.

Le claquement fait sursauter Eden qui se raidit. Solomon capte le regard de Steve et secoue la tête en plissant les yeux pour lui demander de se calmer. Quand il se tourne vers Eden, il se rend compte que celle-ci a observé l'échange silencieux et que la peur a remplacé l'angoisse.

— Eden, appelle-t-il en s'avançant vers elle.

Elle recule. Du pur instinct.

— Ne me fuis pas, exige-t-il.

Du pur réflexe. Il s'en veut aussitôt et montre ses mains en signe d'apaisement. Lorsqu'elle respire plus profondément sans le lâcher des yeux, il sait qu'elle est prête à l'écouter.

— Tu vas vite comprendre que Steve est plus… exubérant que moi. Il aime bien boire deux doigts de whisky avant de partager un bon repas, surtout lorsqu'il s'agit d'un dîner d'affaires ou d'une soirée mondaine. Mais il n'est jamais ivre.

Le coup d'œil furtif au coupable reste méfiant. Solomon fait un pas de plus vers elle.

— Nous sommes des hommes d'affaires. Aucun

rendez-vous, aucun entretien, aucun déjeuner ou dîner n'est anodin ; même avec les épouses, les enfants ou au beau milieu d'une fête ou d'un gala. L'alcool, nous savons l'apprécier, mais avec beaucoup, beaucoup de modération. Nous ne pouvons jamais nous permettre de perdre le contrôle. Tu comprends ?

— Oui.

— Et lorsque nous ne travaillons pas, Steve est un vrai pitre.

— Merci, trop gentil, bougonne celui-ci avant d'offrir un grand sourire. J'ai toujours faim.

Solomon lève les yeux au ciel puis s'adresse à Logan.

— Tout est prêt ?

— Oui, monsieur.

— Parfait. Steve ?

— Ah, enfin ! Alléluia !

— Eden ?

Simple hochement de tête et Solomon lui ouvre la voie d'un geste du bras. Elle le précède sans un mot, suivant Logan et Steve, mais manifestement mal à l'aise, jetant régulièrement un regard inquiet derrière elle, vers Solomon. Dans l'ascenseur, elle part se coller à la paroi du fond et observe les hommes qui l'entourent. Solomon reste près de Steve, aussi loin d'elle que le permet cet espace réduit. Une fois arrivé dans le hall, il se retourne pour l'attendre.

— Ton manteau, ordonne-t-il en tendant la main.

Elle lui confie son vêtement sans le regarder, détaillant son environnement. Elle a accepté de venir, mais l'exercice semble compliqué pour elle.

— Viens, Eden, l'appelle-t-il en lui présentant son manteau ouvert.

L'hésitation est flagrante : les yeux clairs se plissent quand elle comprend l'intention de Solomon, puis ils se fixent sur les siens le temps de maîtriser le doute qui les voile. Alors seulement elle pivote sur elle-même et accepte l'offre. Solomon sent le corps vibrer sous ses doigts quand il ajuste le manteau sur les épaules d'Eden. On est bien loin de la confiance…

Les choses ne vont pas en s'arrangeant à l'entrée du restaurant : les gens, l'attention pressante du maître d'hôtel et de la jeune femme chargée de récupérer leurs effets. D'autant qu'ils sont tout aussi rapidement orientés vers la salle. Tout va vite, trop vite pour Eden.

— Je serai dans l'entrée, monsieur, prévient Logan.

— D'accord.

— Ah, ils sont déjà là, remarque Steve.

À une table plus loin, un homme bedonnant se lève, rapidement imité par la femme assise à côté de lui. Tous deux dans la cinquantaine. Lui en costume noir, chemise blanche et cravate aux couleurs extravagantes. Elle en robe rouge sombre, mais le cou chargé de nombreux colliers en or jaune. Bling-bling affligeant. Steve part devant, c'est lui le pro des relations joviales et Solomon a horreur de faire l'effort de cette hypocrisie. Il se détendra plus tard, si la conversation le mérite.

— Viens, Eden.

Il la saisit doucement par le coude alors qu'elle suivait des yeux Logan, parti se poster près de l'entrée. Quand elle se tourne vers lui, Solomon lit son anxiété directement dans son regard.

— On nous attend.

Elle hoche la tête et s'oriente vers la salle. Solomon fera à peine deux pas avant d'être stoppé par deux événements. Face à lui, le client quitte Steve des yeux pour regarder dans la direction de Solomon ; mais son regard s'arrête sur Eden et il blêmit brusquement. Au même instant, Eden se raidit. Son pied lancé vers l'avant fait marche arrière. Elle recule et reprend son bras d'un geste vif. Elle recule encore et encore. Sa pâleur, la terreur qui déforme ses traits, l'incompréhension qui écarquille ses yeux ; tout signe une catastrophe irrattrapable.

— Eden ?

Elle cligne des yeux dans un effort effrayant pour retenir ses larmes. En vain. Solomon sent ses sourcils se froncer. Il jette un coup d'œil à son client qui tente de récupérer un semblant de prestance tout en lui offrant un sourire complice et salace. Bordel de merde… Quand Solomon revient sur Eden, elle n'a pas bougé d'un pouce. Elle écrase ses larmes, yeux fermés, et reprend le contrôle en inspirant profondément.

— Eden.

Le regard bleu a perdu toute émotion. C'est encore pire qu'il ne le pensait.

— Amy, fait-elle d'une voix neutre. Il faut m'appeler Amy pour faire ça.

Solomon est sur elle en deux pas. Elle recule encore, mais il prend son visage dans ses mains et la force à le regarder. Et là, elle ferme les yeux.

— Regarde-moi, exige-t-il.

Elle obéit et tremble, respiration bloquée.

— Respire.

Elle essaye de secouer la tête, mais il la tient trop fermement.

— Respire, répète-t-il sévèrement.

Le hoquet est déchirant. Solomon doit lui-même maîtriser son souffle pour ne pas être submergé par la panique d'Eden. Percevoir Logan entrant dans son champ de vision lui apporte la force suffisante pour se montrer plus dur et exigeant. Plus violent.

— Obéis, Eden. Cesse de lutter et obéis.

— *Monsieur, tout va bien ?* s'inquiète le maître d'hôtel en s'avançant vers eux.

Logan s'interpose immédiatement et Solomon les oublie pour se concentrer sur sa protégée.

— Cet homme…

Il ne peut pas aller plus loin : Eden plaque une main sur sa bouche et réprime un haut-le-cœur en fermant les yeux.

— Respire et regarde-moi, ordonne-t-il durement. Je ne le savais pas, murmure-t-il quand elle obéit. Je suis désolé.

Le regard aux pupilles totalement dilatées fouille celui de Solomon avec une force incroyable. Quand elle hoche la tête, il libère son visage pour l'amener contre lui d'un bras sur ses épaules. La sentir frissonner le glace au plus profond de son être et alimente sa rage. Il doit pourtant se ressaisir, la soirée ne fait que commencer et il doit prendre les décisions qui s'imposent.

— Logan, vous la ramenez à l'hôtel.

— Monsieur… hésite le garde du corps.

— Quoi ? s'agace instantanément Solomon.

— Vous serez seuls.

— Tant pis. Vous restez avec elle, elle a confiance en vous. Vous nous envoyez quelqu'un d'autre pour la fin de soirée.

— Bien, monsieur.

Solomon s'écarte d'Eden pour capter son regard. Putain, ces yeux…

— Tu rentres avec Logan, réussit-il à ordonner avec la même autorité brutale. Tu restes avec lui.

— Oui, monsieur.

— Et je veux que tu manges quelque chose.

— Bien, monsieur.

— Solomon, rappelle-t-il sans aucune douceur.

Une larme pour toute réponse.

— Allez-y, maintenant. Je m'occupe de ce type.

Solomon pousse gentiment Eden vers Logan. Celui-ci tend une main. Elle la fixe sans la prendre. Alors Logan s'éloigne et elle le suit avec une forme de réserve ou de timidité effrayante. Solomon cesse de s'occuper d'eux, il a quelques secondes pour retrouver son calme.

— Monsieur, l'appelle une voix triste dans son dos.

Eden le regarde, le foudroie sans qu'il puisse s'en prémunir.

— Cet homme… Il travaille beaucoup avec mon… avec M. Mitzer.

Solomon s'en doutait. Mitzer n'aurait pas offert Eden à cet individu s'il n'y trouvait pas un intérêt.

— Merci de me l'avoir dit, Eden.

Soudain, il n'y a plus de peur dans le regard bleu clair. L'envie de l'emmener lui-même loin d'ici est brute et puissante. La raison et la colère sont plus fortes ; alors Solomon se détourne et rejoint sa table.

— *Votre amie ne reste pas avec nous ?* s'inquiète la femme une fois les salutations d'usage accomplies.

— *Ma pupille ne se sent pas très bien depuis deux jours*, répond Solomon d'une voix sombre.

— *Votre pupille ? Mais cette jeune femme n'est-elle pas trop âgée pour être encore votre pupille ?* s'étonne-t-elle, dubitative.

— *Elle n'a que 17 ans*, précise Solomon en plantant son regard dans celui de son client qui ouvre la bouche sans prononcer le moindre mot, manifestement stupéfait.

— *Une belle robe, un peu de...* blush *? Et on veut les ramener à la maison et les mettre au lit comme quand elles étaient encore des bébés*, intervient Steve avec un sourire pour la femme. *Vous savez ça : vous avez aussi une jeune enfant.*

La mère rit, Steve également, le client baisse la tête et Solomon noie sa rage dans une gorgée de cet incomparable vin rouge. Putain, ce mec a couché avec une gamine prostituée par un truand et il n'a rien vu… ou en a bien profité sans se poser de question. Une pute est une pute. Solomon a failli en faire autant. Plus jamais il ne se montrera aussi imprudent, ni aussi irrespectueux envers les femmes. Non, plus jamais.

— Eden, ça va ?

Installé à côté d'elle, à l'arrière de la berline de luxe, Logan surveille la jeune femme depuis que son patron la lui a confiée. Toujours aussi pâle, son regard perdu dans la ville, elle pleure en silence. Il ose à peine imaginer le choc que ça a dû être pour elle de se retrouver face à un homme qui a abusé d'elle. Si le dégoût qu'il ressent à cet instant lui semble insupportable, il sait que ça doit être bien pire pour elle. Inconcevable pour lui. C'est pour cette raison qu'il l'a laissée s'isoler dans le silence. S'il ose l'interpeller, c'est parce qu'elle tremble à en claquer des dents.

— Eden ? insiste-t-il devant son immobilité. Tu es en sécurité, maintenant.

Nouvelles larmes.

— Ne pleure pas, supplie-t-il. Je ne sais pas quoi faire devant une fille qui pleure.

Cette fois, elle se tourne vers lui et ses jolis yeux le dévisagent longuement. Quelle tristesse, quelle peur… Cette gamine ne devrait pas être aussi triste, ni avoir aussi peur. Il espère soudain ne jamais voir une telle souffrance dans le regard de sa propre fille. Rose a 21 ans, un travail qui lui plaît même si lui aurait préféré qu'elle aille plus loin dans ses études, un petit ami qui prend soin d'elle. La vie a été douce pour elle. Elle a largement le temps de se montrer cruelle.

— Un jour, je te présenterai ma fille, Rose. Elle est plus âgée que toi, mais…

— Il va me renvoyer, le coupe-t-elle d'une voix brisée.

— M. Rickman ?

Elle hoche la tête avant de poursuivre.

— Je ne vais lui apporter que des problèmes.

— Je ne crois pas, non.

— Il y a des gens, des hommes…

Elle se tait brusquement et reprend son souffle en fermant les yeux, faisant dégouliner d'autres larmes sur ses joues.

— Eden, demain, on s'envole pour Bruxelles. Après, ce sera Genève. Puis, on rentre aux États-Unis. Ça ne se reproduira pas.

— Je ne reviendrai jamais à Paris ?

— Peut-être. Un jour. Si tu le veux.

Elle détourne alors sa tête vers l'extérieur. Logan l'entend murmurer en français. Il ne comprend que deux mots : « aime » et « Paris ». Eden reprend son observation de la capitale française et il sent son esprit quitter l'habitacle de la voiture. Elle ne reprend conscience de la réalité que lorsque Logan lui ouvre la porte de la suite. Elle s'arrête au milieu de la pièce principale et regarde autour d'elle en silence.

— Ça va ?

Logan repose la question. Il n'a pas pu s'en empêcher : Eden est si statique, si silencieuse, si absente. Il lui semble n'avoir aucune prise sur elle, aucun levier. Impossible de savoir ce qu'elle pense, ni comment elle se sent. Le simple fait de lui poser une question la fait sursauter. Quand elle se retourne et qu'il croise son regard fuyant, il devine qu'elle ne l'a pas écouté.

— Tu vas bien ?

— Oui, monsieur.

— Non, pas « monsieur », fait-il avec un sourire. Moi, c'est Logan. « Monsieur », c'est réservé aux patrons… quand on travaille pour eux, ajoute-t-il précipitamment.

Elle pince les lèvres en hochant la tête. Le message

est compris, mais elle n'utilisera pas son prénom. Du moins, pas tout de suite.

— Que veux-tu que je commande pour ton repas ? demande-t-il pour changer de sujet.

Elle réprime une grimace.

— Plus tard ? lance-t-elle d'une petite voix.

Bien tenté, mais M. Rickman a donné un ordre formel. Eden n'a avalé que trois miniviennoiseries depuis qu'elle est avec eux. Impossible de la laisser sauter un repas de plus et inenvisageable de mentir au patron. Logan n'a d'autre choix que de rappeler les règles à celle qui ne devrait plus en subir.

— Il faut que tu manges.

— Je n'ai pas très faim.

— Écoute, Eden... On ne désobéit pas à M. Rickman ; et lui mentir est une aussi mauvaise idée.

— Je n'ai pas faim, répète-t-elle, les larmes aux yeux.

Son beau regard bleu s'échappe. Logan connaît ce signe. Pourtant, il va falloir insister.

— Je te propose quelque chose, dit-il d'une voix douce, comme lorsqu'il usait de patience envers Rose, version adolescente en pleine rébellion. Change-toi, mets-toi à l'aise. Prends une douche si tu veux, je peux t'attendre. Si j'ai bien compris, ils font piano-bar ce soir. On pourrait descendre et écouter la musique en grignotant un peu.

Le hochement de tête est déjà une victoire, malgré la larme.

Samedi 10 décembre 2016,
un peu plus de 23 heures.

— Bon, et si tu me disais quel est le problème ? demande Steve.

Solomon le dévisage avant de soupirer. Son ami le connaît suffisamment pour savoir que quelque chose le tracasse. Il aura probablement attendu d'être loin d'éventuelles oreilles indiscrètes pour l'interroger. Ils se retrouvent donc sur le trottoir devant leur hôtel et dans la froideur de la nuit parisienne. Voiture partie, garde du corps français en attente près de l'entrée, ambiance bruyante ; parfait pour des confidences à voix basse.

— Cet homme, commence Solomon d'une voix étranglée de colère.

— M. Duval ?

— Qui d'autre ?

Steve hausse un sourcil et Solomon se calme. Son ami ne mérite pas d'essuyer sa colère.

— Il… connaît Eden.

— Ah. Je vois. Laisse-moi deviner… Tu ne veux plus travailler avec lui.

Vu le ton acerbe de Steve, Solomon s'abstient de répondre. Son bras droit ne s'agace pas souvent, mais toujours à juste titre.

— Tu ne vas quand même pas exiger une enquête de bonne moralité pour tous nos clients et partenaires ?

— Et pourquoi pas ? ose Solomon avec une mauvaise foi qui lui fait secouer la tête de dépit et de honte.

— Parce que ce serait d'une hypocrisie assez

remarquable, peut-être ? cingle tout de même Steve. Qui es-tu pour t'ériger en défenseur d'une moralité dont tu n'as pas su faire preuve toi-même ?

Solomon se tait : le recadrage est mérité.

— Quelle preuve as-tu que Duval se soit comporté comme un salaud et qu'il ait sciemment abusé d'une fille mineure ? Aucune. Vu la tête qu'il a fait quand tu as dit que ta pupille n'avait que 17 ans, je pencherais pour l'ignorance de Duval. Il se sera montré aussi peu concerné par la cause des putes qu'il a mises dans son pieu que toi. On ne peut qu'espérer qu'il se montre plus prévenant à l'avenir ; mais on ne pourra jamais le savoir.

Solomon serre les mâchoires. Steve a raison et il le sait très bien. Sa colère n'en est que plus profonde, car tournée contre lui-même. Alors il commence à faire les cent pas sur le trottoir. Steve ne l'en empêchera pas.

— Solomon, soupire-t-il au bout de l'ixième aller-retour. On fait tous des erreurs. Le plus important, c'est de corriger le tir une fois qu'on en a pris conscience. Même si je doute que ta décision vis-à-vis d'Eden soit la plus adaptée, je suis convaincu qu'elle constitue le début de quelque chose de noble. Quelque chose de bien pour toi.

Solomon s'immobilise devant son ami de toujours.

— Il était temps que tu retrouves un peu d'humanité.

Silence. Les vérités de Steve sont toujours redoutables.

— Maintenant, prends un gars avec toi et va marcher ou courir, ou bourre-toi la gueule ; mais calme-toi. Eden n'a pas besoin de ta colère.

Solomon se retrouve seul sur le trottoir sans avoir le temps d'envisager le début d'une réponse ; et encore moins d'une défense. Le vent froid qui s'engouffre sous son manteau et sa veste le fait frissonner. Loin de chercher à se couvrir, il s'offre à ce courant d'air glacial. Il le laisse l'imprégner, contracter ses muscles, mordre sa peau. Il l'inspire lentement et profondément, espère qu'il pénètre jusqu'à éveiller son esprit, éclairer sa conscience. Une longue expiration pour chasser la colère. Il lui faudra répéter l'exercice un nombre incalculable de fois pour atteindre un semblant de calme… jusqu'à abandonner, rageur.

— Solomon.

Volte-face. Steve est ressorti de l'hôtel et l'interpelle en tenant la porte d'entrée ouverte. Son air sombre et inquiet marque un tel contraste avec la désapprobation qu'il affichait peu de temps avant que Solomon hésite sur la conduite à tenir.

— Viens voir.

La présence de Logan dans le hall et la désolation qui défigure cet homme fiable et solide apportent à elles seules le sujet du problème : Eden. L'angoisse, la peur pour l'autre ; Solomon n'avait pas ressenti ça avec une telle violence depuis des années. Et chez lui, la violence engendre la brutalité.

— Où est-elle ? exige-t-il de savoir d'une voix dure.

Logan désigne du menton le bar de l'hôtel d'où s'échappent la mélodie d'un piano et le brouhaha discret d'hommes et de femmes en train de se divertir autour d'un verre.

— Qu'est-ce qu'elle fait là ? Elle devrait être dans sa chambre.

— J'ai voulu lui changer les idées et la faire manger, explique Logan avec calme. Elle était si… cherche-t-il ses mots. Elle n'aurait rien avalé dans sa chambre.

— Et elle a mangé ?

— Pas grand-chose, se désole le garde du corps dans un soupir. Elle…

Logan se tait, comme s'il ne savait pas comment annoncer une mauvaise nouvelle. L'aller-retour vers le bar que fait son regard n'est pas très encourageant pour la suite des révélations.

— Elle refuse de bouger, lâche-t-il avec une forme de désespoir. Je n'arrive plus à communiquer avec elle, encore moins à l'approcher. Elle s'affole dès que je tente quoi que ce soit. Quand j'ai été informé de votre arrivée, je suis venu vous attendre.

Solomon serre les mâchoires et les poings. Ils ont atteint le point de rupture avec Eden. Tout est allé trop vite pour elle. Trop de nouveautés. Trop de changements dans ses repères. Tout est trop. Il est pourtant prévu de décoller pour Bruxelles demain. Ça ne lui laisse pas beaucoup de temps pour établir un lien de confiance suffisamment fort pour qu'elle les suive sans paniquer.

Bordel, Steve a peut-être totalement raison, finalement. Il aurait fallu confier cette enfant aux autorités. Sauf que cette idée révulse Solomon : c'est la conduire droit à la mort. La police voudra comprendre et, à défaut d'obtenir des réponses de la part d'une mineure réduite en esclavage et mutique, il y aura une enquête.

Mitzer fera en sorte que personne ne puisse remonter jusqu'à lui et sa fille en supprimant le problème. Et ça, Solomon fera tout ce qui est en son pouvoir pour l'empêcher.

— Tu as essayé ? demande-t-il à Steve.

— Oh non ! Ce n'est même pas la peine : je la terrorise. Il n'y a que toi qu'elle écoutera.

L'assurance dont fait preuve son ami déroute Solomon. Il est bien moins convaincu que lui d'avoir une telle influence sur Eden.

— Où est-elle ? interroge-t-il à Logan.

— Sur le canapé club, tout au fond de la salle.

Solomon inspire profondément pour se donner du courage et appeler toutes ses réserves de patience ; puis il se dirige vers le bar. Il repère immédiatement Eden. Blottie dans un coin du canapé, jambes groupées dans ses bras, pieds sur l'assise, cheveux libres couvrant ses épaules, menton posé sur ses genoux, elle n'a jamais semblé aussi fragile. Elle le regarde venir vers elle, mais à mesure que la distance diminue, ses yeux peinent à rester sur lui. Solomon s'arrête à deux mètres d'elle. Sur la table basse, les restes de deux repas : une assiette et un verre vides, probablement ceux de Logan ; une assiette et un verre aux deux tiers pleins, sûrement ceux d'Eden. Celle-ci a suivi son regard et Solomon sait, malgré la pénombre, qu'elle a blêmi. Ses yeux ne savent plus où se poser, les muscles de ses bras nus se contractent, ses mains blanchissent et elle tremble.

Cette peur… Saura-t-elle un jour s'en défaire ?

Solomon respire lentement pour s'apaiser. Elle ne

le regarde pas et elle a presque désobéi à son ordre de manger. Elle le sait et en est terrifiée. Encore une fois, il va devoir la rassurer. Derrière lui, le piano entame une pièce lente et triste, une *Gnossienne* de Satie. Alice adorait jouer Satie. Elle aurait su trouver les mots et parler à Eden comme ce morceau semble lui parler. Eden en ferme les yeux. Elle en perd son masque d'effroi pour un visage d'enfant en paix. Une paix incommensurable… jusqu'à ce qu'une *Gymnopédie* aussi lente prenne le relais.

Ce regard… Putain.

Solomon soupire intérieurement : il ne pourra jamais résister à ce regard, cette douceur incomparable derrière la détresse. Il préférerait fuir cet endroit, ce piano, ce souvenir lancinant d'un être aimé. Il devrait peut-être… Non, sa place est ici désormais ; et ce sentiment le surprend autant qu'il le séduit. Sans un mot, il s'assied à côté d'Eden, bascule sa tête contre le dossier du canapé et ferme les yeux. Il sent bien les tremblements du corps près du sien, mais il se concentre sur la musique et cale sa respiration sur le tempo très lent. Peu à peu, tout s'apaise : sa respiration à elle, son rythme cardiaque à lui, les tremblements, la tension.

Quand il rouvre ses yeux et dévisage Eden, celle-ci semble dormir. Le pianiste a choisi un morceau toujours aussi paisible mais moderne que Solomon ne connaît pas. Peu importe, seule compte l'enfant qui, à cet instant, n'a plus peur. Doucement, les paupières closes se lèvent et Eden tourne sa tête vers lui. Son regard si clair, si envoûtant, le happe avec une force inouïe et c'est parce qu'une femme éclate de rire plus loin que Solomon ne se fait pas submerger par son désir. Il se redresse brusquement, faisant sursauter Eden. Avec plus de maîtrise, il se penche en avant et croise ses mains, coudes sur les genoux.

— Il est temps de dormir, Eden, dit-il à voix basse en la dévisageant.

Le hochement de tête est à peine perceptible.

— Tu peux marcher ?

Le regard fuit. Quand elle ferme les yeux, une larme roule sur sa joue. Ça veut dire non.

— Alors je vais te porter.

Eden pose son front sur ses genoux et respire profondément. Retour de la peur qu'elle s'efforce de contrôler. Solomon pivote vers elle avec prudence.

— Regarde-moi.

L'attente, si longue attente avant que le regard bleu délavé par les larmes ne sorte de sa cachette.

— Je vais te prendre dans mes bras. Je suis suffisamment fort pour te porter. Si tu as peur, tu peux te tenir à moi. D'accord ?

Silence et immobilité ; mais pas de peur dans les yeux fatigués, peut-être un doute. Puis avec une lenteur toute maîtrisée, Eden se redresse et déplie ses bras pour libérer ses jambes. Quand elle garde ses bras en suspens, Solomon comprend qu'elle lui donne son autorisation. Il se lève, se penche sur elle et, avec des gestes millimétrés, glisse un bras sous ses jambes et un dans son dos. Alors elle s'accroche à lui, une main hésitante sur son épaule, l'autre fermement agrippée à son manteau. Solomon emporte sans un mot cette enfant au corps tendu par une crainte instinctive. Au fur et à mesure de leur progression, il sent les muscles se détendre. Le relâchement s'accentue lorsqu'ils rejoignent Logan et Steve qui les entourent pour prendre la direction de l'ascenseur.

Quand Solomon dépose Eden dans son lit, elle s'est endormie. Incroyable et incompréhensible. Fatigue extrême, abandon, confiance… ? Il se contente de la couvrir et de la regarder dormir une bonne minute avant de rejoindre sa propre chambre et de se laisser tomber sur son lit, vaincu.

6

Dimanche 11 décembre 2016, 8 heures du matin.

Bertrand éteint le réveil de son portable qu'il remet dans la poche de son pantalon et lisse la veste de son costume. Dans trois heures, sa mission sera terminée. Il lui tarde de partir retrouver femme et enfants en Normandie pour profiter d'un peu de répit dans la maison de famille. Les gamins sont surexcités par l'approche de Noël et son épouse ne pourra que lui être reconnaissante d'emmener sa tribu turbulente se défouler ailleurs que dans leur appartement-dortoir. En attendant, il doit s'assurer que les Américains sont bien réveillés. D'abord M. Henson, le chef de la sécurité. Un simple message sur son portable, comme promis. Puis M. Barlow. Ce mec est marrant, avec un humour noir désopilant malgré les approximations de son français mâchouillé. Bertrand ne va pas plus loin que le seuil de sa chambre : bruit de douche et voix chantante lui épargnent de jouer au réveil humain.

Ce n'est pas la même chose dans la suite de M. Rickman. Le silence qui y règne est aussi glacial que ce type. Un homme courtois, mais sa froideur ferait frissonner un mort. Jamais Bertrand n'a été aussi stressé par un client, plombé par le sentiment qu'il n'a pas droit à l'erreur. Vraiment bizarre... mais pas plus que la présence de la jeune femme qui les a rejoints depuis deux jours. Elle, elle n'est pas glaciale ; c'est juste un zombie avec des yeux d'un bleu clair presque inquiétant. Elle est belle, très belle, discrète, presque effacée ; et elle ne sourit jamais. Trop zarbi comme fille. C'est autre chose que la pute impolie du début de semaine. À moins que l'Américain n'ait des goûts très particuliers et très variables. Peu importe, ce n'est pas son problème.

Bertrand se dirige directement vers la chambre de M. Rickman. L'autre est vide : la fille est sortie de la suite il y a plus de deux heures pour aller faire une promenade. Il n'allait pas empêcher une *escort* d'aller et venir à sa guise et encore moins poser des questions ; mais un pressentiment l'a poussé à s'assurer qu'elle soit accompagnée. Elle n'a pas dit non ; et c'est Franck qui la suit dans les rues de Paris. Un petit tour qui s'est avéré être un véritable marathon. Selon son dernier message, ils étaient à l'autre bout de la ville et ils s'apprêtaient à prendre le métro pour rejoindre l'hôtel.

— Monsieur ? appelle-t-il en frappant quelques coups légers à la porte entrebâillée.

— Oui, merci, lui répond une voix grave ensommeillée dans un français remarquable pour un Américain.

— À votre service.

Bertrand sort de la suite. Il n'a pas fini de tirer la porte à lui pour la fermer que la poignée lui échappe et que le battant s'ouvre sur un M. Rickman totalement débraillé, vêtements froissés d'avoir dormi sans les retirer, cheveux hirsutes, yeux gonflés de ne pas être bien réveillé… et un regard sombre menaçant. Bertrand doit se retenir de reculer. Il n'aura pas le temps de poser la moindre question.

— Où est Mlle Monceau ?

— Elle est sortie, m…

— Sortie ? s'étonne l'homme en regardant sa montre. À 8 heures du matin ? Et pour aller où ? questionne-t-il, dubitatif.

— En fait, elle est partie avant 6 heures du mat…

— Pardon ?

— Mlle Monceau est sortie de la suite vers 5 h 45 et m'a dit qu'elle partait marcher.

— Et vous l'avez laissée partir seule ? Dans Paris, à…

— Non, monsieur, se précipite Bertrand. Je lui ai dit qu'elle devait être accompagnée et elle a accepté que Franck la suive.

L'Américain reprend son souffle en fermant les yeux. Bertrand est convaincu que cet homme a eu peur, mais il ne s'aventurera pas à tenter le moindre réconfort. Seulement des informations utiles.

— J'ai eu un message de mon collègue il y a moins de dix minutes. Ils prenaient le métro pour revenir à l'hôtel.

— Parce qu'ils sont où, exactement ?

— Au Sacré-Cœur, monsieur.

— Et c'est loin ?

— Ils seront là d'ici une demi-heure.

— Elle est restée là-bas depuis 6 heures du matin ?

— Ah non ! lâche Bertrand avec un sourire en pensant au désespoir de son collègue et ami, avant de se reprendre. Les Tuileries, Orsay, Les Invalides, la tour Eiffel, le Trocadéro, l'Arc de triomphe, le parc Monceau et le Sacré-Cœur. Elle lui a fait faire un sacré tour, et à un rythme très soutenu.

L'Américain prend soudain un air grave qui n'annonce rien de bon.

— M. Henson le sait-il ?

— Que dois-je savoir ? tonne une voix sévère dans le dos de Bertrand qui se retourne instantanément. Qu'il n'y a plus personne dans le hall ? Où est l'agent censé y être ?

M. Rickman est le plus prompt à répondre à son garde du corps.

— Avec Eden, dit-il d'une voix sinistre en revenant à l'anglais.

— Pardon ?

— Eden est partie se promener dans Paris à 6 heures du matin et cet homme l'a fait suivre par son collègue.

— Sans m'en prévenir ? s'agace Henson en dévisageant Bertrand.

— On ne pensait pas qu'elle ferait le tour de la ville, se défend celui-ci. Nous aurions pu la laisser partir seule, mais…

— Pardon ? s'énerve M. Rickman.

— Nous n'avions aucune consigne, monsieur. Sauf erreur, cette jeune dame n'était pas concernée par le contrat relatif à votre protection.

Silence soudain. Le chef de la sécurité soupire longuement et reprend plus posément.

— Votre agence a été informée en temps et en heure de la présence auprès de nous de Mlle Monceau. Je ferai le point avec votre hiérarchie. Par contre, vous auriez dû me prévenir.

— Très honnêtement, monsieur, Franck et moi étions persuadés que son « *petit tour* », comme elle a dit, durerait moins d'une demi-heure. À 6 heures du matin, les portes de l'hôtel sont fermées par mesure de sécurité et le veilleur de nuit est un gars sérieux. Vous étiez en sécurité et j'ai préféré vous laisser dormir.

— Amenez-moi Eden dès son retour, ordonne sèchement M. Rickman avant de s'engouffrer dans sa suite en claquant la porte.

Ce mec est furieux. Bertrand sent une sueur glacée couler dans son dos. Il dévisage M. Henson sans parvenir à déterminer son humeur.

— Ai-je commis une faute lourde ? demande-t-il avec anxiété.

— J'aurais préféré que vous m'informiez du départ de votre collègue. Quant à la protection de Mlle Monceau, vous avez eu raison de la faire accompagner. On ne laisse pas une gamine errer seule dans Paris à 6 heures du matin.

— Sauf votre respect, monsieur, à 6 heures du matin, Paris est réveillée depuis longtemps et il y a beaucoup de gamines… et gamins qui circulent seuls.

Bertrand entend sa voix gronder. Il est face à un client. Tant pis. Il est français et parisien. Paris est une grande ville. Elle n'est pas sans danger, mais ce n'est pas un coupe-gorge. La France n'est pas un pays de sauvages et il ne laissera personne dénigrer sa patrie ni sa ville. Et surtout pas un Américain plein aux as et son gorille.

Solomon sort précipitamment de sa douche en prenant à peine le temps d'attraper un drap de bain et de le nouer sommairement autour de sa taille. Il récupère son portable au moment où la sonnerie s'arrête. Kate, sa sœur ; et c'est son troisième appel. Pour qu'elle insiste à ce point alors qu'il doit être 2 heures du matin à Miami, c'est qu'il y a un problème. Solomon pense aussitôt aux deux filles de Kate et à son mari, à leur frère et sa famille, à leurs parents. Rappeler sa sœur est un réflexe.

— Ah, Solomon !

La voix éternellement impertinente jaillit sans gravité : pas de catastrophe de l'autre côté de l'Atlantique.

— Bonjour, Kate.

— Oui, bonjour.

Elle rattrape son impolitesse dans un soupir de petite fille capricieuse, comme d'habitude alors qu'elle est son aînée de quatre ans. Ça a toujours eu le don d'agacer Solomon, mais c'est sa grande sœur.

— Que se passe-t-il ?

— C'est à moi de te poser la question. J'ai eu Becca au téléphone et je suis au courant.

Becca, l'épouse de Steve. Ces deux-là sont les meilleures amies au monde malgré leurs cinq ans d'écart : leurs maternités les ont rapprochées… ainsi que le cas « Solomon Rickman ». Connaissant ces deux pipelettes, Kate sait déjà tout dans le moindre détail.

— Que veux-tu savoir de plus ?

— Qu'est-ce qui t'a pris ?

— Je ne pouvais pas laisser cette gamine dans les mains…

— Oui, oui, oui, le coupe-t-elle. Et que fait-elle encore avec toi ?

— Elle est américaine. Je la ramène…

— Solomon.

Il soupire et s'assied sur le lit. Kate l'a élevé. Elle l'a toujours cerné au-delà des apparences.

— Pourquoi elle ?

— Si seulement je le savais, laisse-t-il échapper.

— Tu le sais déjà, mais bon… Crois-tu que ce soit une bonne idée de prendre en charge une enfant aussi fragile ? Te rends-tu compte que tu n'es pas la personne la plus apte à t'occuper d'elle ? Ni même à la fréquenter ? Pardon, mon amour, mais elle a besoin de tout sauf de ta violence.

Kate et son art d'énoncer clairement son avis. Aucun paquet-cadeau ni enrobage pour adoucir ce qui est souvent proche de la réalité.

— Je ne suis pas psy, continue-t-elle, mais si cette jeune fille n'a vraiment connu que les ordres, les abus, les punitions et la violence, ton comportement est… comment dire…

— Si tu cherches tes mots, c'est que je dois être ce qui pourrait arriver de pire à Eden.

— Je n'aurais pas dit ça.

Mais elle l'a pensé.

— Tu crois que je suis à ce point inconscient ? se braque-t-il brusquement.

— Sur un autre ton, Solomon. Et oui, je crois que tu es à ce point inconscient. Inconscient de ce que tu es devenu, de qui tu es. Tu aboies tes ordres avec brutalité. Tu es impatient et intransigeant.

— Ça suffit, Kate, menace-t-il d'une voix sombre en se levant pour faire les cent pas.

— Mais, persiste-t-elle quand même, je pense également que tu es très conscient de la fragilité de cette jeune fille. Seulement, tu n'es pas armé pour l'aider à sortir du schéma de vie qu'on a imprimé en elle.

— À savoir ?

— La soumission absolue.

Un bruit provenant de la pièce principale de la suite attire l'attention de Solomon. Il distingue la silhouette d'Eden à travers l'ouverture de la porte de sa chambre. Le soulagement de la savoir de retour le perturbe autant que les paroles de sa sœur. Il sait et comprend ce que lui explique Kate. Il s'est fait les mêmes réflexions, s'est posé les mêmes questions. Le besoin de protéger Eden est plus fort.

— Elle est en danger ici, tente-t-il d'expliquer avant d'être interrompu.

— Oh, mais nous sommes tous d'accord sur ce point, s'énerve Kate. Ce n'est pas de ça que je te parle. Je te parle de ton incapacité à offrir à cette enfant l'environnement adapté à sa reconstruction.

— Un asile ?

— Ne sois pas obtus, Solomon.

— Elle m'écoute et commence à me faire confiance.

— Elle t'obéit parce que tu es le seul à lui donner un

cadre et des ordres, et très probablement parce qu'elle a peur de toi.

— Elle a peur de tout le monde. Et tu l'as dit toi-même, elle ne connaît que les ordres et l'obéissance. Dès que tu lui laisses la liberté ou le choix, elle panique.

— Parce qu'elle a peur de se tromper et d'être punie.

— Pourtant, elle est partie se promener ce matin. Elle a pris cette décision toute seule. Ses premières heures de liberté absolue.

Silence ; autant au bout du fil que dans la suite. Une inquiétude soudaine s'immisce en Solomon.

— Elle était seule dans Paris pendant plusieurs heures alors qu'il faisait nuit et tu applaudis ? s'étonne Kate, sarcastique. Ne te moque pas de moi. Combien d'hommes as-tu envoyés à sa recherche ? Et combien se sont fait engueuler ?

— Arrête tout de suite, Kate, ordonne Solomon, furieux qu'elle ait tout compris.

— Non, je ne vais pas arrêter. Tu es en train de prendre de mauvaises décisions pour de mauvaises raisons.

— Tu ne sais rien des décisions que je prends ; et encore moins des raisons qui me motivent !

— Parce que tu vas me dire que cette gamine ne te touche pas en plein cœur, peut-être ?

— Putain, Kate, c'est pas vrai ! Tu ne sais rien des conditions dans lesquelles on m'a mis cette fille entre les pattes. Tu ne sais pas ce que j'ai dû faire pour la sortir de là-bas, ce que j'ai dû lui faire subir pour…

— Et tu penses réussir à la préserver de tout ça en te comportant comme tu le fais ? le coupe Kate. Ça fait deux minutes que je te pousse dans tes retranchements et tu es si furieux que tu jures et me menaces. Que feras-tu le jour où elle te désobéira ou s'opposera à une de tes décisions ?

Solomon ne répond pas. Il fera ce qu'il a déjà fait : il s'agacera, s'énervera, exigera l'obéissance. Il se montrera violent et odieux.

— D'accord, j'ai compris, cède-t-il à voix basse.

— Mon amour, soupire Kate. Ce n'est pas à toi d'aider cette enfant. Ramène-la… Bien sûr qu'il faut la ramener ; mais après, confie-la à quelqu'un qui saura l'accompagner.

Cette idée déchire le cœur de Solomon. Lui qui ne boit presque jamais a soudain besoin d'un verre. Il sort de sa chambre… et se fige. Devant lui, au milieu de la pièce, Eden. Entièrement nue. À genoux et assise sur ses talons. Mains jointes sur ses cuisses. Tête basse. Cheveux étalés sur son dos et autour d'elle.

— Bordel de merde, lâche-t-il dans un souffle.

— Solomon ! s'offusque Kate sévèrement.

— Je suis prête pour ma punition, monsieur.

Solomon en reste bouche bée. Le silence en devient assourdissant. Eden est une statue parfaite, absolument soumise. Seule Kate réussit à se sortir de sa stupéfaction.

— Euh… J'ai bien entendu ce que je viens d'entendre ?

— Je le crains.

— OK… Alors écoute-moi bien, fait-elle avec une assurance et une douceur surprenantes. Tu sais gérer Cleo, tu sauras gérer Eden. Souviens-toi qu'Eden ne comprend pas davantage tes colères que Cleo. Tu sais faire, mon amour. Je t'aime.

Kate raccroche sans que Solomon puisse dire quoi que ce soit. Il n'aurait pas su quoi dire de toute façon. Cleo a 6 ans. C'est une petite chipie qui agit avant de réfléchir en privilégiant toutes les situations à risque. La dernière fois qu'il l'a vue, elle a choisi de marcher sur un parapet ; 50 centimètres d'un côté, 4 mètres de l'autre. Solomon a eu peur, très peur. Il a saisi sa filleule avec brusquerie pour la faire descendre et l'a grondée. Elle a eu peur, très peur de la colère de son parrain. Elle ne l'a pas comprise. Elle ne pouvait pas la comprendre, pas à 6 ans. Il a galéré dix minutes pour se faire pardonner. Et il va galérer avec Eden.

D'abord la couvrir… et lui aussi. Il retourne dans sa chambre, jette son portable sur son lit et se débarrasse de sa serviette pour enfiler un jean pris dans sa valise. Puis il attrape sa chemise de la veille abandonnée sur une chaise et retourne dans la pièce principale de la suite. Eden n'a pas bougé, comme chaque fois que la terreur la soumet. Solomon la contourne sans un mot et se place dans son dos.

— Redresse-toi, Eden, et enfile cette chemise.

Elle s'exécute sans une once d'hésitation, glissant ses bras dans les manches du vêtement qu'il tient ouvert près d'elle.

— Ferme-la, précise-t-il alors qu'elle reprend sa position initiale.

Il vient s'agenouiller devant elle et la regarde terminer avec le bouton au niveau de sa poitrine. Il attend patiemment tandis qu'elle unit ses mains sur ses cuisses. Il attend qu'elle le regarde. Il se doute bien que c'est en vain, mais c'est la seule façon qu'il ait trouvée pour gagner du temps. La colère, l'exigence et l'impatience, ses premiers réflexes, n'ont pas leur place ici. Il doit user de gentillesse et de douceur. Il s'affaisse sur ses talons et joint ses mains dans une position très similaire à celle d'Eden. Un soupir et il ose.

— Pourquoi devrais-je te punir ?

Les yeux bleus écarquillés quittent le sol sans aller plus haut que les mains de Solomon. Les doigts d'Eden s'étreignent et blanchissent. Perdue, elle peine à maîtriser sa respiration.

— Je suis sortie sans permission.

— Tu n'as pas besoin de permission pour sortir.

— Parce qu'un de vos gardes du corps m'a accompagnée ?

Une explication sous forme d'interrogation. Eden pense qu'elle va être punie, mais elle en ignore le motif ou ne le comprend pas.

— Non, Eden. Je suis même heureux que tu aies accepté qu'il vienne avec toi.

Elle pince ses lèvres et cligne des yeux. C'est la panique. Son incompréhension de la situation semble la dépasser totalement.

— Tu ne vas pas être punie.

— Mais…

— Mais ? fait-il alors qu'elle se tait.

— Vous êtes en colère.

— Qui a dit que j'étais en colère ?

— Les gardes du corps, avoue-t-elle dans un murmure en le regardant enfin.

— C'est leur manque de professionnalisme qui m'a agacé. Ne pas te laisser seule était une bonne décision, mais ils auraient dû en informer Logan.

— C'est ma faute ?

— Non. C'est leur job de s'adapter aux imprévus, y compris aux sorties nocturnes pour visiter une ville en train de se réveiller.

La crainte disparaît peu à peu du regard bleu ciel et Solomon se surprend à retrouver lui-même une respiration plus ample. Intuitivement, il devine qu'il peut passer à la phase d'explication. Eden n'a plus 6 ans, elle peut comprendre.

— Tu es libre de sortir ou de faire ce que tu veux, Eden. Même visiter Paris en pleine nuit avec un garde du corps. D'ailleurs, pourquoi 6 heures du matin ?

— Parce que ce n'était pas possible plus tard, hésite-t-elle.

— Pourquoi pas ?

— Parce qu'on s'en va. J'adore Paris de nuit. Je voulais la voir une dernière fois.

— Je te ramènerai à Paris, un jour.

— On ne peut pas le savoir, fait-elle remarquer avant de baisser les yeux.

— Il est vrai que je ne peux pas le promettre, mais je peux m'engager à faire de mon mieux.

Le regard plus clair et envoûtant que jamais se balade sur le visage de Solomon, son cou, son torse nu. Il s'arrête sur ses mains, puis revient sur ses yeux. Eden observe et analyse. Elle réfléchit et intègre ;

et seuls ses sourcils froncés prouvent sa concentration. Solomon se perd dans son propre examen de la jeune femme qui, visiblement, n'est plus en état de panique complète, ni en détresse. Il est de nouveau frappé par la beauté de ses traits. Il émane d'elle une douceur apaisante, une tranquillité sur laquelle rien ne semble avoir de prise, une sérénité qui s'empare de son âme. Il n'a jamais connu un tel enchantement. Rien ni personne ne lui apporte, ni ne lui a apporté une telle paix.

Le gargouillement du ventre d'Eden le ramène à la réalité. La réalité d'un désir tendre qui s'émeut de la gêne timide de la jeune femme, de la façon dont elle mord ses lèvres. Un désir interdit. La mauvaise raison qui lui fait prendre des décisions déraisonnables.

— Tu as faim, affirme-t-il en maîtrisant sa voix.

Simple hochement de tête.

— Moi aussi.

Solomon se lève doucement et tend une main à Eden comme une proposition de l'aider à se relever. Elle la fixe quelques secondes, puis ses doigts fins et glacés glissent en tremblant sur la large paume de Solomon. Il lui offre alors sa deuxième main. Elle s'y appuie également et il l'attire à lui avec des gestes lents et puissants.

— Et si on allait profiter d'un bon petit déjeuner à la française ? suggère-t-il lorsqu'elle a trouvé son équilibre sur ses pieds.

Nouveau hochement de tête, les yeux dans les yeux. Solomon la libère et détaille sa chemise qui couvre le corps de la jeune femme. À cet instant, Eden est d'une sensualité redoutable. Lui en a plus que conscience ; elle, probablement aucune. C'est pour cette raison qu'il recule d'un pas.

— Peut-être souhaites-tu t'habiller ? Te doucher, si tu veux. Je vais t'attendre.

— Oui, monsieur.

— Bien. Je dois me préparer, moi aussi.

Quand Eden ressort de sa chambre, elle est métamorphosée. Ses somptueux cheveux contraints dans une tresse trop sage. La chemise froissée remplacée par un pantalon de toile beige, un polo rose pâle sagement boutonné et une veste en jean. La jeune femme désirable s'est cachée derrière un costume d'adolescente bien éduquée. C'est ainsi que ça doit être.

Lorsqu'elle lui tend sa chemise sans oser le regarder, Solomon réalise que chaque progrès qu'il croit faire est une illusion. Il prend le vêtement et le jette négligemment sur un fauteuil comme il jette sa certitude de pouvoir aider cette enfant-esclave. Cette prise de conscience le poignarde à lui en faire perdre le souffle. Les regrets sont écrasés sous ses dents serrées.

— On y va. On nous attend.

Sa voix dure fait tressaillir Eden. Quand il s'avance vers elle, elle recule d'un pas.

— Ne me fuis pas.

Oui, progrès nul. Pourtant les yeux bleus le dévisagent, les sourcils froncés d'incompréhension. Solomon efface la culpabilité. Kate a raison : il doit ramener Eden dans son pays puis la confier à des gens qui sauront prendre soin d'elle. Ça ne peut pas être lui. Ça ne doit pas être lui.

Violent et imprévisible.

— Ta main, exige-t-il en tendant la sienne.

Et Eden obéit. Bien sûr qu'elle obéit…

7

Jeudi 15 décembre 2016, début de soirée.

— Elle reste ici.

— Je ne te demandais pas ta permission, cingle Steve en toisant Solomon avec colère et détermination.

La colère, ça fait deux jours qu'elle bouillonne ; la détermination, c'est nouveau. Solomon comprend qu'il va être temps qu'il se calme. Il n'interrogera pas son ami sur leur désaccord. Il sait pertinemment sur quoi il porte… sur qui : Eden. Depuis dimanche, il a mis de la distance entre lui et la gamine. Il ne l'a presque pas vue de toute façon ; et ça lui a déjà valu un avertissement sévère de la part de son meilleur ami. Pas suffisant, visiblement…

Dès leur arrivée à Bruxelles, ce dimanche, Solomon se rend à une soirée à laquelle il n'avait pourtant aucune envie de mettre les pieds. Son hôtesse est Rachel, fille d'une riche famille d'Anvers, complètement délurée en l'absence de son plus que respectable père. La trentaine bien remplie de dépravations en tous genres pour une tête bien faite quand il s'agit de travail. Redoutable dans les affaires, redoutable dans un lit. De la baise sauvage et jouissive sans aucune attente de lendemain.

C'est elle qui séduit, attire et provoque ; Solomon n'a plus qu'à libérer ses instincts.

Il la retrouve le lendemain après-midi pour une réunion efficace malgré la tension. Leur partenariat est solide, mais sans concessions. À l'issue d'une heure d'âpres négociations, elle l'invite à discuter d'un dernier détail dans son bureau.

— Je te sens énervé, susurre Rachel en fermant à clé derrière eux.

Elle reste adossée à la porte à le dévorer des yeux et Solomon comprend immédiatement la teneur du « dernier détail ».

— Passablement, répond-il, la voix rauque d'un désir brutal.

— Je peux t'offrir quelque chose ? propose-t-elle en retirant sa veste.

— Il va me falloir quelque chose de fort, réplique-t-il en l'imitant.

En quelques mouvements, elle est devant lui en lingerie de dentelle rouge minimaliste et sur talons aiguilles. Elle se dirige vers son bureau avec une sensualité poussée parfaitement maîtrisée. Elle se penche par-dessus le meuble en écartant légèrement ses jambes, s'offrant sciemment à la vue de son amant. Solomon est derrière elle avant qu'elle ne finisse d'attraper un préservatif. La claque sur les fesses nues fait sursauter la jeune femme.

— Aïe, se plaint-elle dans un sourire en se retournant pour faire face à Solomon.

— J'ai dit quelque chose de fort. Une objection ?

Rachel prend le temps de lui défaire la ceinture du

pantalon avant de répondre en glissant une main sur l'érection de Solomon.

— Tu crois que tu peux faire mieux qu'hier soir ?

Il n'a pas été tendre. Pourtant, il a fait bien mieux par le passé et elle s'en souvient. Hier soir, une sale sensation l'a retenu. Si elle en veut plus, il ne va pas la décevoir ; mais pas maintenant. Pas dans le bureau d'une partenaire en affaires. Pas dans un endroit qui pourrait être truffé de micros et de caméras. Pas n'importe où. Il emprisonne les poignets de Rachel dans ses mains et les lui place brusquement dans le dos pour mieux coller son érection contre son intimité à peine protégée par son string.

— Il faudra attendre ce soir.

Rachel sourit avant de se jeter sur la bouche de Solomon. Il répond avec brutalité, bloquant les bras fins d'une main et lui empoignant la nuque fermement. Elle se love contre lui, il s'écarte aussitôt.

— J'ai dit ce soir, répète-t-il sèchement. Rhabille-toi.

— Tu me fais le coup du « je ne mélange pas sexe et affaires » ?

— Caméras ? Micros ?

— Ne m'insulte pas, Solomon.

D'un mouvement rapide, il glisse ses doigts dans le string de Rachel et le lui arrache. Elle grimace, puis finit de le libérer pour lui mettre le préservatif. Solomon la laisse faire sans bouger, sans la toucher. Lorsqu'elle commence à se baisser pour s'agenouiller, il la saisit par les bras et la relève pour mieux fixer son regard dans le sien.

— Quelque chose de fort, donc.

Elle le défie, d'un sourire, de mettre ses menaces à exécution. Il la fait pivoter et basculer sur le bureau en la poussant d'une main sur la nuque et en retenant son bassin d'un bras. Elle n'a pas le temps d'amortir sa chute, mais elle n'émet qu'un rire pour toute plainte. Rire coupé par une fessée claquante.

— Silence, exige Solomon en s'affalant sur elle. Garde tes mains là, ordonne-t-il en les positionnant sur le bord opposé du bureau. Ça ira ? s'inquiète-t-il soudain en se redressant.

— Je n'ai pas besoin de gentillesse, Solomon.

Nouvelle fessée, cuisante. Rachel absorbe la douleur dans un sourire ; alors Solomon cesse d'être gentil. Il écarte les jambes de la joueuse de deux mouvements secs, agrippe ses hanches et la pénètre sans autre forme d'avertissement. Elle l'accueille dans un gémissement et en basculant son bassin. Fort, rapide et jouissif : les deux amants sont en phase.

— On aura évoqué ton projet risqué en Allemagne, suggère Solomon en finissant d'ajuster sa veste.

— Tu ne veux toujours pas te joindre à moi ?

— Je connais ton client, rappelle-t-il.

— Ce n'est pas illégal, se défend Rachel, de nouveau piquée au vif par le sous-entendu émis la veille sur la réputation douteuse de l'homme d'affaires berlinois.

— Je t'aurai prévenue.

Elle le dévisage un instant avant de prendre un air mutin.

— Je n'ai plus de culotte.

— Parfait. N'en remets pas.

Après dîner, Solomon ramène Rachel dans sa

chambre. Il la baise jusque tard dans la nuit, sa violence n'engendrant que soupirs et rires. Au petit matin, il lui fait l'amour lentement. Pas tendrement, mais sans heurts. Une douche et elle s'évapore. Solomon dort jusqu'à ce qu'il soit l'heure de partir pour de nouveaux rendez-vous. Steve passe la journée à le regarder en biais, étrangement silencieux en dehors des réunions, entretiens et repas d'affaires. Solomon ne pose aucune question, respectant cette distance imposée. Il ne rentre pas avec lui ce soir-là, trop occupé à suivre une jeune écervelée dans une visite privée du château familial, à explorer son corps gracile et lui faire découvrir le côté obscur du plaisir.

La première attaque de Steve survient le mercredi matin, alors qu'ils attendent leurs voitures dans le hall de l'hôtel.

— Tu es sûr que tu n'oublies rien ?

Solomon cherche ce à quoi peut faire allusion son ami de façon aussi agressive. En vain.

— Non. Pourquoi ? Qu'est-ce que j'ai oublié ?

— Elle s'appelle Eden Monceau. Elle a 17 ans et c'est ta pupille.

Eden… Le regard de Solomon se déporte instantanément à l'extérieur. La jeune femme est bien là, emmitouflée dans son manteau, pas très loin de Logan. Il ne lui faut pas longtemps pour comprendre où veut en venir Steve. Il regrettera longtemps sa mauvaise foi éhontée.

— Elle est là, répond-il d'une voix sourde.

— Ne me prends pas pour un con, s'énerve Steve à voix basse. Tu vois, j'ai réalisé hier soir que je ne l'avais pas vue depuis dimanche soir ; et on est mercredi. Je me suis bien rendu compte que tu avais pris un peu de distance avec elle, mais au point de ne plus lui parler, ni même la voir pendant plus de deux jours…

— Elle avait besoin qu'on lui fiche la paix.

— Pas d'être abandonnée.

— Ça suffit, Steve.

— Je n'étais pas d'accord pour que tu la prennes en charge, persiste celui-ci, ouvertement révolté. Je suis encore moins d'accord avec la façon dont tu la traites. Reprends-toi.

Steve sort d'un pas rageur, laissant Solomon seul, furieux et honteux. Celui-ci regarde son ami s'adresser à Eden et la faire monter dans sa voiture. Solomon ne tente rien pour l'en empêcher. Depuis sa prise de conscience, dimanche matin, il a tout fait pour ne plus se retrouver seul avec Eden. Il le sait. Il a eu beau noyer sa culpabilité dans les affaires et le sexe, le regard bleu clair envoûtant ne l'a pas quitté. Ce regard inquiet, perdu et paradoxalement confiant.

C'est Steve qui s'occupe d'Eden à l'aéroport, parlant avec elle de Bruxelles qu'elle a visitée à pied pendant les deux derniers jours, lui achetant une revue et un livre. Harcelé par son téléphone, Solomon trouve là l'excuse facile pour ne pas se mêler à eux. Il observe la jeune femme user de sa force tranquille et sereine, faire preuve d'attention, s'exprimer d'une voix douce, oser lever les yeux de temps en temps sur Steve ou Logan qui a fini par se joindre à eux. À aucun moment elle ne le regarde, lui. À aucun moment elle ne sourit.

En une demi-heure, Eden sème le chaos dans l'esprit

et les sentiments de Solomon. C'est peut-être pour ça que son comportement ne s'améliore guère de toute la journée. Facile de se convaincre qu'il est impossible de discuter avec la jeune femme redevenue sauvage quand elle met son génie à l'œuvre pour garder les distances : lecture assidue, assise à l'autre bout de la salle d'attente, puis blottie dans son fauteuil pendant le vol pour Genève ; quand Steve ou Logan ne discutaient pas avec elle. Pressés par le temps, Solomon et Steve partent rapidement pour leurs rendez-vous, confiant Eden à un garde du corps pour la conduire à leur hôtel avec vue sur le lac Léman. Hôtel que Solomon ne rejoint que tard dans la soirée… et pas tout seul.

Ce n'est que ce jeudi matin, au petit déjeuner, qu'il commence à ouvrir les yeux : quand la petite gosse de riche qui s'est jetée dans ses bras la veille précède de quelques secondes une superbe jeune femme.

Eden. 17 ans. Sa pupille.

Et merde…

Jeudi 15 décembre 2016, début de matinée.

Pour son petit déjeuner, Steve s'est installé à la table la plus éloignée possible de celle de Solomon. Celui-ci s'est montré particulièrement fermé depuis leur petite discussion d'hier matin. Il n'a sûrement pas apprécié le recadrage, mais tant pis : Eden était livrée à elle-même depuis trois jours et Steve a honte de lui-même. Il aurait dû être plus vigilant, le comportement de Solomon aurait dû l'alerter dès le dimanche matin. Il ne saura probablement jamais ce qui s'est passé dans la suite au retour d'Eden de sa promenade matinale improvisée dans Paris. Ni l'un ni l'autre n'évoquera le sujet, ni ne répondra à ses questions. Le fait est que Solomon est passé d'une prévenance prudente à une indifférence totale ; et Eden n'a jamais eu de distance de sécurité aussi élevée alors qu'elle avait accepté que Solomon la prenne dans ses bras.

Steve a su, à peu près, rattraper les choses hier matin, avant le vol pour Genève, mais son emploi du temps ne lui a pas permis de revoir Eden de la journée, ni de la soirée. Il l'avait anticipé ; et c'est pour cette raison qu'il lui a demandé de se joindre à eux pour le petit déjeuner. Sauf que Solomon n'est pas rentré seul. Il a ferré une jeune femme qui, il faut le reconnaître, a tout fait pour l'être dès le début de la soirée, et Steve n'a même pas cherché à savoir quelle suite serait donnée à cette pêche mutuelle. Lui a rejoint sa chambre tout seul et appelé son épouse. Il a une épouse et des enfants. Solomon est veuf. Ça n'excuse rien : il a une pupille maintenant.

Eden se présente à l'entrée de la salle de restauration de l'hôtel et s'arrête sur le seuil. Elle est magnifique. Malgré son visage éternellement triste et inquiet. Malgré quelque chose qui a changé, mais que Steve ne parvient pas à identifier. C'est une des plus belles femmes qu'il ait rencontrées. Cheveux tressés, dégageant son visage aux traits fins, pantalon gris anthracite, chemise blanche et veste en jean, elle attire tous les regards. Tous les clients ne voient plus qu'elle, oubliant ou ignorant la jeune femme en tenue de soirée froissée qui se dirige vers Solomon ; et ce dernier ne fait pas exception à la règle.

Steve se lève au moment où les yeux bleu clair quittent ce couple d'une nuit pour le chercher. Il y lit toute son hésitation à le rejoindre, cette peur de commettre une erreur qui lui vaudra les foudres de Solomon Rickman. Il a vécu la même chose hier matin quand il l'a prise sous son aile avec une excuse bidon pour justifier l'indisponibilité de son tuteur. Il a su la rassurer ; il saura le faire ce matin. Alors il lui fait signe de le rejoindre en désignant la place face à lui. Elle parcourt la distance qui les sépare avec une élégance rare, sans un regard pour Solomon et sa compagne, ni pour les autres convives. Comme quelqu'un qui regarde devant lui pour passer un pont par-dessus un précipice. Steve s'efforce d'oublier la pitié qui lui serre le cœur et offre son plus beau sourire ; même s'il sait qu'elle ne le lui rendra pas.

— Bonjour, Eden.

— Bonjour, monsieur Barlow.

— Steve, si tu veux bien, lui rappelle-t-il en douceur.

Il n'attend pas de réponse ; il sait que c'est compliqué pour elle. Il entre plutôt en action, contournant la table pour dégager sa chaise.

— Je t'en prie.

Le temps qu'elle s'asseye, un serveur est déjà à leur service. Eden demande un chocolat chaud et un pain au chocolat du bout des lèvres et le jeune homme repart après un salut.

— Alors, fait Steve en reprenant place, qu'as-tu découvert de Genève ?

Les yeux bleus le détaillent de façon assez déconcertante et, il en est certain, le décryptent. Elle a fait la même chose hier, comme si elle évaluait le danger potentiel, le niveau de confiance possible. Cette fois cependant, ça durera moins longtemps.

— Les quais, commence-t-elle à énumérer, le Jardin anglais, le jet d'eau, le parc des Bastions, le jardin botanique, le palais des Nations…

— Tout ça à pied ?

— Oui.

— Tu as marché longtemps, remarque Steve. Tu n'as pas eu froid ? Il fait un temps glacial.

— Non.

— À Bruxelles, c'était pareil : tu as visité la ville en te promenant dans les rues. Tu ne visites jamais des monuments ? Des musées ?

— Non, répond-elle d'une petite voix.

Elle se décale légèrement lorsque le serveur se rapproche de leur table pour la servir. Elle le regarde à peine, son regard suivant les gestes précis de l'homme.

— Bonne continuation, fait celui-ci en reculant d'un pas, mains jointes devant lui.

Eden ne répond pas, les yeux rivés sur ces mains unies. Steve y reconnaît la position que prennent celles de la jeune femme quand elle adopte sa posture d'attente, lorsqu'elle se soumet. Quand elle abaisse ses paupières, il sait ce qu'elle ne veut plus voir.

— Merci, dit-il pour saluer le serveur à sa place. Pas de musée, alors, lance-t-il pour reprendre le fil de leur discussion. Tu n'aimes pas ça ?

Elle pince ses lèvres et se perd dans l'observation de

son petit déjeuner. Pas sûr qu'il obtienne une réponse. Les mains se joignent avant de disparaître sous la table. Pas sûr non plus qu'elle mange quelque chose. Il a dû poser la question à ne pas poser… Et bien sûr que c'est une question débile : Eden était une esclave ; la probabilité pour qu'elle ait pu aller et venir à sa guise et visiter des musées doit être proche de zéro.

— Tu n'es pas obligée de répondre si tu ne veux pas en parler, tente-t-il de la rassurer.

Regard inquiet et silencieux. Steve s'apprête à changer de sujet quand elle prend la parole.

— Je ne peux pas entrer, explique-t-elle dans un murmure.

— Pourquoi ? se résout-il à demander tant elle hésite à poursuivre.

Respiration plus courte, elle jette un coup d'œil à la table de Solomon. Elle croise son regard sombre puis baisse le sien.

— Je n'ai pas d'argent, lâche-t-elle dans un souffle.

Steve la fixe, incrédule.

— Pas d'argent du tout ?

Elle secoue la tête.

— On t'a laissée toute seule sans argent ?

Hochement de tête.

— Oh merde… Alors tu n'as rien pu acheter pendant ces trois derniers jours ?

Tête un peu plus basse.

— Mais… Où as-tu mangé lors de tes promenades ?

Le coup d'œil est furtif… et paniqué. Eden recule sur sa chaise et son corps se met à trembler. Steve perçoit un mouvement à la limite de son champ de vision. De l'autre côté de la salle, Solomon s'est levé et fait deux pas vers eux. Steve s'y oppose instantanément d'un index au bout de son bras tendu. Hors de question que Solomon se mêle de ça. Tout est de sa faute et Steve a bien l'intention de le lui dire avec toute la colère qu'il contient pourtant pour s'occuper de celle qu'il a, *in fine*, lui aussi abandonnée. Et ça doit se lire dans ses yeux, car Solomon recule et reprend sa place.

— Je suis désolé, Eden, dit-il d'une voix peinée. Ce n'est pas bien de notre part. Non seulement nous t'avons laissée toute seule, mais en plus…

— Vous travaillez, monsieur, le coupe-t-elle sans lever les yeux.

— Ce n'est pas une raison. L'un de nous aurait dû rester avec toi.

— Ce n'est pas grave. J'ai l'habitude, l'excuse-t-elle en le regardant subrepticement.

— C'est inexcusable, se désole-t-il. Nous aurions pu, au moins, te confier à Logan.

— Les gardes du corps ont été très gentils.

— Mais ils ne t'ont pas acheté à manger.

Eden pince ses lèvres et baisse les yeux. Steve est prêt à parier qu'elle a refusé qu'on paye pour elle. Pas d'argent, impossible de rembourser.

— As-tu, au moins, pris un bon repas le soir ?

Panique totale dans le regard qui s'affole et cherche un ancrage. Steve retient un juron et un soupir.

— Tout va bien, Eden. Tout est notre faute. Nous ne nous sommes pas occupés de toi comme nous l'aurions dû. Je te présente toutes mes excuses.

Elle fronce ses sourcils et s'apaise peu à peu. Après

ce qui a pu sembler une éternité, elle le regarde enfin. Et là, Steve comprend ce qui a changé dans le visage d'Eden : elle a maigri. Ses traits sont plus fins, plus acérés. Elle a perdu les quelques rondeurs qu'elle avait lorsque Solomon l'a ramenée de chez Mitzer. Elle n'en est que plus belle. Mais elle a maigri ; et c'est parce qu'elle n'a pas mangé à sa faim. Bordel de merde !

— Aujourd'hui, je reste avec toi, décide-t-il d'une voix sombre.

— M. Rickman a besoin de vous, refuse-t-elle calmement.

Malheureusement, c'est exact.

— Alors c'est Logan qui va rester avec toi.

— Bien, monsieur.

— Et ce soir, je t'emmène à l'expo à laquelle nous sommes invités.

— Bien, monsieur.

— C'est une proposition, Eden, se corrige-t-il devant son acceptation trop soumise. Aucune obligation. C'est une exposition de jeunes artistes soutenus par la fondation d'un de nos clients partenaires, M. Zimmer. Peinture, sculpture, photo… Aucune idée de ce que ça vaut. Ça t'intéresse ?

— Oui.

— Alors c'est d'accord, conclut-il avec un grand sourire. Et si tu mangeais ? Tu dois mourir de faim.

Le ton est léger, mais la grimace qu'elle retient empêche d'effacer la gravité de la situation. Eden n'est pas la seule à avoir perdu l'appétit, sauf que Steve avait presque fini et qu'elle n'a rien avalé depuis vingt-quatre heures. La colère ressurgit et il préfère quitter la table pour épargner la jeune femme.

— Je vais te laisser déjeuner tranquillement, dit-il en repliant sa serviette. Je dois organiser ta journée… Enfin, prévenir Logan.

Hochement de tête pour toute réponse.

— Épuise-le, ajoute-t-il avec un sourire en coin. Il s'ennuie à nous accompagner de rendez-vous en rendez-vous. On se retrouve ici pour 18 heures, ça te va ?

— Oui, monsieur.

— Steve.

Nouveau hochement de tête et lèvres pincées. Une autre fois, peut-être.

— Vas-tu, oui ou non, me dire ce qui s'est passé ce matin ?

Solomon profite du trajet en voiture vers leur premier rendez-vous de l'après-midi pour manifester son impatience. Steve est furieux et fait la gueule depuis qu'ils ont quitté l'hôtel. Il ne desserre les dents que lors de leurs entretiens, se plongeant dès qu'ils sont seuls dans ses notes ou n'importe quoi pour paraître occupé et inaccessible. Il ne lève même pas les yeux pour lui répondre.

— Je ne suis pas sûr que ce soit le bon moment pour en discuter.

La voix est trop calme, trop basse, et ça sonne comme une menace.

— Regarde-moi, Steve.

La vitre de séparation se lève, les isolant du garde du

corps et du chauffeur. Alors seulement, Steve braque son regard sur Solomon et celui-ci sait qu'il va passer un mauvais moment.

— As-tu regardé Eden, ce matin ?

— Elle était au restaurant pour le petit déjeuner, avec toi. Pourquoi…

— Tu n'as rien remarqué de particulier ? le coupe Steve vertement.

— Que tu l'as terrorisée ? rétorque Solomon avec sarcasme.

— As-tu la moindre idée de la raison pour laquelle elle a paniqué à ce point ?

Vu le ton employé, Solomon pressent que c'est lui qui a fait une connerie.

— Écoute, Steve, soupire-t-il. Je sais que je ne me suis pas assez occupé d'elle ces derniers jours…

— Tu ne sais rien, Solomon ! Sinon tu ne serais pas en train de penser à toi, et rien qu'à toi !

Steve inspire brusquement en portant son regard à l'extérieur de l'habitacle. Solomon ne dit rien. Il ne reprochera surtout pas à son ami d'oser lui parler de cette façon ; ce qu'il sous-entend est bien plus grave.

— D'accord… Que suis-je censé savoir ou avoir remarqué ?

— Eden a maigri. Je suis sûr qu'elle a perdu deux à trois kilos. Et c'est notre faute, affirme Steve avec une voix lasse, les yeux toujours rivés ailleurs.

— Et tu comptes m'expliquer pourquoi ? s'agace Solomon après une longue minute de silence.

Le regard de Steve n'annonce rien de bon et Solomon sent une sueur glacée dévaler sa colonne vertébrale.

— Eden n'a pratiquement rien mangé pendant les trois derniers jours.

— Pardon ?

— Et elle n'a rien mangé en dehors des petits déjeuners parce qu'elle n'avait pas d'argent pour payer le moindre repas.

— Comment ça, pas d'argent ?

— Ni toi ni moi n'avons donné d'argent à Eden. Elle a refusé l'offre des gardes du corps, probablement parce qu'elle pensait ne pas pouvoir les rembourser. Et elle n'a rien pris à l'hôtel, probablement parce qu'elle pensait devoir payer elle-même à un moment ou un autre. Elle s'est promenée pendant trois jours, à pied dans les rues, parce qu'elle ne pouvait rien payer ni acheter.

Solomon est abasourdi. Comment… ? Comment a-t-il pu être aussi inattentif, inconséquent et inconscient ? Quel con… mais quel con…

— Pourquoi n'a-t-elle rien dit ?

— Comment peux-tu poser cette question ? soupire Steve, ouvertement déçu.

La vitre de courtoisie s'abaisse doucement. Fin de la discussion.

L'après-midi ne leur laissera pas le temps de revenir sur le sujet. Solomon n'écoute presque rien de ce qui se dit, de ce qui se négocie. Il ressasse sans fin la façon dont il s'est éloigné d'Eden, la distance qu'il a mise entre lui et cette jeune fille qui dépasse toutes ses capacités de compréhension et d'adaptation. Une enfant. Une enfant-esclave. Une jeune femme perdue qu'il a accepté de… qu'il a voulu prendre sous sa protection.

Et il a osé faire n'importe quoi avec la seule personne avec qui il n'avait pas droit à l'erreur. Ahurissant de connerie.

8

Jeudi 15 décembre 2016, début de soirée.

Quand la voiture s'immobilise devant l'hôtel, Steve s'en éjecte immédiatement. Solomon le rattrape au moment où ils rejoignent Logan, déjà prêt pour la soirée.

— Logan, tout va bien ? s'enquiert Steve avec une urgence inquiète.

— Oui, monsieur, le rassure le garde du corps avec un sourire. Une bonne promenade, un bon repas et une très grosse sieste. Eden était très fatiguée et elle voulait être en forme pour ce soir.

— Parfait, se satisfait Steve.

— Ce soir ? relève Solomon, suspicieux.

Steve le regarde sourcils froncés et yeux plissés. Solomon sait qu'il vaut mieux se taire dans ces cas-là ; mais c'est plus fort que lui.

— Je peux savoir ce qui se passe ce soir ?

— Eden vient avec moi, explique Steve d'une voix étrangement posée. Je l'ai invitée à venir voir l'exposition…

— Elle reste ici, s'oppose Solomon avec brusquerie.

— Je ne te demandais pas ta permission, le tacle son ami en lui faisant face pour le toiser avec colère et détermination.

Solomon renonce. Il doit renoncer. Tout est de sa faute. C'est lui qui s'est comporté comme un connard, un moins que rien. C'est son meilleur ami qui doit compenser la pire de ses erreurs. C'est pour ça qu'il baisse les yeux ; lui qui le fait si rarement que ça ressemble à jamais. Steve s'éloigne sans un mot et Logan recule de deux pas. Solomon se retrouve seul face à sa culpabilité et il n'aime pas cette sensation. Plus tard, il finit par appeler sa sœur. Il sait qu'il va passer un sale quart d'heure, mais il a besoin de ses conseils.

— Je ne trouve pas les mots, soupire Kate. Je ne sais pas si je dois t'engueuler comme je ne l'ai jamais fait parce que tu ne m'as jamais mise dans une telle colère, ou pleurer parce que tu ne m'as jamais autant déçue.

Silence.

— Je devrais peut-être raccrocher.

— Kate, s'il te plaît, supplie-t-il aussitôt.

— Mais bon sang, Solomon ! Qu'est-ce qui t'est passé par la tête ? Tu ne peux pas assurer quelqu'un de ta protection absolue et l'abandonner sans aucun moyen de survie. Soit Eden est d'une réserve ou d'une timidité exceptionnelle, soit elle ne connaît rien aux pratiques qui sont ton quotidien. Et à mon avis, ce sont les deux. Il faut tout lui apprendre et tout lui expliquer. Finalement, ma comparaison avec Cleo n'est peut-être pas si idiote. Ce que je ne comprends pas, c'est pourquoi tu n'y as pas pensé tout seul.

Solomon n'ose pas répondre.

— Solomon ! Soit tu parles, soit je raccroche !

— Parce que... se précipite-t-il avant que sa voix se bloque dans sa gorge.

Silence. Long silence.

— Oh, mon amour… fait la voix douce et navrée de Kate.

Elle a compris. Solomon ferme les yeux, à la fois soulagé et terrorisé. Soulagé d'avoir été entendu au-delà de ses erreurs et obstinations. Terrorisé de décevoir un peu plus sa grande sœur, la seule personne au monde dont l'avis compte pour lui.

— Es-tu amoureux ?

— Non ! se défend-il aussitôt. Non, c'est juste que… elle ne me laisse pas indifférent.

— Sexe ou sentiment ?

— Bordel, Kate…

— Écoute, Solomon. Je me doutais que cette jeune femme t'avait touché et ému. Mais c'est plus profond que ça, n'est-ce pas ?

— Elle n'a que 17 ans et c'est une enfant-esclave. J'ai 34 ans et je suis violent et imprévisible.

— Pas quand tu apprécies les gens ; et encore moins quand tu les aimes. Un peu brusque et tempétueux, mais ça reste gérable, se moque-t-elle gentiment.

— C'est ma pupille…

— Tu pourras lister tous les bons arguments ou invoquer Dieu et tous ses saints, ce sentiment-là ne connaît aucune raison.

— Et je fais quoi, moi, maintenant ?

— Attendre et espérer.

— Pardon ?

— Tu vas attendre, prendre soin d'Eden, lui offrir ta protection, ton soutien, ton amitié. Tu vas prendre soin d'elle et du cocon dans lequel elle s'est réfugiée.

Et tu vas espérer que ce papillon, une fois sorti de son cocon et pleinement libre, remarque ta présence. Mais pour ça, mon amour, il va falloir émettre de la lumière.

Émettre de la lumière.

— Ouvrir le blindage derrière lequel tu t'es réfugié et t'exposer.

Ouvrir son blindage et s'exposer.

— Personne ne peut aimer un mur, Solomon. Sauf à savoir ce qu'il cache.

Silence.

— Quelle que soit ta décision, assume tes responsabilités. Eden n'y est pour rien si tu l'aimes.

Solomon abaisse sa main quand la sonnerie marque la fin de la leçon. Assis sur son lit, coudes sur les genoux, mains jointes sur son portable, il déconnecte. Émettre de la lumière. Ouvrir son blindage et s'exposer. Impossible. Tout simplement impossible. Il s'est déjà exposé. Il a déjà tout donné. Il a déjà émis de la lumière et reçu celle d'une autre âme. Il a tout perdu. Plus de lumière. Il n'y a plus de lumière.

Ne reste que la colère. Sombre colère. Destructrice. Plus incontrôlable que jamais.

Il faut un mur plus épais pour la contenir.

Lorsque Solomon quitte sa suite et rejoint Logan qui l'attend près de l'ascenseur, il a une bonne heure de retard sur le planning. Il a prévenu Steve par SMS. Il avait besoin de temps. Du temps pour enfermer la colère. Du temps pour enterrer le chagrin. Du temps pour raisonner le désir. L'eau de la douche l'a lavé de sa déroute et de ses doutes. Elle l'a débarrassé du trouble qui nimbait son désir. Il en est sorti équipé de ses armes habituelles et plus fort d'un sentiment profond pour Eden enfin accepté.

Il mettra plus d'une heure et demie à rejoindre Steve et Eden une fois dans l'exposition. Zimmer et son épouse l'ont accueilli avec beaucoup de chaleur. Ce sont des gens bons ; tout comme leur fille. C'est elle qui accompagne Solomon dans une présentation de l'exposition qu'elle a organisée avec sa mère. Elle agit avec une douce prévenance et un détachement bien dosé, mais il n'est pas dupe : les regards qui s'attardent sur lui la trahissent. Ils sont interceptés à maintes reprises par d'autres invités plus ou moins connus et Solomon reste fidèle à lui-même : une dose minimale de courtoisie dans un mélange égal d'écoute attentive et de sérieux intransigeant.

Le couple Steve/Eden entre dans son champ de vision alors que la fille Zimmer lui présente l'œuvre de son artiste préféré, un peintre qui affectionne trop le rouge et les coups de pinceau hasardeux pour Solomon. D'autant qu'il a face à lui une œuvre qu'aucun humain ne pourra égaler. Un corps sportif et élancé dans une petite robe noire sans la moindre fantaisie, couvrant la gorge mais dévoilant les épaules, ajustée sur le buste pour mieux en révéler la poitrine menue et le ventre plat, puis évasée jusqu'aux genoux. Des cheveux qu'il sait épais et soyeux assagis dans un chignon suffisamment haut pour dégager une nuque fine qui donne à la tête un port altier. Un visage… Son visage. Steve a raison : elle a maigri. Et son regard n'en est que plus intense et plus envoûtant.

En une fraction de seconde, tous les efforts déployés par Solomon sont récompensés. Le désir devient plus intense, mais il n'enflamme pas ses sens. Il alimente le sentiment lové en lui. Les yeux bleus s'échappent d'une discussion qui semble la dépasser. Ils parcourent les lieux, les œuvres, les gens avec cette lenteur tranquille toujours aussi surprenante. Solomon est à quelques mètres d'elle ; il décèle pourtant en elle une certaine inquiétude et une grande lassitude. Et soudain, leurs regards se croisent. Solomon la regarde le dévisager sans qu'elle trahisse la moindre émotion. Puis tout change. La fille Zimmer lui parle, mais il ne voit qu'Eden et sa métamorphose : ses traits se détendent et une sérénité inespérée illumine son visage et ses yeux. La transformation est impressionnante, si inattendue sur ce visage fermé que les quelques personnes qui lui faisaient face se retournent, curieux. Steve n'est pas le dernier à s'étonner, mais il est seul à comprendre. Il se contente de hocher la tête et détourner l'attention des autres invités vers un sujet sûrement très éloigné de la nature de la relation entre deux personnes aussi énigmatiques et inaccessibles que doivent sembler être Solomon et Eden.

— Souhaitez-vous rejoindre votre collaborateur et… votre amie ? l'interroge la fille Zimmer sans parvenir à masquer sa déception.

Au même moment, une femme interpelle Eden en la faisant sursauter. La femme s'excuse, Eden se met à son écoute et Solomon en fait autant avec son hôtesse.

— Non, tranche-t-il sans autre commentaire. Votre père souhaitait me parler. Pouvons-nous le retrouver ?

— Bien sûr, s'efface la jeune femme. Il doit toujours être près de l'entrée.

Solomon déambule derrière elle tout en parcourant les tableaux, changeant d'univers et de technique tous les deux pas. Il n'en aime aucun. Il a horreur de la peinture ; hyperréaliste ou totalement abstraite, aquarelle ou acrylique, rien ne trouve grâce à ses yeux. Au cours de leur discussion, Zimmer le conduit parmi d'autres toiles, puis les sculptures. Les œuvres défilent, mais Solomon n'a d'attention que pour les mots. Roger Zimmer est un homme sage et avisé. Son analyse de la situation géopolitique, ses connaissances historiques, son sens des affaires lent et patient… Tout semble être un exemple à suivre.

Peu à peu, un groupe se forme autour d'eux. Le plus important est dit et Solomon ne fait aucun effort pour se montrer aimable. Son regard se met à aller et venir à son gré, visitant les lieux malgré lui, identifiant les visages connus. Il aperçoit Steve en grande discussion avec un parfait inconnu. Eden n'est pas avec lui et l'esprit de Solomon n'a alors plus qu'un objectif : trouver sa pupille. Il la découvre au détour d'un mur de peintures qu'il ne mémorisera jamais. Seule devant des petites sculptures représentant des personnages difformes, Eden s'est isolée du monde pour observer. Son visage est détendu, malgré les sourcils froncés de concentration, et Solomon devine qu'elle apprécie ce qu'elle voit. Les yeux clairs se lèvent soudain et il subit sans broncher le même examen que les petits bonshommes. Il pensait qu'elle se redresserait, surprise d'être dévisagée ; il n'en est rien. Il pensait qu'elle perdrait sa sérénité ; il n'en est rien. Eden ne manifeste aucune peur, aucune inquiétude sous le regard que Solomon sait inquisiteur. Il ne comprend pas pourquoi elle ne le craint pas alors qu'il s'est montré odieux ces derniers jours, alors qu'il a manqué à tous ses devoirs. Comment peut-il se sentir reconnu au-delà de son armure ?

Le charme est brusquement rompu lorsque la fille Zimmer se place devant Solomon avec un sourire gêné et des yeux pleins d'espoir. Elle lui propose de rejoindre sa mère quelques instants. Cette dernière évoquera probablement les fonds qu'elle doit lever si difficilement pour soutenir de son mieux la créativité de ses protégés. Ce sera en vain, car Solomon ne participe jamais à des mécénats, sauf pour protéger le patrimoine mondial. Les actions qu'il finance sont toujours tournées vers l'humain en souffrance, leur finalité variant selon les régions du monde. Acceptant de suivre la jeune femme, Solomon perd de vue Eden alors qu'elle est elle-même happée par une femme d'un certain âge. Eden sursaute et perd quelques degrés de sérénité. Elle salue pourtant son interlocutrice avec respect et entre dans la discussion imposée avec une réserve évidente. La foule les éloigne une nouvelle fois et Solomon prend sur lui pour ne pas s'opposer à cette séparation.

Quand la masse humaine les rapproche à nouveau, bien plus tard dans la soirée, Solomon découvre un tableau qui éveille instantanément ses instincts protecteurs. De l'autre côté de la pièce, Eden est entourée de quelques hommes dont le comportement laisse peu de doute sur les intentions plus ou moins conscientes.

Les jeunes se montrent vantards et bruyants, leurs aînés usant plutôt de gestes et regards subtils mais déplacés. La désapprobation et la jalousie se disputent les visages des invités les plus proches face à cette parade amoureuse virant au combat de coqs exécuté sans la moindre considération pour la jeune femme convoitée. Une jeune femme terrorisée, acculée et en pleine crise de panique.

— Je vous prie de m'excuser, lance Solomon aux personnes qui l'entourent.

Il s'éloigne avant même d'avoir terminé sa phrase. C'est de la pure courtoisie hypocrite. À cet instant, il se fiche pas mal de froisser leur susceptibilité. Eden le repère alors qu'il a parcouru la moitié du chemin et son regard ne le lâche plus. À mesure qu'il avance, il voit la paix prendre possession d'elle, gagnant bataille après bataille la guerre déclarée à sa panique : son regard qui perd ses reflets glacés, ses lèvres qui reprennent leur couleur rose pâle, ses épaules qui se relâchent, sa respiration qui retrouve toute son amplitude profonde. Et là, dans le chaos improbable du choc de leurs deux vies, Solomon sait qu'il est reconnu et accepté ; il sait qu'elle a confiance en lui.

— Messieurs.

Sa voix grave couvre le brouhaha et impose le silence. À cet instant, tous les courtisans, quels que soient leur âge, leurs expériences et leurs prétentions, ont trouvé leur maître, le dominant absolu. Le cercle se fend sans résistance et lève le seul obstacle entre lui et la jeune femme qui a gagné sans le savoir la seule guerre impossible à gagner.

— Eden, la salue-t-il d'une voix sombre.

Elle ne sursaute pas, ne tressaille pas. Elle ouvre la bouche, hésite, puis le salue à son tour avec une assurance apparente incroyable.

— Solomon.

Personne ne pourra jamais savoir ce que prononcer ce simple prénom lui a coûté. Personne, sauf Solomon : il a vu les yeux se fermer plus lentement, il a entendu la voix contrainte par une respiration bloquée. Pourtant, elle a osé… ou obéi. Soudain, Solomon veut être seul avec elle. Il veut lui parler. Il doit lui parler.

— Vous nous excuserez, exige-t-il sur un ton ne laissant aucun doute quant à la possibilité de ne pas obtempérer.

Les plus intelligents s'écartent sans demander leur reste ; les autres, les plus jeunes, tentent de comprendre pourquoi tout espoir est perdu. Solomon avance d'un pas supplémentaire. Eden le regarde toujours sans crainte. Suivant son instinct, il lui tend la main.

— Viens, commande-t-il sans plus de tolérance.

Elle pose ses doigts sur la paume de sa main sans la moindre hésitation. Il les emprisonne de son pouce tout en scrutant le regard bleu clair. Le doute revient toquer aux portes de son esprit : acceptation ou soumission ? Il ne sait pas. Étrangement, il ne parvient pas à interpréter les traits sereins et les yeux immenses toujours rivés aux siens. Il l'entraîne derrière lui. Leurs mains glissent l'une sur l'autre, et leurs doigts se croisent avec une aisance et un naturel déconcertants.

— Ah ! Monsieur Rickman, l'interpelle soudain Roger Zimmer.

La tentation est grande de faire comme s'il ne l'avait pas entendu, mais Solomon a trop de respect pour cet homme pour lui faire cet affront. Il s'arrête près du groupe en serrant sa prise sur les doigts fins en flagrant délit de fuite. Il sent Eden se raidir derrière lui, mais hors de question de la libérer. Face à lui, Steve le dévisage avec une curiosité inquiète et sévère. L'aller-retour de ses yeux plissés sur les mains nouées rend inutile toute interrogation sur les raisons de sa défiance.

— Nous parlions de votre intention de poser quelques jalons en Europe de l'Est. M. Barlow nous expliquait que ce projet était abandonné.

— Exactement, confirme Solomon en contenant son impatience.

Cette fois, c'est lui qui dévisage furtivement Steve avec une curiosité inquiète et sévère. Depuis quand la stratégie de son groupe est-elle sujette à discussion sur la place publique ? Un coup d'œil de son ami vers son voisin renvoie l'accusation silencieuse sur un homme que Solomon ne connaît pas. Celui-ci se présente aussitôt.

— Roman Bastok.

Solomon est trop loin pour lui serrer la main et ça lui va très bien comme ça : ce nom lui est familier et il sait que cet homme n'est pas du bon côté de la frontière de la légalité. Et le fait qu'Eden se mette à trembler dans son dos lui confirme, s'il en était besoin, que la fin des négociations avec Mitzer est effectivement une des meilleures choses qui pouvait arriver.

— Je suis en partenariat avec Alan Mitzer sur

différentes affaires dans les pays de l'Est, poursuit Bastok avec un sourire, ses yeux glissant sur Eden.

Celle-ci resserre brusquement sa prise sur la main de Solomon. Il sent son corps vibrant se rapprocher du sien. Il sait que c'est de l'instinct. Il ne pensait pas être devenu pour elle un tel symbole de protection.

— Il est vraiment dommage que nous ne partagions pas, finalement, des intérêts communs.

Le regard gourmand n'échappe à personne, surtout pas à Solomon. C'est parce que la main d'Eden se tord qu'il réalise qu'il lui broie les doigts. Il relâche immédiatement la pression et elle en profite pour lui échapper. Avec la plus grande impolitesse, Solomon tourne le dos au groupe pour capter le regard d'Eden. Trop tard : mains jointes devant elle, tête basse, elle s'est réfugiée derrière son armure de soumission.

— Les photos sont à l'étage, assène-t-il.

Le regard bleu apeuré le détaille quelques secondes avant de fuir.

— D'accord.

Eden obéit dans un murmure. Elle salue d'un signe de tête discret. Son esprit est déjà parti et son corps le suit docilement.

— Amy est toujours aussi jolie, dit Bastok, rêveur. Heureux de savoir qu'elle peut voyager maintenant qu'elle est majeure, précise-t-il avec un sourire.

Solomon lui fait face en serrant les poings et les mâchoires. Les yeux de la plupart des hommes, visiblement très gênés, se baissent aussitôt. Ceux de Bastok continuent de contempler le corps d'Eden. Ceux de Steve supplient et son mouvement de tête est un appel au calme. Non, Solomon n'a pas le droit de casser la gueule à ce type.

— Eden est mineure, corrige-t-il en insistant lourdement sur le prénom. Elle est ma pupille.

Il n'en dira pas plus. Bastok tourne vivement la tête et fixe Solomon. Tout le monde aura compris les sous-entendus ; personne ne s'aventurera à faire le moindre commentaire.

— Quant au reste, le groupe a choisi de recentrer ses intérêts sur ses fondamentaux et il n'est pas envisagé d'y déroger, ajoute Solomon pour clore la discussion sur de possibles relations ou connexions avec l'Europe de l'Est.

— Papa ?

La fille de Zimmer interpelle son père d'une petite voix timide. La tension qui écrase le groupe est donc plus que perceptible.

— Messieurs, je vous prie de m'excuser, annonce Roger Zimmer en se rapprochant de la jeune femme.

C'est le signal tant espéré et les hommes se séparent en quelques secondes. Solomon ne perd pas un instant.

— Steve, appelle-t-il en prenant la direction opposée à Bastok.

Son ami le rejoint en quelques pas et Solomon peut se placer de façon à suivre les faits et gestes de Bastok et surveiller l'accès à l'étage.

— Je ramène Eden à l'hôtel.

Steve le dévisage sans un mot. Solomon le voit s'interroger et hésiter. Il devine les doutes de son ami. Ils sont mérités. C'est pour cette raison qu'il va le laisser parler et mettre en cause son honneur.

— Je ne suis pas certain que ce soit une bonne idée.

— Je t'ai entendu, Steve. Je me reprends.

— Bastok la connaît.

— J'avais compris, se renfrogne Solomon malgré lui.

— De temps et de patience, rappelle Steve avec sévérité, insensible au mouvement d'humeur de son ami.

— Je sais.

— Pas de ta colère.

Solomon le fusille du regard. Il s'apprête à le planter là, mais Steve l'en empêche d'un pas.

— Je te déconseille de te tromper une deuxième fois.

Et c'est lui qui part brusquement. Jamais Steve ne l'avait menacé aussi ouvertement, et Solomon doit respirer profondément pour accuser le choc. Il déglutit péniblement et se force à bouger : il ne peut rien laisser paraître et une enfant-esclave a besoin de lui. Du moins espère-t-il qu'elle ait besoin de son aide et qu'il puisse lui en apporter le millième. Eden a reconnu un de ses bourreaux et il n'ose pas imaginer sa terreur et sa panique… Rien ne sert de l'imaginer, il l'a déjà vécu.

À mesure qu'il approche de l'escalier menant à l'étage, Solomon est assailli par un sentiment d'urgence qui lui vrille l'estomac, un doute puissant quant à sa capacité à trouver les bons gestes et les bons mots avec Eden. Comment pourrait-il, lui, trouver les bons gestes et les bons mots ? Il ne connaît que la distance fermée et les ordres aboyés. Il le lui a dit. Il l'a prévenue.

Pourtant elle n'a pas fui. Pourtant, elle s'apaise quand elle le voit. Il ne va peut-être pas se planter…

Solomon se fige avant d'atteindre la dernière marche. La première photo qui l'accueille, à cause du noir et blanc ou grâce à lui, lui brise le cœur. Une petite fille le fixe de ses grands yeux noirs luisants de larmes. Cheveux en bataille dans un état pitoyable. Peau crasseuse et bariolée de taches diverses impossibles à identifier. Le pire : son regard incandescent de peur, de désillusion et de désespoir. La même puissance dévastatrice que le regard d'Eden. Solomon se sent blêmir. Penser qu'Eden s'est retrouvée au même endroit, devant la même photo… Il se propulse aussitôt sur le palier pour avoir une vue complète de l'exposition et en perd le souffle. Là, dévoilés par des photos noir et blanc ou couleur accrochées sur des présentoirs grillagés, des enfants, rien que des enfants. Des petits. Des grands. Garçons. Filles. Blancs. Noirs. Asiatiques. Hispaniques. Ou autres… Et partout, ce même regard : celui de l'enfance maltraitée et sacrifiée.

Bordel de merde…

Par-delà la douleur infligée, la panique empoigne l'âme de Solomon. Il cherche immédiatement autour de lui, tourne sur lui-même, fouille parmi les quelques invités qui déambulent d'une photo à l'autre, d'une émotion à l'autre. Eden n'est nulle part. Elle devrait être là… à moins qu'elle n'ait fui ; mais il l'aurait vue.

— Monsieur ?

Solomon fait face à la jeune femme qui l'a interpellé. Une serveuse qui recule en manquant de faire chavirer les flûtes posées sur son plateau.

— Puis-je vous aider ? demande-t-elle en prenant visiblement son courage à deux mains.

— Je cherche ma filleule.

— Êtes-vous sûr qu'elle…

— Où sont les toilettes ? la coupe-t-il avec impatience.

La jeune femme se tourne légèrement vers le fond de la pièce, sa tête achevant de montrer la direction demandée.

— Une autre pièce à cet étage ? exige-t-il de savoir.

— Non, monsieur.

Elle revient sur lui, indéniablement déstabilisée, et Solomon tente de modérer sa brutalité.

— Merci, mademoiselle.

— Monsieur, l'appelle-t-elle alors qu'il n'a pas fait deux pas vers les toilettes. Il y avait une jeune femme ici, il y a quelques minutes. Elle pleurait et…

— Où est-elle ? l'interroge-t-il instantanément, passablement agacé que cette gourde ne lui ait pas donné cette information tout de suite.

— Elle est sortie sur le balcon.

Elle répond en positionnant son plateau sur une seule main pour montrer la façade face à eux et Solomon distingue une porte-fenêtre entrebâillée derrière l'image d'un petit garçon en tenue militaire et armé.

— *C'est le monsieur qui expose ces photos qui s'occupe d'elle*.

Solomon sent ses sourcils se froncer : Eden, seule avec un inconnu. Ça ne lui plaît pas. Il fait un bref signe de tête à la serveuse en guise de merci et affronte le regard suppliant de l'enfant-soldat jusqu'à l'insupportable. Il dépasse pourtant l'insupportable, car ces enfants n'ont eu d'autre choix que de le subir. Il s'arrête devant l'image, les yeux dans ceux du petit garçon. Le regard d'Eden s'y superpose virtuellement avec violence. Ce regard implorant avec lequel elle a enduré leur entretien dans la bibliothèque de Mitzer. Une agression. Une de plus. La dernière. Non, pas la dernière. Il lui en a déjà fait subir d'autres depuis, car il ne sait pas être tendre. Il lui en fera probablement subir d'autres. « Un peu brusque et tempétueux, mais gérable », a dit Kate. Il ne tient qu'à lui de contenir ce caractère violent et imprévisible. Il ne l'a jamais fait. Enfin, pas depuis Alice. Alice… Elle aurait eu honte de lui.

— *… pris en charge… ONG ou fondations…*

Le vent glacial qui s'immisce à travers l'ouverture apporte avec lui une voix grave et rocailleuse. Solomon contourne le panneau.

— *Ils ont tous retrouvé leur enfance joyeuse et…*

L'homme s'interrompt et dévisage Solomon avec une curiosité aimable. Appuyé contre la rambarde, jambes tendues, il a croisé ses bras pour lutter contre le froid que sa chemise noire à col Mao ne pourra jamais contrer. À deux mètres de lui sur la gauche, de dos à la fenêtre, Eden. Un bras en travers de sa taille, l'autre coude posé sur son poing serré, une cigarette entre ses doigts, elle grelotte.

— *On ne retrouve pas une enfance volée.*

Simples mots murmurés d'une voix si paisible mais d'une violence inouïe. Eden porte la cigarette à sa bouche et fait luire le bout incandescent, prenant une longue bouffée. Elle reprend sa position initiale le temps d'avaler, bloque sa respiration quelques secondes, puis rejette la fumée dans la noirceur glaciale de la nuit. Du coin de l'œil, Solomon voit l'homme se détourner de lui pour observer Eden.

— *Mais une vie meilleure est toujours possible*, dit-il d'une voix calme.

Elle ne répond pas. Elle ne répondra pas. Solomon le sait ; et l'homme ne semble le comprendre que lorsqu'elle fume à nouveau. Il soupire et se tourne vers Solomon avec un sourire qui n'atteint pas ses yeux.

— *Monsieur, je peux vous aider ?*

Eden sursaute et fait volte-face. Ses yeux… Putain, ses yeux. Pourquoi ont-ils la même puissance désespérée que les regards exposés sans pudeur ? Pourquoi ces enfants ? Comment a-t-on pu les sacrifier au nom d'idéaux ou pour des pulsions, tous aussi impardonnables les uns que les autres ? Pourquoi elle ? Comment a-t-on pu lui infliger un tel outrage ?

— Eden.

Le regard au bleu glacé par une peur viscérale se vrille dans celui de Solomon et il doit lutter pour le soutenir. Soudain, l'homme s'interpose, courageusement protecteur de la jeune femme qui pleurait devant ses photos.

— *Je peux vous aider ?* répète-t-il.

— Je cherchais ma filleule, répond Solomon sans faire l'effort d'user de la langue française.

Le photographe suit son regard et interroge Eden par-dessus son épaule.

— *Vous connaissez cet homme, mademoiselle ?*

Simple hochement de tête, les yeux toujours rivés à ceux de Solomon.

— *Souhaitez-vous que je reste ?*

Solomon serre les mâchoires, rattrapé par son impatience et les soupçons de cet homme qui ne le connaît pas. Pourtant, il comprend tout de sa suspicion. Une jeune femme qui pleure, qui a peur, qui porte des marques de coups forcément perceptibles aux yeux de ce professionnel de l'image. Un corps fin et grelottant face à la masse imposante et puissante d'un homme. Un homme qui déborde probablement d'assurance arrogante, de dominance brutale et d'impatience menaçante. Solomon n'est pas dupe : il sait à quoi il ressemble quand on le met en cause, ou quand on ne lui obéit pas, ou quand les choses et les gens l'exaspèrent. Il sait à quoi il peut ressembler lorsqu'il quitte des yeux le chevalier servant du jour pour se concentrer sur Eden. Il inspire en même temps qu'elle, s'apaise en même temps qu'elle ; et le sentiment de paix est immédiat.

— *Mon parrain*, dit-elle en posant un regard doux sur le photographe.

Celui-ci dévisage Solomon, incapable de masquer sa surprise. Puis il s'affaisse, renonçant à défendre une âme perdue de l'influence d'un homme qu'il pense malsaine, ou cédant à une force qui le dépasse.

— *Eh bien, je rentre me réchauffer*, fait-il en prenant le chemin que lui libère Solomon.

Toujours face à lui, Eden frissonne et perd un peu de l'assurance dont elle vient de faire preuve. Son regard s'échappe et elle tire une nouvelle bouffée nerveuse sur sa cigarette. Solomon s'approche d'elle lentement. Elle ferme ses yeux en abaissant sa main et en expulsant la fumée comme elle expulserait une tension nocive. Il reste près d'elle, sans un mot. Il va attendre qu'elle trouve la force de le regarder… ou de parler.

— Je ne dois pas rester avec vous.

Sa voix trahit sa douleur. Il ne sait pas quoi dire, n'ose pas demander pourquoi. Elle baisse la tête, fume encore et tremble un peu plus. Le silence, son plus grand ennemi, la terrasse ; et Solomon est contraint de reprendre la main.

— Parle-moi, Eden.

La tête s'effondre. Eden pivote légèrement et s'appuie des deux mains sur la rambarde. Une larme s'écrase entre ses doigts.

— Mon… Tout ce que j'ai fait… Ces hommes…

Une inspiration vibrante et elle se lance.

— Il y en aura d'autres. Ils me reconnaîtront et votre réputation sera systématiquement mise en cause.

— Ça fait bien longtemps que ma réputation est mise en cause.

— Pas pour une pute.

De nouveau ces mots murmurés d'une voix douce mais d'une âpreté incroyable.

— Je te l'ai déjà dit, tu n'es pas une pute.

Solomon entend la rudesse de sa voix. Ce n'était pas son intention, sa nature est plus forte. Eden risque un coup d'œil vers lui, n'atteint bien évidemment pas ses yeux.

— Mais… Je n'attirerai sur vous…

— Non, Eden, la coupe-t-il dans un soupir.

Cette fois, le regard bleu envoûtant rejoint le sien et

une peine immense s'entrelace avec la colère sourde de Solomon pour mieux la contenir.

— Tu n'attireras rien sur moi. Rien de mauvais, précise-t-il aussitôt.

Eden cligne des yeux.

— Je suis quelqu'un de fort, Eden. Quiconque osera t'utiliser contre moi, t'offenser ou même y penser...

Il ne finit pas sa phrase : trop...

— Violent et imprévisible, termine-t-elle pour lui.

Solomon sent ses sourcils se froncer. Il déteste qu'elle ne garde que cette image de lui, même si c'est lui qui en a décidé ainsi.

— Violent et imprévisible, répète-t-il malgré lui d'une voix sombre.

Le regard bleu clair se détourne. Lentement, mais c'est bien une fuite. Aucune panique, mais une fuite. Solomon s'apprête à exiger qu'elle le regarde à nouveau, mais le murmure doux dépasse le bruit de fond urbain.

— *Pas seulement.*

La respiration de Solomon se bloque instantanément ; pur réflexe. Eden se statufie, tête basse, et se décale d'un pas ; pur instinct. La suite aurait pu être un malheureux enchaînement de réflexes et d'instincts ; mais il a bien retenu la leçon.

— Ne me fuis pas, Eden, s'applique-t-il à demander d'une voix posée.

— Pardon, monsieur.

— C'est à moi de présenter des excuses.

Les yeux clairs retrouvent ceux de Solomon dans une interrogation silencieuse.

— Je t'ai promis de prendre soin de toi et je t'ai abandonnée pendant quatre jours.

— Je n'étais pas seule.

— Les gardes du corps ne sont pas là pour prendre soin de toi. Tu n'avais pas d'argent et tu n'as rien mangé. C'est inexcusable de ma part.

La colère fait vibrer Solomon et durcit sa voix. Sa nature est définitivement plus forte que sa raison. Eden le dévisage en fronçant les sourcils, comme si elle essayait de lire ou comprendre quelque chose sur ses traits. Sa main se lève pour approcher la cigarette de sa bouche, mais la langue de Solomon claque dans la nuit. Elle s'immobilise, les yeux sur la cigarette entre ses doigts.

— Il me semblait t'avoir dit que tu ne fumais plus.

La main obéit au rappel à l'ordre. Pas le regard. Solomon s'insulte mentalement : il est irrécupérable. Un serrement de mâchoires dans un soupir et il reprend le contrôle.

— Regarde-moi, Eden.

Les yeux clairs se ferment une pleine seconde, le temps d'une inspiration, puis obéissent à leur tour. Ils ne dévoilent qu'inquiétude et lassitude. Le corps tremble. Les bras se couvrent de chair de poule. Solomon sait que les limites sont atteintes.

— Je vais te toucher, prévient-il.

Hochement de tête pour accuser réception. Solomon effleure la main glacée et s'empare de la cigarette qu'il écrase négligemment au sol. Puis il fait glisser sa veste de ses épaules et s'approche d'Eden. Yeux dans les yeux, sans qu'elle esquisse le moindre mouvement, il la drape de son vêtement. Il sent sa chaleur résiduelle envelopper le corps si surpris qu'il tremble comme jamais. Elle en ferme les yeux.

— Enfile les manches.

Elle s'exécute alors qu'il maintient la veste sur ses épaules nues. Le regard bleu brille plus fort, mais l'inquiétude a disparu. Ne reste que la lassitude. Et autre chose, de plus profond. Et Solomon se sent de nouveau reconnu… et accepté. Cette sensation prend fin quand elle s'emmitoufle dans sa veste, serrant ses bras sur elle et baissant la tête.

— Attends, l'arrête-t-il.

Il resserre les pans sur elle et elle s'étreint un peu plus fort. Alors Solomon la prend par les épaules et la conduit à l'intérieur. Elle se laisse mener, tête basse. Soudain, là, au milieu de cette pièce, Solomon est choqué par ces gens qui s'émeuvent du malheur des enfants en buvant leur champagne hors de prix, leurs émotions se diluant dans leurs préoccupations et leurs rires comme les bulles s'échappent dans l'espace en pétillant. Contre lui vibre une jeune femme qui, il le sait, tremble de rencontrer le regard d'un de ces enfants martyrs. À cet instant, tous les regards immortalisés semblent prendre vie pour ne voir qu'elle. Comme s'ils tentaient d'entrer en connexion avec le regard bien vivant de cette enfant à la vie effacée.

— Pardon, Eden. Pardon de t'avoir envoyée ici.

Elle se fige brusquement et lui fait face. Elle lui échappe mais ne regarde que lui. Elle cligne des yeux. Sa respiration superficielle est hors de contrôle. Sa douleur est plus que palpable.

— Vous y croyez, vous aussi ?
— Croire à quoi, Eden ?
— Qu'une vie meilleure est toujours possible.
— C'est ce que je t'offre.

Le regard clair se fait plus profond, plus puissant que jamais ; et Solomon a l'impression qu'Eden sonde directement son âme. Il ne fuira pas son examen malgré la sueur glacée qui s'écoule de sa nuque.

— Parce que la vie en a décidé ainsi ?

Elle n'a pas demandé pourquoi. Pourquoi elle. Elle se souvient de la réponse. Elle l'a mémorisée. Elle a tout mémorisé. Elle a juste besoin de garanties ; et ça, Solomon sait le lui assurer.

— Et parce que je le veux, affirme-t-il d'une voix sombre.

Elle respire lentement, apaisée, sereine. Et soudain, tout cesse d'exister. Solomon vient de placer l'avenir d'Eden dans ses mains à elle ; et bien plus.

— D'accord.

Une larme roule sur la joue pâle, signant la fin d'un conflit intérieur dont il ne saura rien mais devinera tout, scellant un pacte dont il sait tout. Eden vient de remettre sa vie dans les mains d'un homme violent et imprévisible… et « pas seulement ». Il a laissé dans les siennes un « bien plus » qu'il ne pensait plus posséder.

Solomon perçoit alors le regard d'un homme sur lui, le photographe. Il se refuse à y lire ce qu'il pense. Il sent les regards des autres invités qui les observent. Il entend le silence relatif qui les entoure. Il devine les interrogations et leurs réponses odieuses. Peu importe : à cet instant, seul compte le fait qu'une enfant-esclave ait confiance en lui. Seule compte la paix qui habite la jeune femme et se diffuse en lui.

— Viens, ordonne-t-il dans un souffle en lui offrant sa main.

Les doigts glacés se faufilent entre les siens. Leurs doigts réunis s'enlacent avec cette évidence qu'il reconnaîtra toujours.

Alors il entraîne Eden. Loin des regards des enfants martyrs. Loin des regards des bien-pensants. Loin d'un bourreau. Loin d'un monde maudit. Vers une nouvelle vie. Vers la promesse d'un avenir meilleur. Vers l'espoir d'un bonheur simple.

Priant pour en faire partie.

9

Lundi 19 décembre 2016, fin d'après-midi.

Logan s'engouffre après Eden dans le taxi jaune surchauffé. Le contraste avec les températures négatives affrontées lors de leur promenade dans Central Park et aggravées par les courants d'air urbains le saisit et le fait suffoquer. Il annonce l'adresse de destination tout en retirant son épais blouson, rapidement imité par la jeune femme. La chaleur atteint de fait son corps sans l'obstacle de ce vêtement devenu incapable de le réchauffer, ses fibres synthétiques très probablement glacées. À côté de lui, Eden tremble violemment. Elle a rejeté sa doudoune entre eux et se frotte les bras comme pour ranimer son corps.

— Tu vas bien ? s'inquiète Logan.

M. Rickman lui a confié pour la journée celle qu'il présente désormais comme sa filleule. Cette journée de tourisme, c'était une idée de Logan : il voulait montrer sa ville natale à Eden. Il ne pensait pas qu'il ferait si froid. Il a bien tenté les monuments célèbres pour rester au chaud, mais elle a préféré Central Park. Et quand Eden lève ses grands yeux d'un bleu étrangement clair sur vous, il est impossible de dire non. Elle n'exige pourtant rien, ne supplie pas. La notion de caprice lui est inconnue. Eden céderait à la moindre injonction. Elle obéirait parce qu'on lui a appris à obéir sans jamais discuter, quel que soit l'ordre. Pour ce que Logan en sait, les punitions étaient pires que les ordres : servir ou être battue, s'offrir à un homme ou être violée, obéir ou mourir. Son regard dit pour elle qu'elle a été battue sans que les coups aient été retenus, violée sauvagement avec ou sans drogue pour mieux l'asservir ou la détruire. Il dit pour elle qu'elle a failli mourir. Seuls M. Rickman et lui connaissent le détail des souffrances infligées, du moins pour ce qui figure dans le dossier que leur a donné l'homme d'affaires français qui était censé être son tuteur. Le reste, eux et M. Barlow l'ont compris d'eux-mêmes.

M. Rickman est celui des trois qui a été le plus affecté par les maltraitances subies par sa pupille. C'est pourtant un homme dur, parfois même violent. Logan a identifié dès leur première rencontre, des années plus tôt, avant même le décès de son épouse, le volcan qui couvait sous la rigueur exigeante et impatiente de son patron. Un volcan sous pression menaçant d'exploser à tout moment depuis qu'il est veuf. Un volcan paradoxalement apaisé depuis quelques jours, depuis la soirée dans une exposition.

Logan ne sait pas ce qui s'est passé quand M. Rickman a rejoint la jeune femme à l'étage. Il sait que le lien qu'il avait vu poindre le dimanche précédent et que son patron avait dénié pendant quatre jours était plus fort que jamais quand ils en sont descendus. Leurs mains nouées clamaient et clament toujours l'union sacrée de ces deux êtres à part. L'homme dur et craint s'est fait le protecteur le plus redoutable que Logan connaisse. L'enfant-esclave s'est muée en une jeune femme discrète étrangement insensible à la violence de son nouveau tuteur.

Depuis ce soir-là, quelque chose a profondément changé. Comme si une paix inattendue avait imprégné leur monde. Quelque chose de subtil et sous-jacent. M. Barlow semble égal à lui-même ; juste un peu moins fanfaron, surtout avec Eden. Son caractère jovial l'emporte souvent, sa maladresse aussi, arrachant à M. Rickman sourire ou exaspération patiente. Eden, elle, ne sourit jamais ; M. Barlow ne s'en offusque pas. Comme les autres, il sait voir la joie timide dans les yeux un peu moins inquiets, un peu moins tristes.

M. Rickman est toujours aussi dur, exigeant et impatient. Fusillant les gens à qui il s'adresse. Aboyant ses ordres auxquels personne n'envisage de désobéir. Sifflant des remarques cinglantes à ceux qui osent quand même et se trompent, ceux qui bafouillent des idioties ou des approximations. Mais toujours aussi attentif et respectueux envers ceux qui le regardent dans les yeux avec une assurance relative, exposent leurs arguments de façon construite ; ceux faits du même acier. Ceux qui ont appris à le connaître. En apparence, il ne montre pas moins d'exigence et d'impatience envers Eden. En apparence… Logan le connaît bien maintenant. Il entend les intonations plus douces. Il voit les gestes plus lents. La façon dont il la regarde. La façon dont il la touche. Il est le seul à pouvoir la toucher ; et il la prévient systématiquement.

Logan, lui, n'a pas modifié son comportement : la

réserve propre à sa fonction convient très bien à l'être fragile qui l'a envoûté comme elle envoûte quiconque la rencontre, la croise ou l'aperçoit. Au-delà de sa beauté frappante, pure et inconsciente, Eden piège les gens dans ses yeux doux et curieux quand ils ne sont pas voilés par ses peurs. Logan a cessé de compter le nombre de personnes à l'avoir remarquée, dévisagée, observée, suivie des yeux.

Eden, elle ne voit que le monde qu'elle découvre, elle qui a été privée de tout depuis ses six ans. Elle sait lire, écrire et compter. Elle sait des choses, mais tout semble la dépasser, la surprendre ou la captiver. Sa naïveté n'a d'égal que son intelligence. Elle absorbe tout et retient tout. Elle n'était presque jamais sortie de la maison où elle a grandi, à l'exception des sorties imposées en tant qu'*escort* et quelques visites médicales ; pourtant, elle a servi de guide à ses protecteurs pendant une sortie dans Genève. Parce qu'ils sont restés à Genève plus longtemps que prévu. Le soir même de l'exposition, M. Rickman a modifié tout le planning, ne sollicitant l'avis de ses compagnons qu'une fois les décisions prises, annoncées aux personnes chargées d'organiser leur retour et mises en œuvre. Il les a remerciés ; sans s'excuser, mais il les a remerciés.

Cet homme sans concession a également fait preuve d'une patience infinie quand Eden s'est oubliée de longues minutes, le visage offert au soleil. Patience ou contemplation… M. Barlow a commencé à sauter sur place, frigorifié. Eden a alors posé ses grands yeux sur M. Rickman. De loin, à son poste, Logan a tout vu. Cette connexion entre ces deux-là, il ne l'a pas rêvée.

Le regard bleu n'avait indéniablement pas la même intensité quand il a rejoint celui de M. Barlow qui suppliait de rentrer à l'hôtel.

Décollage le samedi matin. Atterrissage à New York le samedi, en début d'après-midi, heure locale. Steve Barlow est reparti aussitôt pour rejoindre sa famille dans le Colorado. Logan a tenu à rester jusqu'au départ de M. Rickman et Eden pour Denver, prévu mardi. Après, il rejoindra sa fille. La fin de journée de samedi a été consacrée à équiper Eden de tout le matériel high-tech indispensable : ordinateur, tablette, téléphone… M. Rickman a vécu à son tour le désarroi de celui qui accompagne l'enfant n'ayant connu que privations dans une mission impossible d'achats. Il a pris les choses en main dès le premier regard affolé ; elle n'était même pas entrée dans la boutique.

Eden a dormi une bonne partie de la journée de dimanche. Ça devait faire deux jours qu'elle n'avait pris aucun repos : toujours levée aux aurores à Genève, vol les yeux grands ouverts, découverte d'un nouveau monde et cauchemar auront eu raison de sa résistance. Ce qui n'est absolument pas le cas ce lundi. Après une matinée confiée aux bons soins d'un informaticien qui lui a appris toutes les bases d'utilisation de ses nouveaux jouets – jouets qui ont surexcité le professeur et laissé l'élève totalement indifférente –, Eden s'est tournée vers Logan pour lui demander de tenir sa promesse de visiter New York. À un détail près : elle voulait voir Central Park.

— J'ai froid, avoue-t-elle en claquant des dents.

— Je t'avais prévenue.

Le reproche est lancé comme une boutade, mais elle ne le perçoit pas ainsi et se ferme. Logan a malheureusement l'habitude.

— Central Park, c'est très sympa, en toutes saisons… quand les températures sont positives, précise-t-il en souriant.

Le chauffeur rit doucement. Eden lui jette un coup d'œil par le rétroviseur intérieur, puis regarde les gens qui marchent emmitouflés dans leurs manteaux épais, tête basse et visiblement pressés de retrouver un endroit chaud. Elle se mure dans le silence sous couvert d'observation ; sa façon à elle de se protéger. Se taire plutôt que prononcer un mot susceptible d'attirer sur elle une punition qui pourtant ne viendra jamais plus : onze ans d'esclavage ne s'effacent pas en quelques jours. Ils ne s'effaceront peut-être jamais. Probablement jamais. Écrasant définitivement le tempérament que Logan pense doux et paisible de la femme en devenir.

— Au moins, on n'aura pas été gênés par les foules des beaux jours, lance-t-il dans un soupir.

Le chauffeur éclate de rire. Eden cherche à nouveau son regard dans le miroir, fronce les sourcils, puis dévisage Logan.

— La jeune *lady* a bien raison de préférer le parc.

Le chauffeur intervient d'une voix tonitruante qui la fait tressaillir. Leurs yeux se retrouvent dans le rétroviseur et Logan sait que l'homme perçoit des choses qui l'interpellent, qui le poussent à user de son baryton pour alléger une tension qu'il ne comprend pas ou interprète mal. Il se lance alors dans une analyse comparative de la nature à peu près préservée de Central Park et de l'air surchauffé et vicié des buildings. Cette ambiance étouffante qui surprend Logan dès qu'ils entrent enfin dans le gratte-ciel où le groupe de M. Rickman abrite ses bureaux de New York. Eden n'a même pas pris la peine de remettre son manteau et elle retire son pull avant qu'ils aient atteint l'étage de destination.

— Bonjour Logan, l'accueille chaleureusement l'hôtesse en le reconnaissant. Mademoiselle, salue-t-elle de façon plus réservée la jeune femme inconnue.

— Bonjour, Theresa. Quoi de neuf ? Tout est calme ?

La réponse joyeuse de Logan étouffe la politesse timide d'Eden. Il l'aura fait exprès, histoire de faire comprendre que la situation n'est en rien habituelle. Ce n'est pas la première fois qu'il amène une femme ici et personne n'est dupe quant à la nature des relations qu'entretiennent ces femmes avec le patron : elles changent trop souvent pour envisager toute autre hypothèse que des mœurs légères. Aujourd'hui, c'est différent. Tout est différent… depuis dix jours.

— Nous allons attendre dans le petit salon.

L'annonce de Logan surprend un peu plus Theresa : les femmes qui défilent n'attendent jamais, elles vont directement dans le bureau de M. Rickman.

— On pourrait avoir une boisson chaude, s'il te plaît ? On est frigorifiés. Eden, que veux-tu ?

Eden ne répondra pas. Trois pas derrière lui, elle a contraint son corps dans sa posture d'attente soumise. Tête basse, mains croisées devant elle tenant manteau et pull, elle se cache derrière le rideau de ses cheveux. Elle sursaute quand une porte s'ouvre brusquement près d'eux et que la voix cinglante de M. Rickman fait trembler les murs et les hommes.

— Je ne veux pas le savoir ! Ce n'est ni plus ni moins qu'une rupture de contrat ! Soit c'est rectifié d'ici demain, soit je mets fin à cette collaboration !

Une jeune femme franchit le seuil et referme la porte derrière elle avec précaution. Heather soupire longuement et rejoint sa collègue derrière la banque d'accueil, visiblement soulagée d'avoir quitté la salle de réunion.

— Un problème ? s'inquiète Logan.

— Non. C'est juste que…

— Oui ? insiste-t-il devant son hésitation.

— C'est le troisième rendez-vous qui ne se passe pas très bien, livre-t-elle dans un chuchotement. Il est particulièrement en colère.

Et Logan, tout comme les deux hôtesses, sait très bien que la colère contenue de M. Rickman explose quand les clients ou partenaires ne peuvent plus entendre la déflagration. Il doit éloigner Eden. Elle n'a pas besoin de voir ça. Déjà qu'elle a probablement tout perçu des préjugés de Theresa, au point de s'enfermer dans sa réserve.

— On va attendre dans le petit salon, répète-t-il en se tournant vers Eden pour l'inviter à le suivre.

— Pas dans le bureau ? s'étonne Heather. M. Rickman voudra certainement…

— Non, la stoppe Logan alors qu'Eden se recroqueville. Mlle Monceau est la pupille de M. Rickman, dit-il pour toute explication.

— Oh… Je vous prie de m'excuser, mademoiselle, se désole Heather d'une voix adoucie.

Eden recule d'un pas. Si elle avait un doute sur les suppositions faites sur elle et sa place auprès de M. Rickman, il vient d'être réduit à néant. Logan la voit maîtriser sa respiration et porter le revers d'une main contre sa bouche. Une nausée… Le signe de sa panique. Il se maudit de ne pas l'avoir présentée tout de suite ; ça aurait évité les sous-entendus et la catastrophe en marche. Il se rapproche d'elle, mais elle s'éloigne. Et elle recule d'un pas supplémentaire alors que la porte de la salle de réunion s'ouvre à nouveau.

— Heather !

La voix furieuse de M. Rickman le précède d'une seconde. Son regard, plissé et rendu insondable par la colère, parti à la recherche de la secrétaire, se focalise immédiatement sur Eden. L'inquiétude ne sape les fondations de la colère que de façon furtive, mais Logan n'a aucune difficulté à repérer l'affection de son patron pour sa pupille.

— Monsieur ? se précipite Heather.

— Non, rien, la stoppe M. Rickman. Annulez mes derniers rendez-vous et calez des visios depuis mon bureau, chez moi.

— Bien, monsieur.

— David ! appelle-t-il sans se détourner. Tu me règles ça ! aboie-t-il. Je veux un rapport complet par e-mail demain : bilan et actions à engager.

Il n'attend pas la réponse et s'avance vers Logan et Eden d'un pas résolu.

— Eden, lance-t-il à quelques pas d'elle.

C'est sa façon de s'annoncer, de ne pas la surprendre malgré la dureté de sa voix ; et Eden lève son regard sur lui. Il lui tend la main et elle prend cette main sans hésiter. Il fixe alors son regard sévère sur Logan et celui-ci sait la question que son patron ne prendra pas la peine de poser.

— Légère confusion. Je n'ai pas présenté Eden assez vite.

M. Rickman serre les dents et retient son soupir comme il contient son mécontentement.

— Viens, ordonne-t-il en entraînant Eden derrière lui. Logan, on part dans cinq minutes.

— Bien, monsieur.

M. Rickman et Eden disparaissent dans le bureau du P-DG et Logan rejoint rapidement les filles pour attraper le téléphone par-dessus la banque d'accueil.

— C'est vraiment sa pupille ?

— Theresa, s'offusque Heather à voix basse. Si Logan l'a dit…

— C'est vraiment sa pupille ; et oui, vous avez intérêt à ce que la rumeur porte cette info sans la moindre ambiguïté.

Logan s'abstient de rappeler que le premier qui osera même penser toute autre hypothèse se fera virer *manu militari* sans aucun avertissement. Précision tout à fait inutile pour quiconque côtoie Solomon Rickman.

Lundi 19 décembre 2016, milieu de soirée.

Aaron Rickman déambule dans son club avec nonchalance. Il a bossé enfermé dans son bureau tout l'après-midi et il passe enfin à la partie de son job qu'il préfère. Enfin, « partie de son job », il faut le dire vite : à partir du moment où il abandonne stylo, téléphone pro, parapheurs et ordinateur, et où il pose un pied hors de son bureau, tout n'est que plaisir.

Il adore ce qu'il a fait de cet ancien bâtiment industriel comportant deux étages et un sous-sol. L'ambiance feutrée et la musique lounge de son bar accueillant les clients au rez-de-chaussée. La cacophonie des cliquetis et grésillements de la cuisine ouverte sur la salle à manger à la décoration minimaliste du restaurant perché au premier étage. L'assourdissement de la sono boostée et l'aveuglement de l'alternance de la lumière stroboscopique et de l'obscurité étouffante de la boîte de nuit très select abritée dans le sous-sol insonorisé. Il avait tout imaginé et pensé, tout préparé et réfléchi, tout ambitionné et calculé. C'était son rêve. Juste un rêve. Inaccessible. Jusqu'à ce que son petit frère lui fasse une surprise.

Solomon. Le meilleur et le pire petit frère. Dernier d'une fratrie de trois quand lui en est l'aîné. Ils ont sept ans d'écart. Déjà qu'une petite sœur lui avait pourri la vie, un petit frère… Pourtant, il a adoré ce petit bonhomme débordant d'énergie, d'espièglerie et de rires. Un sale caractère pourtant : décidé, buté. Un tempérament de feu impulsif, rebelle et parfois violent. L'enfant joyeux a disparu à l'adolescence, quand le gringalet qu'il était s'est fait bousculer par des camarades plus costauds. Il s'est métamorphosé peu à peu. Physiquement d'abord : endurance, musculation, arts martiaux. Tout a été bon pour sculpter un corps puissant et massif. La génétique était déjà là côté paternel et il en était un digne héritier question carrure malgré ses petits muscles ; mais il a fait exploser les limites. Mentalement aussi, en usant de toute son intelligence et sa détermination pour être le meilleur, le plus performant et le plus éclairé. Le moins qu'on puisse dire, c'est que ça lui a réussi.

Tout lui a réussi... jusqu'au décès d'Alice. Six ans déjà... La gentille Alice Levine avait en réalité un caractère aussi trempé que celui de son mari. Ces deux-là réunis étaient une véritable machine à dominer le monde. Lui, la puissance. Elle, la tempérance. Elle a emporté avec elle tout ce qui domptait le cheval fou. Depuis, la réputation de Solomon ne vaut guère mieux que celle d'un truand ; à ceci près que tout ce qu'il fait est toujours légal. Impitoyable, parfois immoral, mais légal. Et côté vie privée, plus rien ne semble pouvoir l'atteindre. Rien, ni personne. Seules exceptions : sa famille et ses amis, dont le meilleur, Steve, son très patient bras droit et associé depuis le premier jour de leurs dix-sept ans de collaboration.

Plusieurs semaines après le décès d'Alice, Solomon est sorti de sa retraite dont personne ne sait rien et a demandé à chacun ce dont il rêvait. Six mois plus tard, tous étaient exaucés : un beau matin, un homme est arrivé dans leurs vies et leur a remis les clés de leur désir le plus fou. D'un simple voyage à des projets de plusieurs millions de dollars. C'est Solomon lui-même qui a conduit Aaron devant ce bâtiment qui était encore une usine et lui a présenté le meilleur architecte de la ville.

— L'usine est délocalisée pour être modernisée,

a-t-il expliqué avant de se tourner vers l'architecte. Mon frère est le nouveau propriétaire du bâtiment. Il a carte blanche. Aucune limite.

Car des limites, Solomon n'en a plus. Son groupe dévore tout sur son passage et lui a cessé de compter. Compter les jours sans elle. Compter les heures sans sommeil. Compter les heures de travail. Les achats/cessions de sociétés, même s'il faut lui reconnaître l'attention portée aux humains. L'argent gagné qu'il ne dépense pas. Les dîners, galas, repas d'affaires. Les sports. Les allers-retours pour voir sa famille et ses amis. Les filles. Et là, c'est Aaron qui a cessé de compter. De la timide naïve à la pute SM, de la gamine à peine majeure à la cougar, Solomon semble avoir tout testé, lui qui n'avait vraiment connu qu'Alice. Pas facile d'être son grand frère, surtout quand Solomon consterne et sème le chaos derrière lui.

Aaron salue une cliente qui lui fait penser à sa sœur. Merde, il devait téléphoner à Kate. Après plusieurs jours de tentatives vaines, elle avait fini par le joindre avant-hier. Ils ont été interrompus alors qu'elle commençait à lui expliquer que Solomon avait récupéré une fille en France. Aaron n'a pas entendu le reste et a été obligé de raccrocher en promettant de rappeler. Il a oublié. Il aurait dû : pour que Kate se mêle de la vie pseudo-sentimentale de leur petit frère, c'est que les événements sont plus graves ou plus inquiétants que ce à quoi ils ont été habitués. Au moment où Aaron se saisit de son portable, une serveuse se présente devant lui.

— Monsieur Rickman, votre frère est arrivé.

— Merci, Jess.

Un sourire, un signe de tête, et la jeune femme s'éclipse avec son plateau chargé. Aaron n'a qu'à pivoter d'un quart de tour pour repérer Solomon… sa compagne… et savoir que son petit frère s'est fourré dans un sacré merdier.

Bordel. La jeune femme qui découvre l'univers du club d'Aaron est probablement la plus belle fille que celui-ci ait jamais vue. Il lui faut quelques secondes pour s'arracher du piège de ses yeux si clairs qu'ils paraissent artificiels. Ce sont des lentilles ou quoi ? Et puis, son visage lumineux malgré l'absence de sourire. Son épaisse chevelure brune rangée dans son dos. Le truc bizarre, c'est sa tenue : la petite robe noire parsemée d'inclusions rouge sang paraît bien trop sage pour une pute. Solomon se tourne vers elle pour lui parler et elle semble ancrer son regard dans le sien pendant qu'elle écoute.

C'est alors qu'elle voit Aaron qui se rapproche d'eux. Les yeux clairs s'écarquillent furtivement et tout s'éteint en elle : son visage se ferme, son regard s'assombrit et elle se raidit. Solomon fait aussitôt volte-face, étonnamment méfiant, lui qui ne l'est jamais ou ne le laisse jamais paraître. Il s'adoucit dès qu'il reconnaît Aaron et l'attend avec son impatience habituelle. Les deux frères s'enlacent sans un mot, embrassade à laquelle Solomon met fin d'une tape amicale sur l'épaule d'Aaron.

— Alors, grand frère ?

— Comme tu vois, répond Aaron en désignant l'intérieur de son club rempli au maximum de sa capacité. Et toi ?

— *Idem.*

— Vraiment ? s'étonne Aaron en désignant la jeune femme du menton.

Celle-ci recule d'un tout petit pas, stoppée dans son mouvement par un coup d'œil de Solomon. Cette fois, elle peine à croiser son regard, ses yeux bleu ciel désormais fuyants et inquiets. Mains croisées sur une pochette noire, on dirait une serveuse qui attend que son client prenne une décision. Une pute qui fait dans la soumission.

— Je te présente Eden.

Eden ? Prénom de call-girl par excellence qui étire les lèvres d'Aaron dans un sourire qu'il sait moqueur.

— Ma pupille.

Voix sombre. Regard qui le fusille. Solomon ne plaisante pas. L'information sonne comme un avertissement. Aaron tique :

— Pupille… comme mineure ?

La fille fait un pas en arrière et baisse la tête. Tiens donc ! On se sent coupable ? Aaron voit rouge : comment son frère de 34 ans, qui met un point d'honneur à tout faire dans la légalité, peut-il ramener ici une fille mineure ? Comment ose-t-il s'afficher en public avec une gamine qui devrait être en pyjama et au lit ?

— Non.

Solomon coupe Aaron brutalement avant même que celui-ci puisse s'offusquer, puis il pivote vers la trop jeune pute qui, étrangement, tressaille. Aaron est persuadé qu'elle a failli reculer encore.

— Va nous attendre au bar.

L'ordre claque comme seul Solomon sait le faire.

La fille obéit sans un regard et va se positionner tout au bout du bar, dans l'ombre. Une obscurité qui ne parvient pas à la cacher. Sa beauté, même éteinte, attire tous les regards. Elle ne s'assied pas. Elle reste debout, posée comme un mannequin, dans sa position de serveuse en attente. Une pute très soumise, donc.

— C'est ça ton trip, maintenant ?

Aaron attaque d'emblée. Pour une fois, il ne va pas laisser son petit frère tenter d'imposer sa volonté et sa vérité.

— Je te déconseille de poursuivre, menace pourtant celui-ci, blanc de fureur.

— Ta gueule, Solomon, réplique Aaron tout aussi ulcéré. Tu te pointes ici avec une…

— Ma pupille, siffle-t-il. Il te faut un dictionnaire ?

— Oh ! Messieurs Rickman !

Les deux frères se tournent instinctivement vers la voix féminine qui les interpelle. Tous deux effacent aussi efficacement leur colère en reconnaissant la femme d'un homme d'affaires important de la ville. C'est un partenaire de longue date de Solomon et le couple a fait du restaurant du club sa cantine.

— Solomon, salue-t-elle en lui tendant ses mains.

Aaron voit son frère se raidir et se fermer. Solomon ne supporte aucune familiarité, ni intimité en dehors de sa famille. Il a horreur des contacts physiques, en dehors de ses ébats sexuels bien évidemment. Il les subit tous, comme il subit l'affection pourtant sincère de la femme.

— Madame Evans.

— Comment allez-vous ?

— Bien, merci. Comment vont vos filles ? Sonia a-t-elle réussi à décrocher son stage ?

Il n'y a que Solomon pour garder en mémoire tous ces petits détails de la vie des gens qu'il côtoie. C'est un vrai ours, revêche et distant, mais il a un vrai don pour poser la bonne question à la bonne personne au bon moment. Aaron a toujours envié cette capacité hors normes.

— Oui, et je dois vous remercier.

— Pardon ?

— Eh bien, hésite-t-elle, surprise. Elle a été acceptée par une des sociétés de votre groupe.

— Je l'ignorais.

— Vraiment ?

— Elle aura gagné ce stage toute seule et, connaissant mes équipes, vous pouvez être fière d'elle.

Mme Evans est aux anges et Solomon a déjà fait oublier qu'il n'était pas intervenu pour aider sa fille. Aaron aurait applaudi si son frère avait utilisé son intelligence et toutes ses capacités à ne pas se laisser influencer par un trop joli minois.

— Roger est avec moi. Vous avez bien cinq minutes pour le saluer.

Le regard noir de Solomon fouille le coin du salon que lui indique Mme Evans et salue de la tête son mari enfin repéré.

— Mais bien sûr, accepte-t-il alors qu'il aurait sûrement préféré aller se pendre. Vous voudrez bien m'accorder quelques secondes ?

La voix doucereuse a raison de la femme séduite qui s'éloigne de quelques pas. Aaron n'est pas dupe et la façon dont son frère le fixe le conforte dans sa méfiance.

— Je te déconseille de la terroriser.

Plus de voix doucereuse. Jamais aucune menace de Solomon n'aura été aussi virulente. Aaron manque d'en rester bouche bée alors que son frère se fraye un chemin dans la foule pour rejoindre le couple ; ou plus exactement emprunte la voie que tous ceux qui croisent son regard lui ouvrent. Aaron n'en revient toujours pas que son petit frère ait osé se montrer d'une telle violence envers lui. Quand ses yeux retrouvent la jeune femme mystérieuse au bout du bar, elle n'a pas bougé. On dirait une statue. Seul son regard clair s'anime à intervalles réguliers, le même aller-retour furtif vers l'endroit où la foule a absorbé Solomon.

Aaron veut savoir qui elle est. Eden… Prénom de merde. Sa pupille… Deuxième mensonge, il en est convaincu. Et son comportement… Il doit savoir. Solomon n'est pas du genre à mentir. Il n'a même jamais menti. Pourquoi cette fois ? Aaron vient se placer devant elle et l'observe une longue minute. Toujours aucun mouvement, à l'exception de ses yeux ; sauf qu'ils n'atteignent plus le fond de la salle. Ils ne vont même pas plus haut que les genoux d'Aaron.

— Eden, c'est ça ?

— Oui, monsieur, fait-elle sans relever la tête.

— Et ton vrai prénom ?

Une réaction, enfin : elle tressaille et noue ses doigts un peu plus fort.

— Réponds, ordonne-t-il. Quel est ton vrai prénom ?

Le regard trop beau pour être vrai tente de passer par-delà Aaron. Il sait bien qui elle cherche.

— Inutile. Il n'y a que toi et moi.

Elle le regarde. Pupilles totalement dilatées. Surprise ou peur ? Surprise : elle se maîtrise trop facilement. Aaron n'a plus aucun doute face au beau visage fermé. Il se rapproche d'elle pour être sûr de ne pas être entendu de ses clients, ni de son personnel.

— Des filles comme toi, j'en ai vu des dizaines. Je ne sais pas comment tu as réussi à embobiner mon frère, mais dis-toi bien que c'est fini.

Elle cligne des yeux et pâlit à vue d'œil. Puis soudain, les yeux clairs le percutent. Aaron est incapable de déterminer ce qui les traverse : tristesse, résignation, détermination… Un peu des trois. Pas de colère, ni d'agressivité. Mais là, si près d'elle, il réalise que leur couleur est naturelle. La variation des pupilles ne se verrait pas derrière des lentilles. Bordel, mais qui est cette fille ? La conviction de détenir la vérité dépasse pourtant les doutes.

— Comment t'appelles-tu ? exige-t-il durement.

Nouveau coup d'œil par-dessus son épaule.

— Réponds ou je te fais jeter dehors, s'agace Aaron.

Elle cligne encore des yeux puis baisse la tête.

— On m'appelle Amy, dit-elle d'une voix basse.

— Ce n'est pas mieux qu'Eden, cingle Aaron. Peu importe. Quel âge as-tu ?

— Je n'ai pas encore 19 ans.

— Qui t'envoie ?

Même tête basse, Aaron voit le regard s'affoler,

chercher une réponse. C'est donc pire que ce qu'il croyait : cette fille sert de taupe.

— Qui t'a placée auprès de Solomon ? insiste-t-il, sifflant de colère.

— M. Mitzer ?

C'est une question ? Elle répond sous forme de question ?

— Monsieur, l'appelle son barman. Je vous sers quelque chose ?

Aaron se tourne vers son employé qui lève aussitôt une main et recule. Aaron prend conscience que lui et la fille ne peuvent pas rester là, à la vue des clients et de son personnel. Il aperçoit la porte de service derrière elle. Sans réfléchir davantage, il empoigne la gamine par le bras et l'entraîne dans la réserve du bar. Personne. Tant mieux : il n'a pas besoin de témoins. Il la pousse vers l'avant. Elle titube, se rattrape et reprend sa position habituelle face à lui.

— Qui est Mitzer ?

— Mon… beau-père, hésite-t-elle.

— Mais encore ?

— Un homme d'affaires français d'origine roumaine.

— Solomon travaille avec lui ?

— Non, monsieur.

— Alors qu'est-ce que tu fiches avec lui ? C'est quoi ta mission ?

Silence qui exacerbe l'impatience d'Aaron.

— Parle ! On ne prête pas une pute à un homme d'affaires comme Solomon sans rien attendre en retour.

Elle se raidit et recule d'un pas. Toujours bien droite,

tête basse et mains serrées sur sa pochette. C'en est trop, Aaron ne supporte plus cette façade immuable.

— C'est quoi ton truc ? La soumission absolue ?

Elle déglutit et se recroqueville, se penche comme le ferait une serveuse.

— Je suis à votre disposition.

— Alors si j'ai envie de te coucher sur ce bureau et de jouer avec ton petit cul, je n'ai qu'à me servir ?

— À votre convenance, monsieur.

À bout de patience, Aaron s'empare de la fille et la plaque face contre le bureau en quelques mouvements sans qu'elle cherche à se défendre malgré sa brutalité. Aucune résistance. Soumission totale, donc. La porte claque soudain dans son dos, deux étaux se ferment sur ses épaules et les écrasent alors qu'ils l'envoient valdinguer à l'autre bout de la pièce. Aaron percute une étagère, heureusement solidement arrimée au mur. Il grimace de douleur et se relève, prêt à se battre avec celui qui a osé… Il se fige avant même de faire face à son assaillant.

— Eden, regarde-moi.

Derrière la voix rauque de fureur meurtrière, Aaron entend la supplique de son frère. La jeune femme s'est relevée et le spectacle qu'elle offre est terrifiant : robe chiffonnée, cheveux emmêlés, visage livide. Ce n'est plus qu'une enfant terrorisée. Une enfant. Une mineure. La pupille de Solomon. Non, il ne peut pas s'être trompé à ce point.

— Ne me fuis pas, ordonne son frère alors qu'elle fait un pas en arrière.

Mais elle recule encore et, pour la première fois,

oppose une main tremblante comme maigre rempart. Solomon s'immobilise et le silence devient oppressant. Insupportable, car hanté par la respiration contenue et douloureuse de la jeune fille. Elle cherche son air comme ses yeux cherchent une issue. Une proie acculée et effrayée. Aaron sent son sang refluer. Bordel, il ne peut pas s'être trompé à ce point.

— Solomon.

— Je te conseille de sortir d'ici.

Un conseil qu'Aaron suit sans broncher. C'est ça ou se faire casser la gueule par son frère.

Kate. Puis Steve. Puis Logan.

Bordel de merde…

— Ne me fuis pas.

Eden cesse de reculer. De toute façon, elle ne peut pas aller plus loin, coincée contre une étagère chargée de bouteilles bien alignées. Elle est méconnaissable. Solomon lui a déjà fait peur, mais jamais sa terreur n'avait à ce point dépassé sa maîtrise. Pupilles totalement dilatées, yeux affolés parcourant la pièce sans le voir, respiration bloquée, visage blême. La panique est extrême. Elle lève une deuxième main pour le supplier de ne pas l'approcher, ne pas lui parler, ou lui laisser du temps, de l'espace…

— Regarde-moi.

Elle n'obéit pas. Elle cligne des yeux, libérant des larmes énormes. Solomon ne bouge pas. Il sait qu'il ne doit pas bouger. Il n'a plus que sa voix et son regard pour tenter de récupérer la douce Eden.

— Respire, Eden.

Elle hoquette, incapable de reprendre un semblant de respiration efficace. Elle s'accroche soudain à l'étagère et Solomon pressent qu'elle va s'évanouir. Tant pis pour la gentillesse.

— Eden, obéis !

Le regard bleu glacé d'effroi se plante dans celui de Solomon, s'y ancre avec une force incroyable. Elle le foudroie comme un éclair dans la tempête, sauf que le tonnerre ne vient pas.

— Respire, ordonne-t-il sèchement.

L'inspiration est brutale, l'expiration immédiate et aussi violente. Puis elle recommence. Encore et encore.

— Eden !

Les larmes… Le halètement désordonné… Solomon n'attend pas davantage.

— Je vais te toucher, prévient-il en fondant sur elle.

— Non !

Ça n'arrête pas Solomon.

— Non ! Non ! Pardon. Je suis désolée. Je ne le referai plus…

Sa supplique est déchirante. Elle manque de hurler quand Solomon s'arrête tout contre elle et lève ses mains, puis elle se ferme brusquement. Sa bouche. Ses yeux. Elle se blinde, se prépare à un contact violent. Sa tête s'enfonce dans ses épaules et se détourne. Ses muscles se contractent. Solomon souffre de la terreur d'Eden ; de sa défiance également. Pourtant, il persiste à s'imposer. Il effleure le visage inondé du revers de ses doigts. Il la sent vibrer sous sa peau lorsque ses mains font de lents allers-retours de son menton à son front. Prudemment. Doucement. Et doucement, prudemment, la respiration contrainte ralentit et s'amplifie. Alors il essuie les larmes de ses pouces, d'une caresse qu'il espère légère malgré les grands battoirs sur la porcelaine délicate.

— Regarde-moi, commande-t-il d'une voix sombre.

Elle hésite. Il sait qu'elle hésite. Elle a peur de ce qu'elle verra quand elle ouvrira ses yeux. Il sait qu'elle aura peur. De ce qu'elle verra dans son regard à lui. De cette colère noire qui tourbillonne en lui, qui n'est pas dirigée contre elle, mais qui ravage ses sens et anéantit tous ses efforts pour se montrer doux et patient. Eden a besoin de douceur et de patience. Il n'est pas capable de les lui apporter. Sa terreur à elle alimente directement sa rage à lui. Rien ne pourra l'apaiser.

Il aurait peut-être dû se défouler sur Aaron. Ce dernier aurait mérité une bonne raclée. Il a beau être son aîné, rien ne l'autorisait à douter de lui. Rien ne l'autorisait à malmener et terroriser Eden. Dès leur arrivée, à la façon dont son grand frère a regardé Eden, Solomon a su ce qu'Aaron pensait d'elle : une pute mineure. Comment a-t-il pu penser que lui ferait une telle connerie ? Solomon soupire en fermant les yeux. Bien sûr qu'Aaron a pu penser une abomination pareille : son petit frère a aligné toutes les conneries possibles s'agissant des femmes. Ne manquait que la pire.

Le regard bleu qui le fixe est aussi clair que le ciel à l'aube. Il happe la conscience et l'âme de Solomon et les enveloppe d'une fraîcheur paisible et pleine d'espoir. Solomon croit y distinguer l'aura qui précède les premiers rayons du soleil levant. Il sait qu'il n'en verra aucun. Les beaux yeux d'Eden ne s'illumineront totalement que lorsqu'un sourire déchirera le voile de sa peur. Impossible aujourd'hui. Impossible alors qu'on l'a obligée à reprendre son armure, à redevenir Amy.

— Je suis désolé, Eden.

C'est tout ce qu'il peut dire. Il libère son visage d'enfant perdue et prend ses mains glacées. Lentement, il la conduit vers le bureau, sans la lâcher, ni la quitter du regard. Elle le suit docilement. Il tend une jambe et ramène le fauteuil jusqu'à eux.

— Assieds-toi.

Elle obéit et Solomon l'accompagne pour se retrouver accroupi devant elle, leurs mains jointes sur les genoux nus. Le regard bleu se floute peu à peu, puis se baisse. Une larme s'écrase sur leurs doigts, puis une autre. Eden pleure en silence.

— Je suis désolé, Eden. Je ne peux pas excuser mon frère, mais il n'aura cherché qu'à me protéger de moi-même.

Aucune réaction. Solomon hésite à poursuivre. Il n'a ni l'habitude de s'excuser, ni celle de s'expliquer. Mais tout ça est sa faute, encore. Il doit la vérité à Eden. Malheureusement, elle le devance pour conclure le pire.

— Je ne peux pas rester près de vous.

— Tu es en sécurité avec moi, Eden.

— *Je sais.*

De nouvelles larmes éclatent sur leurs mains et l'assurance rageuse de Solomon se fendille. Elle sait ?

— Mais ils vous haïront pour ce que je représente.

— Ils me haïssent déjà, la contre-t-il d'une voix sombre. Nous en avons déjà discuté…

— Même votre frère pense que je suis une pute.

— Tu n'es pas…

— *Il ne vous a pas cru.*

La vérité enrobée de tristesse bâillonne Solomon : Aaron ne l'a pas cru ; et c'est Eden qui paye au prix fort son obstination irréfléchie et son inconséquence. Au bout de la pièce, la porte s'ouvre doucement, sans bruit, et le grand frère dévisage le petit frère. La colère n'a pas disparu. La peine est plus forte.

— *Vous ne mentez jamais, mais il ne vous a pas cru.*

Eden ose exprimer son doute. C'est violent malgré la douceur de sa voix. Elle révèle une contradiction incompréhensible et il lui doit des explications.

— Parce que je lui ai donné toutes les raisons de douter de ma parole.

Le coup d'œil qu'il lance à son frère n'échappe pas à Eden. Elle pivote brusquement et tente de se lever dès qu'elle voit Aaron. Solomon la cloue sur le fauteuil d'une simple pression des mains sur les cuisses contractées, retenant les petits doigts dans les siens. Les yeux apeurés se plantent dans les siens et le poignardent.

— N'aie plus peur de lui. Il vient s'excuser, explique et exige Solomon d'une voix dure sans cesser de la regarder.

— Mon doute est légitime, s'agace Aaron. Elle m'a dit qu'elle s'appelait Amy, qu'elle avait presque 19 ans et que c'était un certain Mitzer qui l'a envoyée près de toi.

Solomon scrute le visage d'Eden et suit les larmes qui emportent sur leur passage le peu de couleur qui lui restait. Il sait que ce ne sont pas exactement les mots qu'elle a employés et il corrige son frère.

— Elle a dit qu'on l'appelait Amy et qu'elle n'avait pas encore 19 ans.

— Ne joue pas avec les mots, Solomon.

— Amy est le prénom que la fille de Mitzer a donné à Eden quand elle a fait d'elle son esclave. C'est ainsi qu'on l'a appelée depuis. Il fallait avoir enquêté sur ce truand et sa garce de fille pour savoir que son véritable prénom est Eden et qu'elle est loin d'avoir 19 ans. Malheureusement, il fallait les fréquenter et la rencontrer pour savoir tout le reste.

Solomon se perd dans le bleu éthéré, dans les souvenirs. Et la colère se régénère, plus puissante, inassouvie. Eden ferme les yeux, enfermant les mêmes cauchemars derrière ses paupières. Elle tente de lui échapper, mais il resserre sa prise sur les doigts que les siens ne parviennent pas à réchauffer.

— Pourquoi m'a-t-elle menti ?

— Elle n'a pas menti. Elle a dit la vérité comme tu voulais l'entendre. Tu as compris ce que tu voulais entendre. Ce que tous les hommes voulaient entendre avant d'abuser d'elle.

Elle tremble et la patience de Solomon tombe en poussière.

— Je comprends que tu ne m'aies pas cru. Je t'ai donné tant de raisons de ne plus pouvoir me croire, se répète-t-il sans parvenir à masquer son agacement. Mais rien ne justifiera jamais…

— Je l'ai juste bousculée, se défend Aaron. Je

voulais savoir jusqu'où elle était prête à aller pour tromper tout le monde ; et toi le premier.

Solomon inspire longuement en fixant Eden, sa patience totalement anéantie.

— Violent et imprévisible, dit-il dans un murmure. Tu te souviens ?

Simple hochement de tête et serrement des lèvres. Elle le suit des yeux alors qu'il se relève, serre furtivement ses mains juste avant qu'il la lâche. Solomon fait face à son aîné qui blêmit, probablement déjà conscient de la terrible suite.

— Aaron, je te remercie de l'attention que tu portes à ma personne. Je sais que…

— Stop, l'interrompt son frère en lui opposant fermement son index. Tu ne sais rien, Solomon. Tu ne sais rien de tout ce que j'ai mis en œuvre pour couvrir tes arrières, vérifier l'identité de tous ceux…

— Je le sais.

Après la voix rocailleuse de Solomon, le silence est lourd des non-dits entre les deux frères. Il sait tout de ce que son grand frère a fait pour le protéger de tout, de tous, de toutes et de lui-même.

— Bien sûr que je le sais. Ton réseau d'information n'est rien à côté du mien. Pour tout dire, il en fait même partie.

— Salaud, souffle Aaron, sidéré.

— Je ne te transmettrai jamais le dossier d'Eden. Il est classé secret-défense. Par contre, tu auras toutes les informations sur Mitzer et sa fille : affaires légales, trafics divers, armes, drogues, prostitution. Tout y est. Je n'aurai plus aucun lien avec lui et je m'abstiendrai de lui faire la moindre publicité. Nous nous sommes mis d'accord lorsqu'il a signé les papiers me confiant officiellement la garde d'Eden. Nous sommes tous en sécurité.

Le regard d'Aaron se porte derrière Solomon. De dur et colérique, il devient doux et bienveillant.

— Kate, Steve et Logan m'ont dit ce que j'avais à savoir.

La peine, la pitié... Eden n'a pas besoin de ça. Solomon se détourne. Le regard bleu irréel quitte Aaron pour trouver le sien et s'y réfugier. Eden reconnaît en Solomon son protecteur. Il n'en revient toujours pas, ne le comprend toujours pas. Pourtant, où qu'ils soient, quelles que soient les circonstances, quand elle pose ses yeux sur lui, il se sent parcouru et rempli par une onde à la fois chaude et fraîche, douce et forte. Il n'y a que lorsqu'elle redevient Amy que ce lien ne parvient pas à vaincre sa panique. Alors il souffre avec elle. Et soudain, contre toute attente, il a besoin de son contact. Physiquement. Il tend sa main vers elle et elle la prend. Comme à chaque fois. Sans peur. Naturellement. Et ça suffit à adoucir la colère profonde de Solomon, à ralentir son cœur.

— Eden est ma pupille.

— Je suis désolé, Eden, capitule Aaron. J'espère que tu pourras, un jour, excuser mon comportement.

Le regard clair se plante dans celui d'Aaron et celui-ci en perd tous ses moyens avant même qu'elle ne parle.

— Je comprends.

Mais elle n'excuse pas, ne pardonne pas davantage.

Sa compréhension est déjà un cadeau ; et Solomon le sait mieux que personne. Aaron hoche la tête sans un mot puis se détourne. Lorsqu'il revient vers le bureau, c'est pour y déposer trois verres et une bouteille de cognac, son péché mignon. Il verse trois doses en silence, tend un verre à Solomon, un à Eden, prend le dernier et en avale une longue gorgée. Pas difficile de comprendre que tout ça l'a secoué. Solomon passe pour un homme dur : son intransigeance le précède ; sa carrure imposante et ses traits perpétuellement sévères et menaçants font le reste. Aaron est plus fin, dans tous les aspects de sa personne : ossature, musculature, caractère, esprit. Plus gentil. Sauf quand il s'agit de la réputation de sa famille et de son club. Il devient alors aussi intraitable que son petit frère ; parfois aussi violent. Parfois il se trompe…

— Bois, Eden, dit-il doucement. Ça va te faire du bien.

Les yeux bleu ciel passent du verre à Aaron, le détaillent avec suspicion, puis viennent chercher l'approbation ou le contrordre dans le regard de Solomon.

— Elle doit prendre quelques couleurs, le devance Aaron. Elle est trop pâle.

Son frère a raison ; et il n'y a pas que la pâleur qu'il faut effacer sur le doux visage : les larmes ont fait des ravages. Comme si elle avait lu ses pensées, Eden passe le plat des doigts de sa main libre sur ses joues, faisant disparaître le peu de maquillage qu'elle avait mis, révélant les cicatrices des griffures de Scarlett. Elles sont à peine visibles à présent, mais Solomon les voit comme au premier jour. Il pensait que ce seraient les dernières marques d'infamie infligées à cette enfant-esclave. Il l'a blessée autrement, bien plus profondément que tous les coups reçus ; et son frère n'a pas fait mieux.

Solomon fait un signe de tête et Eden regarde son verre avec scepticisme. Il n'a pas le temps de lui demander si elle aime ça. Trop tard. Il aurait dû y penser avant. Son assentiment a été pris pour un ordre et Eden obéit. Elle obéit toujours. Parce que c'est une règle absolue de Solomon. Avec ce courage inconscient qui fait sa force. Avec sa soumission invaincue qui la place dans des situations difficiles pour elle. Elle n'aime pas le cognac. Sa grimace est éloquente. Elle n'a peut-être même jamais bu d'alcool fort. Elle cligne des yeux, surprise ; puis elle tousse, la gorge brûlée. Solomon s'accroupit devant elle, lui retire le verre alors qu'elle frissonne de dégoût.

— Trouve-lui quelque chose à manger, ordonne-t-il à son frère.

— Parce qu'elle ne boit pas d'alcool ! ronchonne Aaron en s'exécutant malgré tout.

— Elle est mineure.

— Je connais certains mineurs qui apprécient les…

— Tout le monde n'a pas ton penchant pour les alcools forts, le reprend Solomon.

Aaron fouille dans ses étagères pendant que Solomon surveille Eden. Yeux clos, elle maîtrise sa respiration pour contrôler la nausée. Elle est livide.

— Elle ne va pas vomir ? s'inquiète Aaron.

Eden plaque instantanément une main sur sa bouche et Solomon fait pivoter tout aussi rapidement le fauteuil. Il a à peine le temps de lui indiquer la salle d'eau qu'elle s'y précipite et vomit le peu d'alcool qu'elle a avalé.

— Très intelligente, ta question, siffle-t-il à l'attention de son frère en se relevant.

— Je ne pouvais pas savoir qu'elle est aussi sensible…

— C'est là tout le problème, soupire Solomon. Finalement, on ne sait pas grand-chose.

L'eau qui coule dans l'autre pièce comble le silence. Aaron se baisse pour ramasser quelque chose au pied du bureau et tend à son frère la pochette d'Eden et une plaquette de chocolat.

— Il faut qu'elle se remaquille.

Solomon acquiesce d'un signe de tête et rejoint la jeune femme perdue au fond de son propre regard. Elle cligne soudain des yeux et cherche ceux de Solomon.

— Je n'aime pas le cognac, s'excuse-t-elle.

— Tu préfères le chocolat ? propose-t-il en brandissant la plaquette.

Eden ferme le robinet et lui fait face lentement.

— Jamais d'alcool, précise-t-elle en prenant le chocolat.

Inutile d'en dire davantage. Solomon comprend aisément tous les sous-entendus. Encore une règle de Mitzer ou de sa putain de tarée de fille. Droguer Eden, aucun problème. La livrer à des hommes dès son plus jeune âge, une formalité. Mais la laisser boire ou lui faire goûter un bon alcool, sûrement pas. Ça abîme la marchandise. Le coup de sang est violent. Heureusement, Eden est trop occupée à déballer le chocolat pour lire en lui.

— *J'aime bien le chocolat.*

Voix douce. Gestes interrompus. Yeux… Putain, ces yeux… Et merde, elle a tout compris.

— Vous en voulez ?

— Non.

La voix de Solomon claque. Les yeux bleus se baissent déjà et surveillent l'opération de découpage puis ils reviennent sur lui alors que les doigts fins glissent un morceau de chocolat entre les lèvres pleines. À cet instant, Eden n'a pas peur de lui. Elle n'a jamais peur de sa colère quand il la dirige ailleurs que sur elle. Comme Alice… Elle le connaît déjà à ce point… Elle sait se connecter à lui, le toucher par-delà toutes ses limites, protections et autres murailles. Alice y parvenait également, mais pas comme ça. Pas aussi facilement. Pas aussi naturellement. Il admirait son épouse, sa beauté, son intelligence, sa pugnacité, sa douceur. Eden est bien plus… C'est Alice puissance un million.

Le désir… Profond, apaisé. Une certitude. Un impossible aujourd'hui. Un espoir demain. Peut-être.

— Il faut te remaquiller, dit-il d'un ton sec en ouvrant la pochette.

Mouchoirs en papier soigneusement pliés, portable et tube de gloss. Pas de fond de teint.

— Il faudra se contenter de ça, décide-t-il en sortant le gloss.

Eden l'observe poser la pochette sur la tablette du miroir, le tube rose pâle brillant à côté, prendre son mouchoir dans la poche de sa veste, lever une main vers son visage. Solomon suspend son geste, ses doigts à quelques centimètres de l'ovale parfait, et fouille le regard paisible en quête de son autorisation. Elle la lui donne d'un mouvement de tête infime et il s'empare de son menton. Avec des gestes prudents à défaut de doux, il efface les dernières traces de maquillage sur les joues de son mouchoir qu'il remet à sa place. Puis il ouvre le tube de gloss et en dépose une traînée sur chaque pommette. Les sourcils d'Eden se froncent, mais c'est Aaron qui fait le commentaire.

— C'est pour les lèvres.

Il s'est rapproché, appuyé contre le mur, bras croisés.

— Pas que, grogne Solomon.

Tube sur la tablette, il tient le visage d'Eden d'une main et étale le gloss du bout de ses doigts. Il se trouve soudain maladroit et brutal, ses grosses paluches offrant un tel contraste avec la finesse des traits de la jeune femme. Il oublie pourtant rapidement sa gêne complexée : c'est la première fois qu'Eden lui offre une telle intimité, une telle confiance. Tout est paisible en elle, sa respiration, ses yeux qui ne le quittent pas mais qu'il n'ose plus regarder. Elle y verrait bien trop de choses.

— Je ne suis pas sûr que ce soit une bonne idée, raille Aaron, clairement moqueur.

Solomon ne relève pas, appuie un peu plus fort. Il croise alors le regard d'Eden. Plus clair et intense que jamais. Avec une lueur différente. Comme si tout ça l'amusait. Comme si un sourire allumait ses yeux sans atteindre ses lèvres.

— Il faut bien étaler, dit-elle d'une voix douce. À cause des paillettes.

Solomon examine le résultat de son obstination. Réparti de façon homogène, le gloss a sublimé la peau d'Eden, a rehaussé sa fraîcheur. Elle paraît si jeune, si naïve… Merde, ce n'était pas l'effet recherché. Elle tourne brusquement la tête et se détaille dans le miroir. Puis elle dévisage Solomon *via* son reflet.

— C'est joli.

Pas vraiment une question, pas vraiment une affirmation. Ce ne sont pas les mots qu'il aurait choisis. Les siens sont indicibles. Elle ne comprendrait pas, personne ne comprendrait. Ou au contraire… À la façon dont elle le décrypte, il a l'intime conviction qu'elle a compris. Vraiment tout compris. Puis, avec cette tranquillité qui désamorcerait tous les conflits, elle prend le tube de gloss et l'ouvre en s'approchant du miroir. Délicatement, elle couvre ses lèvres de brillance, les écrase, les lèche, puis corrige leur ligne du bout de son petit doigt. Sa sensualité est inconsciente et proprement insupportable. Solomon se détourne pour rejoindre son aîné parti s'appuyer contre le bureau. Celui-ci le suit du regard sans un mot, attend que son frère s'installe à côté de lui.

— Mineure, dit-il dans un souffle.

— Comme si je ne le savais pas, gronde Solomon en essuyant ses doigts sur son mouchoir.

— Tu t'es mis dans un sacré merdier.

— J'avais compris.

— D'autant plus casse-gueule que c'est réciproque.

— Pardon ?

Aaron ne répond pas. Eden leur fait face à présent. Son regard surnaturel le détaille deux secondes puis raccroche celui de Solomon. Elle a retrouvé toute sa maîtrise et la distance qu'elle maintient en permanence. Solomon pense alors qu'Aaron se trompe : Eden a vécu trop de pires pour faire confiance. Elle se protège trop pour qu'on l'atteigne. Pourtant, elle le laisse la toucher. Il est toujours le seul. Confiance, obéissance ou soumission ?

— On va dîner, ordonne-t-il brutalement en se dirigeant vers la porte.

Il prend la tête de la petite troupe direction la salle du restaurant, salue des personnes connues, répond à quelques questions avec le strict minimum de politesse. Aaron est bien plus jovial et plaisante de façon trop bruyante. Derrière eux, Eden a perdu toute son assurance. Position de soumise, yeux inquiets et fuyants. Elle lutte pour ne toucher personne et que personne ne la touche, perd du terrain et panique.

— Viens, Eden, appelle Solomon en tendant un bras vers elle.

Enfin les gens la prennent en considération et s'écartent. Le regard glacé de peur s'ancre dans celui de Solomon et la jeune femme vient se placer près de lui. Il pose une main sur sa nuque pour la conduire et sent les vibrations de son corps. Après quelques pas, elle ne tremble plus. Elle le heurte quand il est brusquement arrêté. Elle ne fuit pas. Elle pose une main sur son flanc pour se retenir. Se décale quand une femme interpelle Solomon en se précipitant sur lui. Échappe à son contrôle, mais reste près de lui. Recule quand Aaron vient l'inciter à le suivre. Se rapproche quand c'est Solomon qui le fait. Noue ses doigts aux siens et recommence à respirer.

— Vos mains, s'agace Aaron en frôlant son frère pour que lui seul entende.

— Ta gueule, Aaron.

Eden comprend tout et veut obéir à la sagesse. Solomon l'en empêche. Il n'a pas envie d'être sage, ni raisonnable. Seul le contact de la petite main dans la sienne lui permet de rester calme et à peu près courtois. Il sait que seul ce contact permet à l'enfant perdue de rester calme et de ne pas fuir.

Oui, il est dans un sacré merdier. Il l'a su depuis la première seconde où il a croisé les yeux d'Eden. Pourtant, il s'y est sciemment jeté. Ne regrette rien. Il doit l'aider. La rendre libre.

Alors peut-être…

10

Mardi 20 décembre 2016, fin de matinée.

Kyle traverse l'immense hangar en courant. Il a rendez-vous pour prendre un hélico à destination de la propriété de son oncle Solomon. Comme tous les ans, toute la famille Rickman s'y réunit pour les fêtes de Noël. Une tradition qui a pris une autre dimension depuis le décès brutal d'Alice, la femme de Solomon. C'était il y a six ans, mais Kyle se souvient très bien du deuil plein de rage de son oncle. De sa disparition pendant plus d'un mois. De l'inquiétude des adultes. De la façon dont tout le clan a resserré les rangs autour de l'homme blessé.

C'est le meilleur oncle au monde. Toujours là pour ses neveux et nièces : jeux, musique, ciné, bouquins, filles… Kyle peut lui parler de tout. Tout ce qu'on ne dit pas à ses parents, ni à ses grands-parents, ni à ses potes. Solomon. Oncle Solo, comme il l'appelle depuis qu'il sait parler, au grand dam de l'intéressé qui tout a tenté pour influencer son neveu afin qu'il change de surnom. En vain. Fallait pas rêver. À bientôt 19 ans, Kyle ne voit pas pourquoi il changerait ce surnom, surtout que les enfants nés après lui ont suivi le mouvement. Et puis, c'est trop marrant de titiller l'impatience de son oncle. Sur ce sujet, il peut ; pas sur la ponctualité. Ni le travail, l'honneur… Beaucoup de choses, en fait.

Quand Kyle déboule sur le tarmac, il a dix minutes de retard. La dernière fois qu'il est arrivé en retard, Solomon avait donné l'ordre de départ sans l'attendre. L'heure, c'est l'heure. Cette fois, l'hélico est encore là, prêt à décoller. Le pilote le salue d'un signe de main au moment où une berline vient se garer près d'eux. Le père de Kyle est le premier à en sortir, rapidement suivi de Solomon. Comme à chaque fois, Kyle est surpris de la différence de gabarit entre les deux frères : son père est grand, musclé et fin ; alors que Solomon est encore plus grand, plus musclé et carrément plus épais. Parfois, Kyle regrette de ne pas avoir hérité, comme son oncle, de la carrure de bûcheron familiale ; mais d'un autre côté, Solomon impressionne. Et quand il fait la gueule comme à cet instant, il est carrément effrayant. Ce qui n'est absolument pas le cas de la jeune femme brune qui émerge de la voiture. Elle relève le col de son manteau noir et enfile un bonnet de laine anthracite sorti de sa poche. Kyle sait qui elle est : son père l'a prévenu ce matin que Solomon a pris en charge une adolescente qui est devenue sa pupille. Il sait maintenant à quoi elle ressemble.

— Tu es en retard, grogne Solomon pour tout accueil.

— Vous aussi, réplique Kyle avec un sourire en coin provocateur.

— Bonjour, mon grand.

Kyle lâche son sac de voyage sans précaution et enlace son père.

— Papa. Vol pénible ?

— Passager pénible.

Éclat de rire partagé.

— Bonjour, oncle Solo ! lance Kyle en rejoignant Solomon, bras ouverts.

— Sale gosse, répond celui-ci en serrant son neveu à la limite de l'étouffer.

— Ah… Solo, c'est bon !

Enfin libéré, Kyle profite du regard sombre faussement sévère de son oncle, puis se tourne vers la nouvelle venue.

— Bonjour… Eden, c'est ça ?

La jeune femme se tourne vers lui en entendant son prénom et Kyle manque de rester bouche bée. Eden est belle. Sa peau pâle parfaite. Ses lèvres. Ses yeux d'un bleu trop clair entourés de leurs cils sombres. Carrément captivant. Elle est très belle. Mais triste. Oui, il y a quelque chose dans ce regard à part ; quelque chose de triste. C'est pour ça que la politesse rattrape Kyle aussitôt. Il s'apprête à tendre la main lorsque Solomon l'encercle d'un bras, une main puissante retenant son bras pour l'empêcher de finir son geste.

— Eden, je te présente Kyle.

Les yeux à la couleur inhabituelle font un aller-retour lent sur Solomon avant qu'elle parle d'une voix timide.

— Bonjour.

— Enchanté, répond Kyle d'un ton joyeux. Tu as fait un meilleur vol que Solo ?

Les sourcils bruns se froncent et le regard pâle part interroger Solomon.

— Solo, Solomon, lance Kyle en faisant aller et venir ses mains devant lui. C'est son surnom, précise-t-il devant l'absence de réaction d'Eden.

Rien. Pas un haussement de sourcils. Pas le moindre tressaillement sur son visage, ni ses lèvres. Rien.

— D'accord.

— Euh…

— On y va, décide Solomon en lâchant son neveu. Prends ton sac, on est en retard.

Oncle Solo dans toute sa force de commandement. Kyle lève les yeux au ciel et pivote sur lui-même pour rejoindre son père qui a déjà ramassé son sac et l'attend.

— Viens, Eden, entend-il dans son dos.

Kyle se retourne malgré lui. C'est plus fort que lui : il ne se souvient pas d'avoir perçu une telle tendresse dans les ordres de son oncle. Jamais. Il aperçoit alors quelque chose qu'il pensait impossible : Solomon tend sa main à Eden, les yeux dans les yeux, et elle la prend. Une main qui paraît si petite dans la grosse paluche. Les doigts qui se croisent. Bien sûr, cet homme dur et fermé sait se montrer doux et patient, surtout avec ses nièces, et notamment Cleo, la plus jeune. Mais jamais avec cette tendresse.

Kyle cherche le regard de son père. Ils ont vu la même chose.

— J'ai raté quelque chose ? ose-t-il demander à voix basse.

— C'est un peu compliqué.

— Je n'ai plus 4 ans, papa. Y a quoi entre ces deux-là ?

— Une histoire trop sombre pour être racontée.

Kyle n'a jamais vu son père aussi sérieux et réservé. Il sait qu'il n'obtiendra rien de plus. Du haut de sa jeunesse, il comprend que l'histoire d'Eden ne doit rien avoir de drôle, ni de simple. Pour que les frères Rickman entourent cette âme visiblement fragile, c'est que c'est pire que tout ce qu'il pourrait envisager et qu'ils vont protéger tout le monde de la noirceur du passé d'Eden. Et elle d'abord.

— Monsieur Rickman ?

Le pilote interpelle son patron avec une légère hésitation, comme s'il n'osait pas déranger. Solomon ne lâche Eden qu'après un long échange silencieux avec elle. Il lance un coup d'œil à son frère et rejoint l'homme à la casquette qui l'entraîne vers l'hélicoptère.

— Allez, venez, commande Aaron en lieu et place de Solomon.

Kyle se retrouve côte à côte avec Eden. Il ne dit rien : ni question, ni remarque inutile sur la météo, ni fanfaronnade. Seul le silence semble avoir sa place auprès d'elle. Il la devance en quelques pas et la distance qui se creuse peu à peu ressemble à un manque d'air. Un regard par-dessus son épaule suffit à arrêter Kyle. Eden lui semble plus pâle, ses beaux yeux inquiets fixés sur l'appareil. Elle a peur. C'est une évidence.

— Premier vol en hélico ? l'interroge-t-il en lui faisant face.

Elle s'arrête, le dévisage rapidement, puis fixe à nouveau l'engin qui l'effraie.

— Tu vas voir, c'est trop cool. C'est plus marrant que l'avion, ajoute-t-il en souriant.

Elle ferme les yeux deux secondes.

— Tu as si peur que ça ? s'inquiète Kyle soudain plus sérieux.

— Ça va aller.

Le regard bleu ciel examine l'appareil comme si c'était un monstre. Kyle veut se rapprocher d'elle pour la rassurer, mais elle se raidit à peine a-t-il levé un pied. Alors il reste là où il est et tente une autre approche.

— Les hélicos sont des moyens de transport très sûrs. Pas de risque de glisser sur une plaque de verglas, précise-t-il avec un sourire qu'il efface aussitôt devant le mutisme d'Eden. Et puis, c'est une petite heure de vol au lieu de plusieurs heures de voiture.

Elle blêmit brutalement au moment où Solomon vient se planter à côté de Kyle.

— Un problème ? interroge-t-il de sa voix éternellement agacée.

— Elle a peur, répond Kyle face au silence d'Eden.

Ses yeux bleu clair s'écarquillent puis se baissent. Sa peur ressemble désormais à de la terreur. Deux respirations courtes et elle parle sans oser relever la tête.

— On est en retard, élude-t-elle magistralement.

— Eden.

La menace tombe sans délai. Kyle recule d'un pas. S'il y a bien une chose à ne pas faire avec Solomon, c'est mentir. Même par omission. Même en esquivant. Il a un don pour lire les gens, percevoir ce qu'ils tentent de lui cacher. Et Eden le sait. Kyle le devine à la façon dont elle sort les mains de ses poches pour les nouer devant elle et à la fuite perpétuelle de son regard qui cherche désespérément à se poser ailleurs que sur l'hélico qui lui fait peur, ailleurs que sur Solomon à qui elle vient de mentir, ailleurs que sur quiconque, ailleurs que sur le sol auquel il revient pourtant. L'ordre qui suit n'est pas une surprise, même pour Kyle.

— Regarde-moi.

Elle obéit en tremblant et Kyle croit entrevoir un bout du passé de cette superbe jeune femme. Il est alors convaincu qu'elle a été battue et qu'elle a plus peur de Solomon que de prendre cet hélicoptère. Son instinct de protection prend le dessus, une forme de colère aussi ; et Kyle s'interpose.

— Elle a juste besoin d'un peu de temps. C'est la première fois qu'elle…

— Aaron ! exige la voix dure de Solomon.

— Kyle, viens, appelle doucement son père.

Kyle le dévisage un instant. De la patience, aucune crainte ni exaspération. Il observe son oncle. Aucune impatience. Juste l'attente silencieuse d'être obéi. Et Kyle obéit. Près de son père, à quelques mètres de Solomon et Eden, il assiste alors à quelque chose qui le dépasse. Deux êtres que tout semble opposer s'unissent par le regard. La peur de l'enfant se fait moins violente. La violence de l'homme fait moins peur.

— Parle-moi, ordonne Solomon sans perdre une once de son autorité glaçante.

— Ça me fait peur, avoue Eden d'une voix étrangement douce.

— L'hélicoptère ?

Simple hochement de tête en réponse.

— Tu as eu peur de l'avion ?

— Ce n'est pas pareil, fait-elle en secouant la tête.

— C'est-à-dire ?

— Un avion, c'est construit pour planer. Ça ne plane pas, un hélicoptère… Ça tombe.

— Ce n'est pas tout à fait exact, la corrige Solomon. De toute façon, cette question ne se pose que lorsqu'il y a un problème technique. Cet appareil est intégralement vérifié avant chaque vol. Son pilote est expérimenté et subit des tests tous les trois mois. Il n'y aura aucun problème.

— Vous n'en savez rien, assène-t-elle.

Kyle retient son souffle. C'est la première fois qu'il voit quelqu'un résister au rouleau compresseur qu'est son oncle quand il veut être obéi. La force de cette fille est impressionnante, mais pas autant que sa douceur. Elle baisse pourtant la tête et Solomon la rejoint en deux pas pour la lui relever de l'index.

— Je dois prendre ce vol, explique-t-il sans la lâcher. Tu vas faire le trajet en voiture, tranche-t-il sans solliciter son avis. Je ne veux pas que tu voyages seule. Accepterais-tu qu'Aaron t'accompagne ?

Kyle voit le regard clair se fixer sur son père et l'inquiétude brouiller le visage d'Eden. Elle le craint. Pas le temps de poser la moindre question, car Solomon annonce la décision suivante.

— Alors, ce sera Kyle.

— Quoi ?

Solomon ne tient aucun compte de la surprise offusquée de son neveu. Il libère le menton d'Eden qui, à l'exception d'un coup d'œil furtif à Kyle, garde son regard dans celui de son pseudo-tuteur. Quand celui-ci prend sa main et l'entraîne vers la voiture, elle n'oppose aucune résistance. Soudain, tout ça semble très malsain et Kyle se tourne vers son père.

— C'est quoi, ce bordel ?

— Change de ton et surveille ton langage.

— Au risque de me répéter, je ne suis plus un gamin, cingle Kyle, furieux. Que se passe-t-il ici ?

Le long soupir de son père surprend le jeune homme. Il pensait que son éclat de rébellion lui vaudrait une belle engueulade, mais pour la première fois, c'est comme à un adulte qu'on lui répond.

— Ce que je vais te dire ne doit, en aucun cas, être répété. À personne. Même dans notre famille. Il n'y a que moi et Kate qui sommes dans la confidence. Est-ce clair ?

— Oui, papa.

— Eden est une enfant-esclave.

— Une quoi ?

— Une enfant-esclave. Elle a été asservie depuis son plus jeune âge. Je te passe toutes les brimades et punitions. La maltraitance. L'absence d'éducation. Elle ne connaît que la soumission et la peur.

— Alors pourquoi oncle Solo est-il aussi dur avec elle ?

— Il ne l'est pas tant que ça.

— Mais…

— Pour l'instant, elle se fie à lui.

— Elle remplace un maître par un autre ?

— Pas sûr : personne n'a réussi à obtenir sa pleine confiance… à part lui.

— Elle n'a pas confiance en toi, relève Kyle. Elle a même peur de toi.

— Je me suis trompé et je n'ai pas été très sympa avec elle. Sa défiance est méritée.

— Kyle !

Près de la berline, Solomon attend son neveu avec impatience. Eden est déjà en train de s'installer à l'arrière. Kyle jette un dernier regard à son père, lui reprend son sac et rejoint son oncle. Une discussion et quelques pas qui lui font prendre quelques années. La théorie de l'esclavagisme moderne, et probablement de la prostitution, vient de prendre forme humaine. Elle est d'autant plus choquante que la victime est d'une beauté remarquable et d'une douceur extraordinaire. Solomon accueille Kyle en le fixant d'un regard fiévreux que celui-ci ne comprend pas.

— Eden ne parle pas beaucoup. Elle a peur de beaucoup de choses. Et surtout, elle ne laisse personne la toucher.

— Sauf toi.

Bizarrement, Solomon ne dit rien, ne se révolte même pas.

— Tu es un adulte à présent, fait-il dans un soupir, les yeux loin derrière Kyle. Sois patient avec elle.

Kyle dévisage son oncle sans répondre. Être patient… Solomon Rickman lui demande d'être patient, lui qui a perdu toute indulgence depuis des années. Sauf avec les plus jeunes. Sauf avec Eden.

— Vous changez de véhicule et de chauffeur en quittant la ville.

— OK.

Inutile de lutter, tout est déjà décidé et validé dans l'esprit de Solomon. Il aura pensé à tout : le trajet, leur sécurité, l'argent pour le déjeuner qu'il glisse dans la poche du blouson de Kyle, le nombre de fois où il va les appeler pour savoir si tout va bien.

— Merci pour elle.

Solomon lui écrase l'épaule de sa main puissante et part sans se retourner. Kyle regarde l'appareil s'élever dès que la porte se referme sur les deux frères et entamer un virage comme seul un hélicoptère peut le faire. Il aurait bien aimé partir avec eux : sa première responsabilité d'adulte reconnu lui paraît soudain insurmontable.

— Monsieur ? l'interpelle le chauffeur.

Kyle se secoue. Eden était prête à monter dans un engin qui la terrorise. Lui peut bien assumer quelques heures de voiture avec une jeune femme, quel que soit son passé.

— Ouais, soupire-t-il. On y va.

Kyle sursaute et met quelques secondes à réaliser où il est. Range Rover Sport comme tank de survie sur route humide par temps couvert et glacial. Chauffeur concentré sur sa conduite. Jeune femme magnifique silencieuse à sa droite, le regard perdu dans le décor qui défile. Nouvelle vibration de son portable dans la poche avant de son jean. C'est ça qui l'a réveillé. Oncle Solo.

— Ouais ? fait-il d'une voix éraillée.

— Tout va bien ?

— Je me suis endormi, bougonne Kyle. Ils ont mis de la musique classique…

— Johann Sebastian Bach, précise Garrett, sûrement en souvenir du débat qui a animé l'équipée au début du voyage.

— Musique classique, persiste Kyle.

— Musique baroque, corrige Eden de sa voix douce sans quitter le paysage.

— Ouais, c'est ça. Musique baroque ; mais super vieille et…

— Doucement, Kyle, l'arrête Solomon.

— T'inquiète. J'ai essuyé tous les commentaires possibles sur mon ignorance en matière de musique classique avec bravoure.

— Je ne parlais pas de toi.

— J'avais compris. Je comprends plein de choses, tu sais, ajoute Kyle en forçant le ton de la plaisanterie.

— Et Eden a participé à ta mise en boîte ? s'étonne Solomon.

— Tu connais Garrett ?

Garrett Johnson, le garde du corps que Kyle côtoie de temps en temps depuis quelques années. Un grand Black toujours sur la réserve, super pro, à la répartie fulgurante d'humour grinçant et de moquerie bien cinglante et très avare de sourires.

— La même ! dit Kyle, achevant son explication codée. Le sarcasme en moins.

Le regard de Garrett croise celui de Kyle dans le rétroviseur intérieur, puis dévie sur Eden. Code cassé. Eden ne bouge pas, ne sourit pas. A-t-elle tout compris elle aussi ?

— Elle est loin d'être idiote. Ne sous-estime pas sa compréhension de ce qui l'entoure, fait Solomon comme une réponse à la question tue. Si tu pouvais éviter de la faire paniquer.

— On est d'accord, convient Kyle en tournant la tête vers l'extérieur pour être sûr qu'Eden ne voie pas l'inquiétude dans ses yeux.

— Sinon, ça va ?

— Ouaip ! On va s'arrêter d'ici une petite heure. Après, c'est moi qui conduis et je mets Twenty One Pilots à fond.

— Kyle, menace Solomon dans un soupir.

— J'aime bien Twenty One Pilots, commente Eden d'une voix rêveuse.

— Trop cool ! s'exclame Kyle. Avec moi, ça fait deux contre un. C'est Garrett qui va être content, ajoute-t-il, narguant le chauffeur en le fixant *via* le rétro.

— J'aime bien Twenty One Pilots, réplique celui-ci en soutenant son regard.

Kyle rit de bon cœur. Un sourire affleure dans les yeux de Garrett repartis sur la route. Eden… Non, rien.

— Elle a souri ? demande Solomon brusquement.

Et Kyle entend l'espoir dans sa voix.

— Non. Après le repas, ce sera à son tour de choisir la musique.

Et Kyle entend le même espoir dans sa propre voix.

Espoir vain et massacré, mis en miettes. Kyle ne conduit pas. Penser qu'il aurait pu prendre le volant relevait de l'utopie face à un Garrett dévoué à son patron. Eden a observé la chamaillerie perdue d'avance avec un certain intérêt et un détachement certain. Mais le drame n'est pas là : l'album de Twenty One Pilots vient de toucher à sa fin ; et tout espoir de voir sourire Eden également. Elle pleure. Pas de gros sanglots. Pas un bruit. Juste une larme qui s'est écrasée sur ses mains jointes sur ses jambes serrées et une autre qui a préféré le contact de sa peau jusqu'à son cou.

— Le dernier titre n'est pas très gai, s'excuse Kyle.

C'est le moins qu'on puisse dire. Il avait oublié tout ce que peut véhiculer *Goner*. Eden écarte les paillettes de larmes semées sur ses joues du plat de ses doigts.

— Ça va aller.

Kyle n'en croit rien, mais il ne relève pas. Il préfère tenter de faire diversion.

— Bon, c'est à toi, décrète-t-il avec un sourire en coin. Que veux-tu qu'on écoute maintenant ?

Eden se tourne vers lui et son regard encore brillant des larmes retenues le dévisage longuement.

— Qu'as-tu dans ta playlist ? persiste-t-il.

— Je n'ai pas de playlist.

— Tu as bien de la musique sur ton portable ? s'étonne Kyle.

— Non.

Les yeux bleus d'Eden s'échappent vers le sac posé à ses pieds. Sa gêne est palpable.

— Alors qu'aimes-tu écouter ?

— Un peu de tout.

— Il n'y a pas un artiste français que tu aimerais nous faire découvrir ?

— Je n'ai aucun album, dit-elle en le regardant à peine.

— Pas grave. Avec un portable, tu peux récupérer ce que tu veux. Il suffit d'installer une appli.

— Je ne sais pas faire ça.

— Tu veux que je t'aide ?

Rester immobile le temps d'être scanné par le regard pénétrant et inquiet d'Eden, sans tenter d'esquiver, ni rougir, ni blêmir, est une des choses les plus difficiles au monde. Kyle s'évertue à contrôler sa respiration et les muscles de son corps à défaut de maîtriser les battements de son cœur. Eden se détourne et il est brutalement libéré de son emprise redoutable. Il en a le souffle coupé. Merde alors… Comment fait oncle Solo pour soutenir un tel regard ? Le décrypte-t-elle aussi facilement qu'elle vient de le faire avec lui ? Kyle est convaincu que oui. C'est un pouvoir extraordinaire qu'elle détient, mais il doute qu'elle en soit pleinement consciente.

— Oh non…

La désolation portée dans un souffle par ces deux mots ramène Kyle à la réalité. Eden tient un portable dans ses mains. Un iPhone dernière génération. Oncle Solo n'a pas regardé à la dépense. Il ne le fait jamais pour ses proches ; et Eden est sa pupille. N'empêche, elle a l'air totalement perdue face à l'engin qui reste obstinément éteint malgré ses tentatives nerveuses de réanimation.

— Il est éteint, Eden, explique Kyle en douceur.

Les yeux affolés le glacent. Il déglutit péniblement et se force à poursuivre.

— Les portables n'aiment pas beaucoup l'avion. Ils

se déchargent à chercher un réseau en vain. La prochaine fois, mets-le sur mode « avion ».

Écarquillement d'incompréhension.

— Je te parle chinois, c'est ça ?

Timide hochement de tête.

— Je te montrerai, tente-t-il de la rassurer avec un sourire. On va commencer par le mettre en charge.

Mauvaise pioche. Les yeux fuient et les mains se crispent sur le téléphone.

— Laisse-moi deviner, fait-il en forçant le ton moqueur. Chargeur dans ta valise et valise dans l'hélico.

Le regard perçant le cloue sur place. Kyle lutte intérieurement pour garder le contrôle de lui-même et de sa gentille moquerie.

— Le mien est dans mon sac, dans le coffre, dit-il en riant doucement.

— iPhone ? interroge Garrett.

— Ouais.

Un chargeur apparaît par magie dans la main du chauffeur.

— Ce mec est trop fort, applaudit Kyle.

— Si vous voulez bien me donner votre téléphone, mademoiselle, je vais le mettre en charge.

Eden obéit après une légère hésitation et reprend sagement sa place. Au même instant, des notes de piano envahissent l'habitacle, rapidement couvertes par une voix d'homme lancinante.

— Désolé, mademoiselle. Je sais que ce n'est pas très joyeux ; mais c'est le seul chanteur français que je connaisse et je n'ai que très peu de titres.

— *J'aime bien Jacques Brel.*

L'échange de regards est furtif, mais Kyle devine une certaine forme de reconnaissance. Garrett retourne à sa conduite. Eden s'échappe dans un monde qui n'appartient qu'à elle et qu'elle seule peut voir par-delà le paysage. Kyle ne comprend pas les paroles, mais la mélodie est effectivement bien triste. La larme qui roule sur la joue d'Eden lorsqu'elle ferme ses yeux dans le silence retrouvé atteste que l'attention de Garrett l'a touchée en plein cœur.

— Moi, je connais un autre Français, claironne Kyle quand la chanson prend fin. Et il est bien plus marrant, ajoute-t-il en jouant avec son téléphone.

Ce sont des notes de violon qui prennent le pouvoir, doublées d'une voix plus moderne. Puis le son remixé et boosté de *Dangerous* explose dans la voiture. Le réflexe de Garrett est de projeter sa main sur le bouton du volume, mais Kyle le retient.

— Non, non, non ! Pas touche !

Garrett obtempère à contrecœur, fusillant Kyle du regard dans le rétroviseur.

— Juste une, Garrett. David Guetta, fait-il à l'attention d'Eden qui le dévisage avec quelque chose qui ressemble à de l'indulgence.

— Je préfère Rihanna. *Don't stop the music* ?

Dix secondes plus tard, la voix de la Barbadienne et le martèlement sourd du rythme font vibrer les enceintes. Garrett ne dit rien, ne fait aucune remarque, n'esquisse aucun mouvement pour limiter le volume. Eden communique avec eux. Ça vaut tous les sacrifices…

Une sonnerie artificielle coupe la chanson de Sia en duo avec un Français de façon brutale et interrompt le jeu de découverte qui s'est instauré entre Kyle et Eden.

— Oncle Solo, salue-t-il, d'emblée taquin.

— C'est quoi ce bruit ? l'interroge une voix dure après un court silence.

— La voiture. Mon portable est connecté, tu es sur haut-parleur.

— Où êtes-vous ?

— Aucune idée.

— Encore une petite demi-heure, monsieur, répond Garrett bien plus sérieusement.

— Vous devriez être arrivés, s'agace aussitôt Solomon.

— Route de merde et beaucoup de monde, réplique Kyle. Et on a pris le temps de s'arrêter manger et d'offrir une bonne pause à Garrett puisque je n'ai pas eu le droit de conduire.

— À tout à l'heure.

Fin de la communication, retour de la musique ; mais le charme est rompu. Eden a repris de la distance et son observation du paysage gris et neigeux. Soudain, Kyle s'interroge sur l'inquiétude permanente qui la terrasse. À moins que ce ne soit une peur permanente. Si Eden a vraiment peur de beaucoup de choses, l'inconnu doit la terrifier. Tout ce à quoi elle est confrontée depuis son arrivée à Denver, et probablement depuis qu'elle est avec Solomon, c'est l'inconnu. Connaissant oncle Solo, les informations sur le programme doivent être très succinctes.

— Je peux te poser une question ? s'enquiert-il prudemment.

Le regard clairvoyant rejoint le sien et Kyle doute d'avoir eu une bonne idée.

— Bien sûr, le rassure-t-elle de sa voix particulière apaisante.

— Sais-tu où on va ?

— Chez M. Rickman.

— Il t'a parlé de sa maison ?

— C'est une grande maison, au calme, loin de la ville, récite-t-elle après une hésitation.

— C'est tout ?

— Oui.

— OK, glisse Kyle dans un sourire. En fait, c'est une très très grande maison qui peut héberger beaucoup de gens. En l'occurrence, toute la famille Rickman pour fêter Noël.

Silence. Eden n'est pas de ceux qui commentent les faits sans rien en connaître. Elle n'est pas non plus de ceux qui posent des questions inutiles. Elle ne pose aucune question, en fait.

— T'a-t-il au moins expliqué que toute la famille sera présente pour fêter Noël ?

— Il m'a dit qu'on passerait la fin d'année dans sa maison.

— Rien sur notre famille ?

— Non, monsieur, fait-elle en baissant la tête.

Monsieur ?

— Euh… Je préférerais Kyle. Je n'ai que 19 ans. C'est trop jeune pour être appelé « monsieur ».

— Désolée.

— Pas de problème, écarte-t-il le sujet. Bien, reprend-il plus joyeux, et si je te dressais le tableau de ma petite famille ?

Eden accepte d'un simple hochement de tête.

— Super, fait-il en pivotant pour lui faire face. Autant te prévenir, je vais faire court et caricatural.

Et pour faire court et caricatural, il va se faire plaisir.

— C'est l'histoire d'un bûcheron, fils de bûcheron, petit-fils de bûcheron, etc., etc. Une montagne à lui tout seul, mais un gars bien, foncièrement gentil, digne héritier et dernier représentant de la lignée des Rickman. Un jour, il a rencontré une jeune femme habituée aux bûcherons, puisque travaillant dans le petit restaurant de son père fréquenté par ces hommes des bois. Une fille déterminée qui a décidé de son avenir avant que quiconque ne le fasse pour elle. Et hop, le grand gaillard se retrouve marié, probablement aimé, sûrement guidé. L'association de la force tranquille et de l'audace a permis à l'empire Rickman d'étendre ses racines et ses ailes.

Kyle manipule son téléphone et affiche la photo de ses grands-parents qu'il montre à Eden.

— Mitch et Laura, précise-t-il. Ils ont eu trois enfants, deux garçons, une fille. L'aîné, Aaron, mon père, Kate, puis Solomon. Respectivement 40, 37 et 34 ans. Aaron et Kate ont le physique de leur mère et le tempérament de leur père. Solomon, c'est l'inverse : physique de bûcheron, caractère de hache en acier trempé. Mais ça, tu le sais déjà, dit-il dans un murmure quand il la voit pâlir.

Photo suivante.

— C'est mon père qui a pris les rênes de l'entreprise familiale. Tu l'as rencontré à New York parce qu'on y a une succursale et qu'il y a son club, son bébé. Marié très tôt avec son amour de jeunesse, Robin. Mariage heureux avec plein d'enfants beaux et intelligents, surtout le premier : moi. Ma sœur Megan, 16 ans ; et mon frère Sam, 14 ans.

Nouvelle image pour la suite.

— Ma tante Kate n'a pas voulu être dans les affaires familiales. Elle s'est tournée vers l'art et la décoration d'intérieur. Quand on sait que l'empire Rickman repose sur l'exploitation du bois et la construction de maisons en bois, on se dit qu'elle n'est pas tombée bien loin, sourit Kyle. Premier mariage avec un pauvre type et premier enfant : Kristen, 15 ans en janvier et qui, heureusement, est le portrait craché de sa mère. Deuxième mariage avec Tom, un mec trop cool, et deuxième enfant : Cleo, 6 ans et qui, malheureusement, est une vraie emmerdeuse.

Dernière photo.

— Et puis, il y a Solomon. À 16-17 ans, il a créé sa première société avec son meilleur pote, Steve, que tu connais. Ils ont développé un super logiciel. Je n'ai pas tout compris, mais ils ont fait fortune en moins d'un an. Avec le génie de mon oncle et la rigueur de Steve, l'argent a fait beaucoup de petits et leur groupe est devenu une référence en cours d'économie. Solomon s'est lui aussi marié avec son amour de jeunesse. Alice… dit-il en perdant tout entrain. Femme brillante, une élégance folle, une tante géniale. Elle est décédée il y a six ans.

Kyle se tait. Comme chaque fois qu'il évoque Alice, il entend son rire et celui de son oncle Solo. Il revit les après-midis que ces deux-là consacraient à leurs neveux et nièces. Des après-midis où tout était permis. Tant de choses ont disparu avec Alice. L'écran du portable s'éteint et Kyle se secoue : Eden n'a pas besoin de sa tristesse.

— Donc, tout ce petit monde va progressivement débarquer dans la maison d'oncle Solo. C'est un peu bordélique pendant ces quelques jours, mais il y a beaucoup d'espace et tout le monde y trouve son compte. Les adultes d'un côté, les jeunes de l'autre, ajoute-t-il avec un clin d'œil. Les seules personnes dont tu dois te méfier, ce sont la plus jeune et la plus âgée, fait-il d'un ton complice.

Eden fronce les sourcils : l'écoute attentive se transforme en méfiance.

— Non, rien de grave. Cleo est une petite peste bien gentille. Un peu envahissante ; mais que veux-tu, je suis un dieu pour elle ! C'est ça d'être cousins avec onze ans d'écart. J'ai connu quelque chose de similaire avec oncle Solo, cette impression de confiance absolue envers ce grand qui n'est pas un adulte.

Le regard bleu clair se baisse, juste avant de fuir vers l'extérieur de la voiture. Kyle serre les mâchoires : il s'est probablement planté dans les grandes largeurs.

— Ça va, Eden ?

Le silence est assez terrifiant. Kyle part chercher de l'aide dans le rétroviseur et y trouve le regard bienveillant de Garrett. Un signe de tête comme un encouragement et Kyle tente de se montrer moins maladroit.

— Je ne connais rien de ton passé, Eden ; nous sommes quatre à en avoir une certaine conscience : mon père, Kate, moi et, bien sûr, oncle Solo. Personne d'autre. Alors il y aura beaucoup de maladresses inconscientes, surtout de la part des plus jeunes. Les adultes perçoivent plus de choses. Rien de méchant ici, juste des caractères forts face auxquels il faut faire preuve de patience ou d'obstination. J'espère que tu pourras me faire confiance. Nous faire confiance. Et si c'est trop compliqué pour toi, si tu dois en choisir un, choisis oncle Solo. Parce que, la seule chose dont je suis certain, c'est qu'il est une des rares personnes en qui j'ai une confiance aveugle.

Eden s'est transformée en statue et Kyle devine que c'est sa façon à elle de se protéger. Elle ne fait confiance à personne… sauf Solomon.

— Tu l'as déjà choisi, dit-il à l'instant même où il le comprend.

La jeune femme mystérieuse ne répond pas. Kyle la voit froncer les sourcils, faire aller et venir son regard comme lorsque lui-même doit recruter toutes ses capacités intellectuelles pour analyser et comprendre. Elle ne répondra pas. Sa respiration s'accélère alors qu'elle se fige, yeux rivés sur l'extérieur. La panique qui l'envahit exsude de tout son être et rend l'atmosphère irrespirable. Kyle ressent une oppression qu'il n'a jamais connue.

— Nous arrivons.

La voix pourtant douce de Garrett fait tressaillir Kyle et il reprend pied avec la réalité. La voiture vient de quitter la route pour prendre le chemin qui mène jusqu'à la maison d'oncle Solo. Garrett que l'anxiété rend plus sévère et plus âgé, son regard observant la passagère à intervalles réguliers, chaque fois plus inquiet. Eden qui est livide et qui, revers des doigts sur sa bouche, yeux fermés, maîtrise visiblement sa respiration. Soudain, une nausée la secoue. Le véhicule s'arrête brutalement.

— Vous pouvez sortir, annonce Garrett en même temps que les portes se déverrouillent.

Il n'en fallait pas davantage à Eden pour s'éjecter hors de la voiture. Kyle est tétanisé, pétrifié tandis que l'homme d'expérience fait preuve d'un calme impressionnant, le regard rivé sur le rétroviseur extérieur côté passager, probablement pour surveiller Eden.

— Kyle, ça va ?

— C'est ma faute ?

— Non, affirme Garrett avec assurance. J'en sais encore moins que vous sur cette jeune personne, mais je sais reconnaître certains signes. Il y a des choses que seul le temps peut adoucir.

Il dit « adoucir », pas « effacer », ni même « guérir ». Eden est une enfant-esclave. Le restera-t-elle toute sa vie ? N'y a-t-il aucune possibilité ou probabilité pour qu'elle puisse se construire une vie où elle n'aura plus peur et pourra faire confiance ?

— Vous l'avez dit vous-même, Kyle, il y aura beaucoup de maladresses. Elle doit apprendre à les recevoir… comme vous devez apprendre à accepter que la violence de ses réactions vous dépasse.

Kyle acquiesce d'un hochement de tête. Il ne sait pas faire ça. Il n'a jamais eu à le faire. Mais il comprend ce que Garrett essaie de lui expliquer. Alors oui, il apprendra.

— Si vous permettez, je vais m'en occuper.

— D'accord.

Garrett sort aussitôt du Range Rover et Kyle se retrouve seul dans le silence, saisi par le froid qui s'engouffre par la porte qu'Eden a laissée ouverte. Il ne la fermera sûrement pas. On ne ferme aucune porte à une enfant-esclave. Le chauffeur-garde du corps s'encadre soudain dans l'ouverture et se penche dans l'habitacle pour attraper une bouteille d'eau.

— Tenez, fait-il à l'attention d'Eden en lui tendant la bouteille. Rincez-vous la bouche et buvez un peu pour apaiser votre estomac. Kyle, pourriez-vous nous prêter votre blouson ?

— Oui, bien sûr.

— Il est plus chaud que le manteau de mademoiselle.

— Aucun problème. Elle a froid ?

— Elle veut marcher un peu, explique Garrett. Il y a deux petits kilomètres jusqu'à la maison de votre oncle. On va les faire à pied. Ça va lui faire du bien.

— Il fait presque nuit, remarque Kyle. Je ne suis pas sûr…

— M. Rickman va être mécontent, fait la voix éraillée d'Eden.

Merde. Il a encore dit ce qu'il ne fallait pas. Kyle sort de la voiture et regarde Eden. Même dans le crépuscule, il peut distinguer son regard clair et la fièvre qui le fait luire. Elle tient le blouson de Kyle d'une main, prête à le rendre. Elle va renoncer par crainte de la désapprobation de Solomon.

— Non, assure Kyle d'une voix ferme. Oncle Solo sera heureux que tu aies profité de cet air… glacial, grimace-t-il en tremblant. Garrett a raison : avec mon blouson, tu n'auras pas froid. Du coup, je suppose que c'est lui qui t'accompagne. Tu ne m'en veux pas ? Moi et la marche dans la neige… C'est pas vraiment mon truc.

— Je ne voudrais pas déranger.

— Mais non ! s'exclame Kyle, joyeux. Et Garrett a besoin de se défouler après avoir conduit aussi longtemps, ajoute-t-il alors que celui-ci commence à aider Eden à enfiler le blouson. Pas vrai, Garrett ?

— Et comme ça, vous allez enfin pouvoir conduire cette voiture, ajoute le chauffeur dans un sourire. Il faut bien que quelqu'un se sacrifie pour l'amener jusqu'à la maison.

— Oui ! Et le sacrifice est énorme, rit Kyle.

Garrett récupère son manteau sur le fauteuil passager et l'enfile.

— Ne prenez pas froid, monsieur, glisse-t-il, narquois. C'est fragile, un petit garçon comme vous.

— Dans tes rêves, Garrett, réplique Kyle en fermant la portière pour rejoindre le côté conducteur. On se rejoint à la maison. Au chaud ! précise-t-il comme une dernière bravade.

Une bravade face à la cruauté de la vie. Dans le rétroviseur extérieur, il voit un homme finir de remonter la fermeture Éclair de sa veste devant une jeune femme qui le détaille d'un regard méfiant. Probablement prête à… À quoi ? Se battre ? Non. Fuir ? Non plus. Subir.

Eden subit. Elle se soumet. Si elle observe les gens, c'est pour mieux voir venir les coups et s'y préparer.

Putain de vie.

Kyle démarre doucement puis file sans ménager le Range Rover. Il n'a jamais conduit avec une telle rage au ventre.

11

Mardi 20 décembre 2016, début de soirée.

La porte d'entrée claque. Installé dans l'un des deux canapés en vis-à-vis à côté de la grande cheminée du salon, Aaron lève le nez de son verre de cognac et tourne la tête vers le hall. Debout devant l'âtre, Solomon, lui, se contente de remettre son portable dans la poche de son jean.

— C'est ton fils, annonce-t-il en fixant les flammes.

Elles lui ont manqué. Sa maison lui a manqué. C'est la première fois ces six dernières années qu'il est heureux de revenir ici. Cette propriété rêvée à deux, réalisée à un. C'est la première fois et il se refuse à analyser cette sensation. Il n'est pas idiot, il sait bien à qui il doit ce bien-être inattendu. Il sait également à quel point tout est aussi ténu que la brise qui floute la surface d'un étang au lever du soleil. Aussi immatériel que l'espérance en un avenir dont la probabilité tient de l'infinitésimal.

— Salut, fait une voix lugubre dans son dos.

Solomon découvre son neveu sur le seuil du salon. Le garçon est un kaléidoscope de sentiments : peur, colère, peine, désarroi. Il laisse tomber à ses pieds un sac de voyage, le sac à dos et le manteau d'Eden, puis cherche son père des yeux.

— Ça va, fils ? s'inquiète Aaron en le rejoignant.

— Je crois que j'ai fait une connerie, répond Kyle en déviant son regard vers Solomon.

— Eden va bien, le rassure-t-il calmement. Ta maladresse n'atteindra jamais un centième des miennes.

— Garrett t'a appelé ? devine le gamin un peu dépassé et navré.

— Message. Que s'est-il passé ?

— Viens t'asseoir, intervient Aaron.

Kyle suit son père qui le dirige vers le canapé qu'il occupait auparavant. Il s'effondre dedans et se vautre comme seul sait le faire un adolescent… ou un homme qui s'est fait mentalement secouer.

— Tu veux boire quelque chose ? propose Aaron.

— Whisky.

— Je pensais à quelque chose de moins fort, soupire le père.

— Il a dit whisky, fait Solomon de façon intransigeante en prenant place face à son neveu. Moi aussi, s'il te plaît.

Aaron cède dans un soupir et Solomon attend la fin du service pour parler à Kyle qui semble s'être muré dans le silence de ses réflexions.

— Eden vomit quand la panique dépasse tous ses mécanismes de défense, commence-t-il sans toucher à son whisky. On pourrait penser qu'il suffit de ne pas l'agresser physiquement ou verbalement pour éviter ces crises d'angoisse, mais malheureusement, son esprit est tellement conditionné que la moindre taquinerie est assimilée à une semonce ou une attaque en règle. Le moindre conseil, proposition ou suggestion est considéré comme un ordre. Elle n'a jamais connu le second degré, ni les joutes verbales amicales. Ni le droit à avoir sa propre opinion, ni donner son avis. Encore moins demander quelque chose.

Kyle hoche la tête.

— Je l'ai prévenue que, les gens ne connaissant pas son passé, il y aurait beaucoup de maladresses involontaires. Parce que, bien évidemment, je venais d'en commettre une. Même si je n'ai pas bien compris laquelle, ajoute-t-il, pensif.

— Raconte, exige Solomon.

Kyle soupire, puis avale une gorgée de whisky avant de répondre.

— Je lui ai présenté tous les membres de la famille quand j'ai compris que tu ne lui avais rien dit sur le déroulé des fêtes.

— Je comptais le faire une fois que nous serions installés, explique Solomon froidement. Mais c'est bien que tu l'aies fait.

— Mouais, commente le jeune homme avec un coup d'œil à son oncle.

Solomon s'excuse d'un signe de main. Kyle est jeune, mais il a oublié d'être bête. Celui-ci le connaît trop bien pour que Solomon puisse lui cacher sa vexation et son mécontentement. Il aurait dû parler à Eden bien plus tôt, lui donner tous les détails lui-même.

— L'inconnu est la pire de ses peurs, fait Kyle sans baisser les yeux.

— Je sais, se renfrogne Solomon en serrant les dents.

— Bref… J'en suis venu à lui parler de Cleo et de son adoration pour moi, de ce lien entre une petite fille et un grand qui n'est pas un adulte mais à qui on fait confiance.

Solomon retient un soupir : Kyle ne pouvait pas plus mal tomber.

— Et là, elle s'est fermée. Une vraie statue. Je crois que j'ai été encore moins doué quand j'ai tenté de me rattraper et de lui expliquer qu'elle pouvait nous faire confiance. J'ai vu à son regard qu'elle cogitait dur.

Son regard à lui se perd dans le souvenir de la scène. Ni Solomon ni Aaron ne cherchent à le ramener auprès d'eux.

— Je n'aurais peut-être pas dû lui faire remarquer qu'elle avait déjà choisi de te faire confiance.

— Pardon ?

Solomon se penche en avant pour chercher le regard de Kyle. Celui-ci le dévisage quelques secondes avant de blêmir.

— Euh…

— Tu lui as dit quoi, exactement ? exige de savoir Solomon.

— Que si elle ne devait choisir qu'une seule personne en qui avoir confiance, ça devait être toi, ose-t-il timidement. J'ai percuté après coup qu'elle t'avait déjà choisi… et ça m'a échappé.

— Mais… pourquoi ?

— Pourquoi quoi ?

— Pourquoi lui avoir dit un truc pareil ? s'agace Solomon.

— Parce que c'est vrai, s'énerve Kyle à son tour. Tu es comme un repère pour elle. Elle te cherche dès qu'elle a peur et elle a fait de toi une référence. Et toi, tu veilles sur elle…

— Ça suffit, Kyle.

— Quoi ? Qu'est-ce que j'ai dit ?

Silence. Solomon se refuse à répondre. Le regard d'Aaron ajoute un cran à sa colère injuste. Il ne se savait pas aussi facile à lire. Il doit cacher ses sentiments. Ils sont interdits. Si sa mère s'en rend compte…

— Oncle Solo, reprend Kyle plus calmement. Comme je l'ai dit à papa, je n'ai plus 4 ans. Le lien entre Eden et toi, ça se voit comme le nez au milieu de la figure.

— Tu l'as dit toi-même, je suis un repère pour elle.

— Ouais, c'est ça, botte en touche.

— Kyle, intervient Aaron alors que Solomon se lève brusquement.

Mais le gamin défie son oncle de lui mentir d'un simple regard. Solomon hésite à boire son whisky, à fracasser son verre contre la cheminée, engueuler son neveu… ou rien. Il ne fera rien de tout ça. Ce serait malvenu, injuste. Violent et imprévisible. Il s'est toujours promis de ne jamais être violent envers sa famille. Il n'a tout simplement pas le droit de tourner sa colère contre eux, surtout les plus jeunes. Même s'ils ont raison. Même s'il est le seul à se fourvoyer et à s'obstiner à le faire. Ce qui bout en lui depuis plusieurs jours, depuis qu'il connaît Eden doit rester au fond de lui.

Ils sont déjà trop nombreux à avoir perçu ou compris que ses sentiments dépassent la simple protection d'un tuteur. Il ne peut pas y en avoir d'autres. Il doit poser une distance avec elle. Cesser ces gestes qui le trahissent.

À l'instant précis où il décide de ne plus toucher Eden, ses mains le démangent. Sa peau la réclame. Son corps exige sa nouvelle drogue. Solomon ferme les yeux pour refouler cette sensation de manque. C'est encore pire. Derrière ses paupières, il ne voit que le bleu surnaturel de ses yeux. Il ressent sa panique à en vomir. La certitude que sa place est auprès d'elle est violente. Il envisage de la noyer dans le whisky, mais il sait que ça ne servirait à rien. Alors, Solomon pose son verre sur la table basse et quitte la pièce sans un mot.

— Qu'est-ce que j'ai dit ? demande Kyle à son père d'une voix inquiète.

— Une vérité maladroite, lui répond Aaron.

La vérité. Solomon soupire, décroche son manteau et s'enfonce dans la nuit.

Garrett est le premier à le distinguer sur le chemin qui mène à sa demeure. Eden marche à son côté, les yeux perdus dans la nuit.

— M. Rickman est là, entend Solomon comme un murmure.

Même dans l'obscurité, le regard d'Eden est remarquable : deux grands disques clairs sur une ombre. Et l'homme malmené par une vérité maladroite qui s'est jeté dans le froid de cette nuit d'hiver glaciale ressent leur pouvoir apaisant hors du commun. Le garde du corps s'écarte alors qu'elle s'arrête.

— Merci, Garrett.

L'homme expérimenté comprend et s'éloigne sans un mot. Solomon s'approche d'Eden et la détaille. Avec le blouson matelassé de Kyle trop grand pour elle, elle paraît plus jeune, plus enfantine, plus naïve. Elle lui fait penser à Cleo ; ou même à Megan et Kristen, ses nièces : elles ont toutes joué à enfiler ses manteaux dix fois trop grands pour elles. Il sent un sourire naître au coin de ses lèvres.

— Jolie doudoune.

— Un peu grande, dit-elle en écartant les bras, le bout des doigts dépassant à peine des manches. Mais chaude, précise-t-elle en ramenant les mains dans les poches.

Eden ne sourit pas quand les autres riraient de leur malice. Eden ne sourit jamais. Mais elle ne se ferme pas. Alors Solomon poursuit.

— Kyle ne peut pas penser à tout.

À la façon dont elle pince ses lèvres, Solomon devine qu'il s'est trompé.

— C'est Garrett qui a pensé à te donner ce blouson, se corrige-t-il.

— C'est ma faute, se précipite-t-elle comme si elle devait excuser Kyle.

— Ce n'est pas ta faute, Eden. Il n'y a même aucune faute. Garrett est un homme de 48 ans plein de sagesse ; Kyle, un gamin de 19 ans plein de maladresse.

Les yeux clairs filent ailleurs en se plissant.

— *Et moi ?*

Qu'elle ose poser une telle question manque de laisser Solomon sans voix. Il ne s'y attendait pas. Les yeux fiévreux quémandent une réponse et il doit réfléchir pour ne pas sortir la première connerie venue, poussée dehors par un désir qui ne le lâche pas. Un désir ravivé par la splendeur spectrale du visage d'Eden. Ses yeux grands ouverts, malgré l'inquiétude. Sa peau que la nuit rend vierge de toute trace infamante. Ses lèvres pleines. Putain…

— Désolée, fait-elle soudain. Ma question est déplacée.

— Non, la contre-t-il avec brusquerie parce que violemment ramené à une réalité qu'il n'a pas le droit d'oublier. Tu peux poser toutes les questions que tu veux. Aucun tabou. Aucun sujet interdit. C'est juste que je ne voudrais pas me montrer maladroit.

Le regard d'Eden brille un peu plus et fouille le sien comme elle seule sait le faire. Un clignement lent et elle se lance.

— Kyle a dit qu'il y aura beaucoup de maladresses inconscientes. Il a raison, n'est-ce pas ?

— Oui, Eden, soupire Solomon malgré la surprise.

Pourquoi la surprise ? Eden lui a déjà démontré son intelligence et sa finesse d'analyse et de compréhension.

— Garrett a dit que je devais apprendre à recevoir ces maladresses. Il a raison, n'est-ce pas ?

— Oui, Eden, confirme-t-il calmement même s'il n'apprécie pas qu'elle ait entendu cette vérité.

— Kyle a aussi dit que je pouvais vous faire confiance.

Cette fois, Solomon serre les mâchoires. Ce n'est

pas de maladresse dont a fait preuve Kyle, mais d'inconscience.

— *J'ai confiance en vous*, glisse-t-elle dans un murmure.

Et la colère disparaît. Eden lui fait confiance. C'était inespéré, surtout après ce qui s'est passé au club la veille. Surtout après tout ce qu'il lui a fait subir. Pourtant il le savait déjà. La preuve :

— Viens, Eden, ordonne-t-il doucement en lui tendant la main.

Une main qu'elle prend sans aucune hésitation. Des doigts auxquels elle noue les siens avec une aisance déconcertante. Ils marchent lentement, côte à côte, dans un silence qui ne pèse pas. Solomon comprend alors que ces silences paisibles n'atteignent pas Eden. Ce sont les silences guerriers qui la terrorisent. À cet instant, aucune menace. Aucune colère contenue. Malheureusement, l'arrivée de sa famille va changer la donne. À l'exception de Kate, Aaron et maintenant Kyle, personne ne sait pour Eden. Quoique… Kate et Aaron auront probablement prévenu leurs conjoints, peut-être même les enfants. Il devra s'en assurer. Le plus inquiétant, c'est la réaction de ses parents. Surtout Laura, sa mère. Elle l'a déjà sévèrement réprimandé pour les quelques relations douteuses dont elle a eu connaissance. Engueulé, pour être plus exact ; mais elle n'utiliserait jamais de mot aussi grossier. Sauf que Laura ne connaît pas le quart de la dépravation de son fils le plus rebelle. Ce qui n'est pas si sûr : elle a l'art, la manière et la force de faire parler Kate et Aaron.

— Ça va être un peu compliqué pendant quelques jours, lâche-t-il soudain.

— Les adultes d'un côté, les enfants de l'autre.

— Pardon ?

— C'est ce que m'a expliqué Kyle.

Solomon soupire.

— Kyle t'a expliqué beaucoup de choses, visiblement, maugrée-t-il d'une voix sombre.

Le corps d'Eden se tend.

— Et tant mieux, précise-t-il aussitôt. J'aurais dû le faire bien plus tôt.

— Vous aviez beaucoup de travail.

— Ce n'est pas une excuse, Eden. Je suis censé m'occuper de toi.

Et la colère revient, plus forte encore. Plus froide aussi. Les doigts fins et désormais glacés bougent dans sa main, réajustent leur prise.

— Je comprends.

Oui, elle comprend. Elle comprend tout. Elle accepte tout, même l'inadmissible. Solomon l'observe sans un mot. Il voit ses yeux bouger sans parvenir à définir leur cible. Comme dit Kyle, elle « cogite dur ». Lorsque le regard froncé d'inquiétude au point de paraître sévère vient se planter dans le sien, Solomon pressent que les mots à venir vont percuter quelques fondations.

— Kyle m'a dressé un portrait rapide de votre famille. Il m'a parlé de Cleo. Je sais bien que ses 6 ans en font un être naïf dont les questions peuvent être redoutables.

— Cleo est une tornade, sourit Solomon. Très intuitive, mais trop spontanée. Ses questions fusent sans aucun filtre. Elle ne réfléchit jamais à l'impact possible sur les gens. Elle veut savoir, elle demande.

— Elle n'a que 6 ans.

Solomon tait son désaccord. À 6 ans, son frère, sa sœur et lui savaient tenir leur langue et réfléchir à deux fois avant d'interroger les autres, surtout les adultes. Dans l'éducation reçue de leur mère, se taire plutôt que de montrer son ignorance ou sa bêtise était une règle incontournable ; et la punition systématique s'ils y contrevenaient. À 6 ans, se taire était devenu un moyen de survie pour Eden. Une règle absolue qu'elle applique toujours, sauf avec lui. Enfin presque : à cet instant, le regard clair fuit. Oui, il fuit. Solomon y a décelé la peur. Eden voulait dire quelque chose ou poser une question, mais elle va se taire par peur.

— Regarde-moi, exige-t-il en s'arrêtant.

Elle l'imite, se tourne vers lui et lève lentement son regard jusqu'à ses yeux. Un regard qui peine à soutenir le sien. Des doigts fins qui cherchent à fuir. Eden se replie derrière sa muraille de soumission. Solomon repense à ses dernières paroles. Il s'est planté.

— Oui, Cleo n'a que 6 ans. Elle doit encore apprendre ce que tu sais déjà faire…

Merde. Pas mieux.

— Non, ce n'est pas ce que je voulais dire, s'agace-t-il.

— *Je comprends*, dit-elle doucement.

Ses doigts se détendent dans la main de Solomon. Elle s'apaise en deux respirations. Garrett disait qu'elle devait apprendre à recevoir les maladresses… Elle a toujours su le faire, même les plus violentes.

— Tu es intelligente, Eden. Tes capacités d'adaptation sont une force incroyable et ta méfiance est ta meilleure protection. La soumission que ces salauds ont imprimée en toi est ta seule faiblesse. Ne te soumets jamais plus, Eden. À personne.

Froncement de sourcils et regard perdu d'incompréhension. Solomon poursuit quand même.

— Souviens-toi : avec moi, tu as le droit et même le devoir de parler. Tu peux me poser toutes les questions que tu veux. Je suis là pour toi. Je serai toujours là pour toi.

— Mais… Et les ordres ?

— Comment ça, les ordres ?

— C'est une règle absolue : obéir sans poser de question.

— C'était pour te protéger, Eden. Dans la vie, on reçoit tous des ordres ou des demandes. Pour certains, on y obéit parce que ça fait partie du jeu. Comme au travail : on suit les instructions de son chef. Pour d'autres, on a le choix. Dans tous les cas, c'est à toi de choisir si tu obéis ou pas.

— J'ai le droit de ne pas vous obéir ?

Elle est incrédule. Après tout ce qu'il lui a imposé…

— Vraiment ?

Solomon voit un sourcil se relever. Il entend la suspicion. Eden ne le croit pas. Elle n'a pas tort. Elle le connaît déjà si bien.

— Tu as le droit de manifester ton désaccord.

C'est plus fort que lui ; il se mettrait des baffes. Ou pas… parce qu'une lueur différente luit dans les yeux d'Eden. Elle rit de lui ? Il ne lui posera pas la question.

Il sait qu'elle se fermerait instantanément. Mais l'impression est tenace, comme hier soir. Un sourire dans ses yeux qui n'atteindra jamais ses lèvres.

— Pose toutes les questions que tu veux, Eden. Je te répondrai toujours.

— Même celles qui vous mettront en colère ?

— Pourquoi me mettraient-elles en colère ?

Eden le décrypte en penchant légèrement la tête. Elle le jauge et il devine que la suite ne va pas lui plaire et qu'elle en est consciente.

— *Violent et imprévisible*, répond-elle dans un souffle.

Solomon serre les dents et retient son souffle. Il était prévenu.

— Pose ta question, Eden, ordonne-t-il avec impatience.

Violent et imprévisible. CQFD. Génial…

— Votre mère va-t-elle vous croire ?

Putain…

— Mais que t'a dit Kyle ?

La colère est violente… et prédite. Eden se ferme instantanément, récupère sa main et recule.

— Rien, ment-elle ouvertement en baissant les yeux.

Tout faux. Retour au point zéro. Et merde !

— Eden.

Il s'interrompt aussitôt : voix glaciale et sifflante, rage au bord des lèvres. Il était prévenu. Bordel, elle l'avait prévenu. Et elle va se sacrifier pour protéger Kyle.

— Je vous présente mes excuses, monsieur.

Voix éteinte, tremblements. Il l'a terrorisée. Soudain, elle plie les genoux.

— Non !

Solomon l'empoigne par les bras et la force à se relever. Hors de question qu'elle se soumette. Pas à genoux. Pas cette posture d'attente d'une punition.

— Eden, appelle-t-il brusquement.

Aucune réaction.

— Eden, répète-t-il, plus exigeant et sévère.

Elle cligne des yeux. Elle est paniquée. Il est dépassé. Alors il revient à la base.

— Les trois règles absolues ?

Le regard noirci par les pupilles dilatées obéit enfin. Solomon ne la laisse pas réciter sa soumission.

— Eden, soupire-t-il.

Il ne sait pas quoi dire. Il ne comprend pas pourquoi elle est partie en vrille aussi vite. D'accord, il a eu un mouvement d'humeur, mais contre Kyle. Pas elle.

— Pourquoi as-tu si peur de moi ?

Ça lui a échappé. Il n'aurait jamais dû poser cette question. Pas comme ça. C'est du grand n'importe quoi.

— Vous êtes très en colère, dit-elle pourtant dans un murmure.

— Pas contre toi.

— M. Kyle va être en colère contre moi.

— Pourquoi…

Solomon se tait. Non, Kyle n'en voudra jamais à Eden.

— Et contre vous à cause de moi.

— Non, Eden.

Mais rien ne semble l'arrêter.

— Je commettrai bien plus de maladresses que vous tous, poursuit-elle en baissant les yeux.

— Eden, insiste Solomon. Les membres d'une famille ont des désaccords, s'engueulent parfois, mais leur amour est plus fort.

— Je ne suis pas un membre de votre famille, monsieur. Je ne suis personne.

— Tu es ma pupille. Tu es donc…

— Votre mère ne vous croira pas.

Le regard devenu sombre se plante dans celui de Solomon comme le défiant d'oser lui mentir. Peu importe ce que Kyle lui aura dit, Eden a tout perçu, intégré, analysé et compris. Solomon doit trouver une autre approche et la rassurer.

— Tu as confiance en moi ?

Simple hochement de tête.

— Alors, fie-toi à moi.

Froncement de sourcils.

— Je vais être le plus maladroit de tous parce que je suis celui qui a le plus à apprendre. Violent et imprévisible, précise-t-il quand elle ne réagit pas.

Les yeux s'éclaircissent à mesure qu'elle comprend et s'apaise.

— Nos démons sont puissants, Eden. Je vais t'aider à combattre les tiens. J'ai besoin que tu m'aides à combattre les miens.

— Comment ?

— Appuie-toi sur moi. Regarde-moi si tu as besoin d'assurance. Sers-toi de moi comme d'une arme si tu as besoin de te défendre ou de te battre. Mes ordres seront ton bouclier.

— Et moi ?

— Retiens ma violence.

— Comment ?

— Regarde-moi.

— C'est tout ?

— Juste une faveur…

Demande autorisée dans un silence patient par des yeux clairs dans lesquels ne luit qu'une paix immense. Une sérénité qui se propage en Solomon sans rencontrer la moindre résistance et l'autorise à oser.

— Quand nous sommes seuls, prends ma main. Ta main me calme.

Eden le scrute. Sa respiration lente semble mettre le monde en suspens.

— *Votre main me rassure.*

Mardi 20 décembre 2016, fin de soirée.

— Je te fais visiter ?

Eden interrompt ses gestes pour fixer Solomon. Elle était partie pour imiter Emily et ramasser ses couverts. Emily a une patience d'ange, mais elle n'aime pas qu'on s'immisce dans son travail. Elle et son mari, Gary, sont au service de Solomon depuis que le domaine a été conçu. Ils le connaissent depuis bien plus longtemps. Ce sont eux qui s'occupent de tout. Emily est la maîtresse de maison. Elle gère tout : courses, ménage, décoration, invités, repas… C'est également elle qui prend les décisions pour l'aménagement paysager. Gary est l'homme à tout faire, un couteau suisse. Un MacGyver, comme aimait l'appeler Alice. Elle les aimait, tout simplement. Elle qui avait perdu ses parents avait trouvé en eux ce soutien indéfectible qu'un enfant cherche toute sa vie. Leur offrir une maison sur le domaine a été une évidence pour Solomon. Gary et Emily n'ont pas pu refuser.

— Laisse donc tout ça, commande Emily à Eden. Je vais m'en occuper avec Scott.

Scott est leur fils unique. Il a rejoint ses parents après avoir servi son pays. Un an de galères sans trouver le moindre travail stable, ni le moindre soutien pour les blessures invisibles. Un jour, Solomon l'a vu travailler avec les chevaux, leur parler, évoluer parmi eux comme s'il faisait partie de leur horde. Sa proposition a été instinctive.

— Ton père est un homme doué de ses mains, mais il n'y connaît rien en chevaux. Tu peux commencer demain, a-t-il dit avec brusquerie alors que Scott ramenait un étalon à son box sans le tenir.

— Je ne peux pas accepter, s'est défendu Scott, trop fier.

— Donne-moi une seule bonne raison de revenir sur ma décision.

— Eh bien… Euh…

— Nous sommes d'accord.

C'était il y a deux ans. Aujourd'hui, Scott est plus qu'un ami. Un petit frère qui échange un regard amusé avec Solomon avant de lever les yeux au ciel.

— Y avait longtemps, sourit Scott.

— Un peu moins d'insolence, gronde Emily. Aide plutôt Eden à sortir de table.

Loin de s'émouvoir de l'autorité maternelle, le fils rit, suivi de Kyle. Avec leurs cinq ans d'écart, ces deux-là partagent souvent leurs moqueries, même silencieuses. Solomon sourit lui aussi : les garçons ont surnommé Emily « le Colonel » depuis qu'ils se côtoient. Heureusement pour leurs fesses ou leurs oreilles, elle ne le sait pas. Le secret a toujours été bien gardé. Scott obéit à sa mère sans perdre sa bonne humeur et vient se placer derrière Eden. Celle-ci n'a presque pas bougé, ses couverts toujours en suspens au-dessus de son assiette.

— Laisse tomber, Eden, intervient Kyle. Ici, donner un coup de main est un crime de lèse-majesté, rit-il.

— Absolument pas ! se récrie Emily.

— Alors, c'est moi qui débarrasse, la nargue-t-il ouvertement.

— Pas ce soir, ne peut-elle s'empêcher de refuser.

— Tiens donc !

Et les deux garçons de partir dans un fou rire. Le regard bleu ciel se plisse en passant de Kyle à Emily. Comme depuis qu'elle est arrivée dans la maison, Eden observe sans un mot. L'accueil chaleureux d'Emily l'a laissée de marbre. Solomon l'a vue scanner le regard de la gardienne des lieux et il a su ce que la jeune femme y a décelé : une autorité dont elle ne saura que se méfier. Ça ne va pas être facile pour elle de rester sereine auprès d'Emily ; ce qui promet le pire avec Laura, la matriarche absolue. Gary l'a conquise par son regard vert débordant de la même sérénité que celle qui est l'essence d'Eden. Distance de sécurité non négociée pour autant, mais le respect entre ces deux-là a été immédiat. L'accolade franche et virile de salutation entre Scott et Kyle l'a effrayée. La poignée de main entre Scott et Solomon ne l'a pas rassurée. Elle ne s'est peu à peu détendue qu'au cours du repas, mais le dernier échange semble la perturber profondément. Et ça se lit dans ses yeux quand elle les pose sur Solomon.

— Viens, fait-il en se levant.

Eden pose doucement ses couverts dans son assiette, plie tout aussi lentement sa serviette qu'elle range sur la table. Alors elle y prend appui et se lève, sa chaise gentiment retirée par Scott.

— Merci, glisse-t-elle sans oser le regarder vraiment.

— Mais de rien, fait-il avec un clin d'œil.

Elle ne répondra pas, ne sourira pas. Scott est un jeune homme qui, derrière ses fanfaronnades, perçoit beaucoup de choses. Si son regard change, son sourire ne s'éteint pas.

— On va commencer par ta chambre, explique Solomon pour inciter Eden à le suivre.

— Eden ne dort pas avec nous ? s'étonne Kyle.

— Non.

Ferme et non négociable ; et tout le monde l'aura entendu. Solomon conduit Eden jusqu'au hall d'entrée et se place de dos à la double porte. Ce hall, c'est le chef-d'œuvre d'Alice : pierre, bois, verre et métal, les matériaux fondamentaux sont tous mis en valeur dans cet espace immense, l'axe principal de la maison en bois massif. C'est là que Solomon ressent le plus sa présence. Elle n'a pourtant jamais vu cette maison, ni même les fondations. Aujourd'hui, c'est une autre femme qui admire leur rêve. Une trop jeune femme : Eden… Dès qu'elle est près de lui, Solomon commence à expliquer la disposition des pièces. Les mots effaceront peut-être les souvenirs cruels et l'espoir improbable et naïf.

— On est sur la façade est de la maison. Le nord, fait-il en tendant son bras vers la droite. À l'extérieur, le garage et toute l'intendance. Ici, à l'intérieur, la cuisine qui donne sur la salle à manger orientée à l'ouest. Face à nous, derrière le mur principal en pierre et à suivre, c'est le salon avec sa grande cheminée et le quart-de-queue. Il ouvre sur la salle de billard.

Eden suit son doigt dans une écoute attentive. Elle a déjà vu cette partie de la maison.

— De ce côté, désigne-t-il en tendant la main vers la gauche, sous l'escalier monumental qui mène à l'étage, l'escalier qui conduit au sous-sol. Au-delà, mon bureau. Au bout du couloir, c'est l'accès à la piscine couverte.

Elle blêmit. Fugace, mais il a su le voir. Le regard clair quitte le couloir pour rejoindre le sol. Elle se reprend en une inspiration. Il doit savoir.

— Parle-moi.

Elle ferme les yeux sans le regarder.

— *J'ai peur de l'eau.*

— Tu ne sais pas nager ?

Silence. Elle secoue la tête. Soudain, elle frissonne violemment. Solomon ne sait pas ce que cache cette peur. Il sait juste qu'il ne doit pas le demander.

— Tu m'en parleras, un jour, si tu veux.

De nouveau, elle secoue la tête et réprime un sanglot.

La peur devient terreur. Alors Solomon effleure le petit poing serré du dos de sa main.

— Respire, Eden. Tu es en sécurité ici.

Elle s'empare de ses doigts, y entremêle les siens et les serre fort. Très fort.

— Viens, je vais te montrer ta chambre.

Elle accepte d'un mouvement imperceptible de la tête, sans parvenir à rejoindre son regard. Solomon n'insiste pas. Lentement, il la précède dans l'escalier. Arrivée sur le palier, Eden a retrouvé une certaine sérénité et entreprend de détailler les lieux.

— L'étage est réservé aux chambres. Il y en a quatre en face et à ta droite : les chambres des invités. Au-dessus de nous, c'est le dortoir. Tout le niveau sous les combles a été aménagé pour accueillir les enfants. C'est leur univers ; à la fois chambre et salle de jeux. Je ne doute pas que Kyle sera très heureux de t'y servir de guide.

— Je le crois également.

Les yeux couleur ciel d'hiver brillent de cette lueur de paix intérieure intense qui n'appartient qu'à elle. Ce qui ressemble le plus à un sourire chez Eden.

— Le dortoir est un capharnaüm sans nom. J'ai pensé que tu aurais besoin d'un endroit où te réfugier.

— *Merci*, dit-elle dans un souffle après l'avoir dévisagé intensément.

Cette reconnaissance encourage Solomon à poursuivre. Il n'était pas sûr de son idée. Il s'est occupé de tout, a donné des ordres, sans jamais solliciter l'avis d'Eden. Lui donner une chambre semblait le minimum, d'autant que le dortoir est immense pour une personne seule. C'est le choix de la pièce dont il doute à présent. Quatre suites pour trois couples invités, il a toujours une solution de repli.

— Ici, c'est ma chambre, fait-il en avançant sur leur gauche et en désignant le côté ouest. Là, c'est la tienne, précise-t-il en pointant le côté opposé.

Il s'arrête devant la porte, la main sur la poignée.

— La salle de bains est commune, mais j'ai fait mettre des verrous pour qu'on ne se gêne pas.

— D'accord.

— Cette pièce n'était pas utilisée jusqu'à présent. Je crains que ce ne soit très sommaire.

— D'accord.

Solomon ouvre la porte et laisse Eden découvrir sa chambre. Il ne sait pas à quoi elle peut ressembler. Il n'a pas voulu la voir avant. Cette pièce… Cette chambre… La nursery. Alice la voulait au plus près d'eux. Elle voulait que le soleil couve leur enfant de ses premiers rayons, les plus doux, comme autant de promesses de bonheur.

Pas de bébé ici, mais une enfant qui n'a connu la tendresse d'une mère que trop peu de temps dans sa courte vie. Une petite fille qui regarde devant elle avec émerveillement. Émerveillement ? Et cette odeur… Cire ? Peinture ? Eden s'avance lentement et Solomon la suit. Il ne va pas plus loin que le seuil. La pièce n'a pas seulement été débarrassée et nettoyée, elle a été préparée. Parquet ciré. Murs côté intérieur peints en blanc. Côté extérieur, murs en bois dépoussiérés. Une vieille armoire. Un lit et sa table de chevet. Un bureau avec sa chaise et sa lampe. Un pot à crayons. Un cahier.

— Solomon ?

Eden fait un véritable bond et se retourne, terrifiée.

— C'est Scott, explique Solomon calmement malgré sa propre surprise.

Ça suffit à la tranquilliser et il recule d'un pas pour croiser le regard de Scott.

— Désolé, s'excuse celui-ci. C'était juste pour savoir si ça convient.

— Ce n'est pas à moi qu'il faut le demander, répond Solomon en s'écartant un peu plus.

Scott s'approche de la porte de la chambre. Solomon le voit se décomposer de façon fugace, puis se recomposer. Il cherche à l'intérieur et y trouve le regard d'Eden, plus brillant, plus perçant, plus hypnotique que jamais. Le mélange de bonheur et de détresse pulvérise tout sur son passage et atteint directement l'âme de Solomon quand les yeux emplis de larmes se vrillent aux siens.

— *J'ai une chambre.*

L'enfant-esclave pleure. Scott disparaît sans un mot. Solomon est seul face à Eden. Il n'a plus d'armure. Plus de violence. Il a envie de pleurer. Pleurer la femme qui aurait dû vivre ici. Pleurer l'enfant qui aurait dû dormir ici. Pleurer sur la femme-enfant qui est là.

Solomon se retrouve devant elle sans comprendre comment. Doigts enlacés. Front contre front. Peau contre peau. Yeux dans les yeux. Connecté comme il ne l'a jamais été avec elle. Il ne la prendra pas dans ses bras pour la consoler. Il n'essuiera pas les larmes silencieuses. Il ne l'embrassera pas sur le front. Il ne l'embrassera pas. Il serre ses petits doigts un peu plus fort et s'en va en fermant la porte derrière lui.

C'est Aaron qui l'attend dans le salon, appuyé au mur, une bouteille de whisky ouverte dans une main et deux verres vides dans l'autre. Il verse deux portions généreuses dans les verres et tend son bras à son frère qui en prend un. Solomon fait onduler le liquide ambré et en boit une longue gorgée.

— Ça fait longtemps que tu n'as pas pris une raclée au billard, le défie Aaron avant de boire à son tour.

C'est Aaron qui prendra une raclée.

12

Mercredi 21 décembre 2016,
10 heures du matin.

Dix heures du matin !

Solomon se redresse brusquement dans son lit et vérifie sur sa montre abandonnée sur la table de chevet l'heure affichée par le réveil. Merde, 10 heures passées. Il se lève et se met à l'écoute de sa maison. Il perçoit les bruits de la cuisine, le jazz dans le salon. Rien d'autre. Il file dans la salle de bains, découvre la porte donnant sur la chambre d'Eden ouverte et, confronté au silence, jette un coup d'œil. Tout est en ordre, bien rangé. C'est parce que la taie d'oreiller est légèrement froissée qu'il sait qu'elle a dormi dans son lit. Toilettes, brossage des dents et douche rapide. Médicament pour lutter contre le mal de tête, résultat des deux bouteilles de whisky enfilées jusqu'au milieu de la nuit. Il attrape un jean, un tee-shirt et une chemise épaisse qu'il enfile en dévalant les escaliers, puis il rejoint la cuisine, attiré par la bonne odeur des pancakes.

— Salut, l'accueille Aaron d'une voix trop grave.

— Salut, répond Solomon avec des sonorités tout aussi éraillées.

— Pas mieux, fait son grand frère. Café ?

— Je veux bien.

— Cafetière.

— Trop aimable.

Solomon va se servir et s'appuie contre le meuble pour siroter son café tout en attrapant un pancake d'une main, le pliant et l'engouffrant entier.

— Tu es un goinfre, le sermonne Emily en revenant de la salle à manger.

Bouche pleine, Solomon se contente de lever son mug fumant.

— Tu as bien dormi ?

— Moui, réussit-il à articuler.

— Vous avez la gueule de bois, fait-elle en posant deux bouteilles de whisky vides sur le plan de travail.

Les deux frères échangent un regard. Ils n'ont pas beaucoup parlé, au début. Les confidences sont venues plus tard. Travail, enfants, femme, sexe… Eden. Forcément. Aucun jugement. Juste le conseil de prudence d'un aîné. C'est à ce moment que la deuxième bouteille y est passée.

— Robin et les enfants ? interroge Solomon pour faire diversion.

— Fin de matinée, lui répond Aaron. Garrett repart à Denver avec l'hélico.

— Kate et sa famille arrivent en début de soirée et vos parents demain pour le déjeuner. Tout se passe comme prévu, explique Emily. Enfin, presque, ajoute-t-elle soudain, tournée face à la fenêtre donnant sur le devant de la maison.

Solomon la rejoint et voit Kyle guider Eden vers les écuries. Paré de sa doudoune, le jeune homme sourit à pleines dents en jouant avec une boule de neige. Il faut reconnaître la chevelure brune et soyeuse pour savoir que la personne noyée dans le manteau épais en peau retournée de Solomon est Eden. Le vêtement est sanglé sur elle avec une ceinture pour coller à son corps trois fois plus fin que celui du propriétaire de la veste.

— Il va falloir lui acheter quelque chose de plus chaud que son manteau noir, dit Emily en se détournant. Très beau, ceci dit, mais totalement insuffisant ici.

— Il aurait mieux valu que Kyle lui prête le sien, mais il a préféré la saucissonner là-dedans. D'après lui, cette veste est bien plus chaude, doute Aaron.

— Il a raison, le corrige Solomon. Tu sais si elle a dormi ?

Silence. Solomon dévisage son frère qui grimace en secouant la tête.

— Elle n'a rien mangé, intervient Emily. Ni prononcé un mot, à l'exception des formules de politesse. Y a-t-il quelque chose que nous devrions savoir ?

Solomon hésite, passe de sa deuxième mère à son frère sans savoir quoi dévoiler. Il n'a pas envie de répondre. Il n'a pas envie de révéler le secret d'Eden. Les gens n'ont qu'à l'accepter comme elle est. Pour une fois, que ce soient les autres qui s'adaptent à elle et non l'inverse. Pourtant, il entend la suspicion dans la voix d'Emily. Il sait que la réserve extrême de sa pupille surprend et n'est pas comprise. Que son propre comportement protecteur surprend et n'est pas compris. Il doit parler pour la protéger.

— Le passé d'Eden lui a appris à ne faire confiance

à personne et à avoir peur de tout le monde. Il va lui falloir du temps. Beaucoup de temps.

Il enfourne un pancake. L'explication est terminée.

— Il faut qu'elle mange, fait Aaron en fixant son frère.

Solomon accuse réception et acquiesce d'un hochement de tête. Il avale son café, s'empare de l'assiette de pancakes et part dans le garage.

En entrant dans les écuries, Solomon apprécie la douce chaleur animale et l'odeur caractéristique des chevaux. Il les entend bouger, souffler, piaffer. Il les voit jouer les curieux, vérifier la présence de gourmandises ; mais surtout observer la nouvelle venue. Eden a retiré sa camisole chauffante et l'a abandonnée sur une botte de paille. Pantalon slim noir, bottillons noirs, gros pull écru drapé de ses cheveux brillants, elle écoute Scott lui expliquer comment brosser un cheval. Kyle, à son habitude, a piqué le seau de pommes et fait la distribution. Scott se rend compte de la présence de Solomon en levant les yeux pour parler à Eden. Celle-ci fait immédiatement volte-face et recommence à respirer dès qu'elle reconnaît l'intrus. Elle est trop pâle. Ses yeux trop gonflés. Ses lèvres trop serrées. Ses mains trop nouées. Et ça ne plaît pas du tout à Solomon.

— Bonjour, Solomon, le salue Scott.

— Bonjour, répond-il d'une voix trop sombre.

— Salut, oncle Solo, lance Kyle en revenant vers eux, stoppant sans le savoir la tentative de salut d'Eden. Oh, des pancakes !

— Non, tranche Solomon.

— Quoi, non ?

— Ils ne sont pas pour toi.

— OK, renonce Kyle en levant la main en signe de paix.

Les yeux bleu ciel quittent Solomon un quart de seconde avant qu'il ne la fixe. L'inspiration profonde d'Eden signe son anticipation de la suite. Il ne lâchera rien.

— Eden, ordonne-t-il sèchement.

Silence. Scott secoue la tête comme un désaccord. Solomon fronce les sourcils comme un avertissement. Elle le regarde sans relever la tête.

— Il faut que tu manges, dit-il plus posément en lui présentant l'assiette.

— Je n'ai pas très faim.

— Je te l'ai déjà dit : rien ne se résout le ventre vide.

— Ça fait beaucoup.

— Je n'ai pas dit que tu devais tout manger, s'impatiente-t-il trop vite.

Eden baisse les yeux. Solomon s'apprête à exiger qu'elle le regarde, mais Scott s'interpose calmement devant la jeune femme devenue mutique.

— Tu veux bien ? fait-il en lui imposant une brosse en douceur. Je dois aller chercher d'autres pommes. Kyle, appelle-t-il.

— Ouaip.

Les deux garçons se volatilisent sans bruit et Solomon se retrouve face à Eden. Yeux rivés sur la brosse dans ses mains, elle n'ose pas bouger. Il s'en veut : son comportement brutal a fait fuir tout le monde et tétanise celle qui est déjà sur la défensive.

— Je te demande pardon, Eden. J'ai la gueule de bois ; et ce n'est sûrement pas une excuse.

Elle le regarde furtivement et pince ses lèvres. Ce n'est pas gagné.

— Cauchemars, confie-t-elle pourtant avant de se tourner vers le cheval.

Sa main libre vient effleurer l'épaule de l'animal qui frémit. Lentement, la main glisse vers le flanc, puis la brosse suit le chemin tracé. Avec des gestes doux, elle prend soin du cheval et lustre sa robe. Solomon n'exige rien, n'impose rien. Il comprend à quoi faisait allusion le « ça fait beaucoup ». Il a été plus que maladroit. Il est maladroit. Il veut offrir à Eden une nouvelle vie, mais le changement est trop brutal. Beaucoup trop brutal.

— Ça va être pire avec toutes les personnes qui vont envahir les lieux.

— Ça va aller.

— Ne me mens pas.

Eden poursuit les soins. Sa tranquillité sereine s'installe et prend ses aises. Elle déploie ses ailes, l'enveloppe et la protège. Les gestes qui se succèdent. Leur régularité. L'esprit d'Eden part se réfugier dans une chorégraphie apaisante. Il ne l'en empêchera pas. Il s'assied sur la botte de paille et la contemple. Jusqu'à ce qu'elle soit sur le point de contourner le cheval par la croupe.

— Non ! claque sa voix pour l'arrêter. Jamais derrière un cheval.

Elle s'écarte brusquement, effraie le cheval qui bouge nerveusement, puis elle recule encore.

— Doucement, Eden. Tu lui fais peur.

— Moi, lui faire peur ? s'étonne-t-elle en se tournant vers Solomon.

— Rejoins-la vers l'avant…

— La ?

— C'est une jument. Elle a besoin de te voir, explique-t-il alors qu'elle pince ses lèvres.

— Elle va me mordre.

— Elle ne va pas…

— Non.

Eden fait quelques pas supplémentaires en arrière. Elle a peur. Solomon pose l'assiette et se rapproche de la jument. Il se place près de sa tête et la flatte doucement sur l'encolure pour la calmer.

— Chut, tout doux, ma belle. Tout doux.

La jument fait aller sa tête d'un mouvement vif et Eden augmente sa distance de sécurité.

— Viens, Eden, fait-il en caressant le chanfrein.

— Comment un truc aussi gros peut-il avoir peur de moi ? résiste-t-elle.

— Ça s'appelle un cheval, se moque Kyle en entrant dans l'écurie, un seau plein de pommes au bout de chaque bras. Oh là, lâche-t-il en constatant les positions respectives dudit cheval, d'Eden et de Solomon.

Son regard s'arrête sur son oncle qui le fixe en espérant que son neveu trouvera les mots et le ton qui rassureront Eden.

— Tu es sûre que c'est le cheval qui a peur de toi et pas l'inverse ? demande celui-ci à Eden dans un sourire tout en posant ses charges.

Le regard bleu ciel détaille Kyle sans trahir la moindre émotion.

— C'est ce qu'a dit monsieur… bute-t-elle avant de se corriger. Votre oncle.

— Les chevaux ont peur de tout.

Kyle ferme la bouche à peine ces mots prononcés sans réfléchir. Solomon serre les dents.

— Les chevaux sont des proies, intervient Scott en attrapant une pomme et en la coupant en deux. Comme la plupart des herbivores. L'évolution a ancré en eux la vigilance nécessaire à leur survie. Ce sont des champions de la fuite. Ils sont conçus pour ça.

Solomon se maîtrise pour ne pas inquiéter l'animal : chaque parole pourrait s'appliquer à Eden. Scott le rejoint avec ce calme qui l'habite en permanence et qui se dévoile face aux chevaux les plus rétifs ou apeurés. La jument gagne une demi-pomme et Solomon un regard intense et réconfortant.

— Il leur arrive pourtant d'attaquer, persiste Eden.

— Seulement quand ils sont acculés.

— Comme lorsqu'ils sont attachés ? demande-t-elle avant de blêmir.

Le silence pèse soudain de façon insupportable. Tous conscients de la transposition faite. Seul Scott ose poursuivre.

— Pas ces chevaux, Eden. Ils ont confiance en nous. Je peux même les panser sans ces longes.

Elle ne peut plus reculer, coincée contre la botte de paille sur laquelle s'était assis Solomon.

— Pas quand il y a autant de monde, la rassure Scott

en la regardant dans les yeux. Surtout pas quand Kyle est dans les parages, ajoute-t-il avec un sourire en coin.

— Eh ! Je suis le meilleur cavalier de cette famille, se plaint le plaisantin de service.

— Trop bruyant et trop remuant. Tu les fais fuir.

— C'est même pas vrai ! Les chevaux m'adorent.

— Ils adorent les pommes et les morceaux de sucre.

— Je te parie ce que tu veux que je peux diriger Holly à la voix.

Scott rit sous les yeux écarquillés d'Eden.

— Il me tarde de voir ça.

— Maintenant, le défie Kyle.

— Laisse-moi expliquer à Eden d'abord, le contient Scott en s'approchant d'elle. Je vais mener Holly dans le manège qui est dehors avec une longe. C'est une gentille jument. Où tu te tiens, tu ne risques rien. Une fois dans le manège, je vais la libérer et Kyle va faire ce qu'il peut, finit-il avec un sourire. Tu peux venir voir si tu veux.

— Elle doit d'abord manger, rappelle Solomon avec autorité.

Eden quitte Scott du regard pour retrouver celui de Solomon. La peur a quitté ses yeux. Douceur et patience, comme disait Steve. Scott est bien meilleur que lui.

— Parce qu'il reste des pancakes ? s'extasie Kyle. Je peux ? demande-t-il à Eden en la rejoignant.

Elle se déplace lentement, s'écarte de la botte de paille et rejoint le centre de l'allée. La proie qu'elle est vient de s'offrir des possibilités de fuite. Au regard qu'il échange avec Scott, Solomon sait qu'ils partagent la même analyse. Kyle ne doit pas en être loin, car il fronce les sourcils avant de s'intéresser à l'assiette et de forcer sa fanfaronnade.

— Tout ça ! Mais vous n'avez rien mangé ! remarque-t-il en se tournant vers son oncle.

Et le voilà qui roule un pancake et en engouffre la moitié avec voracité.

— Trop bon, fait-il la bouche pleine. Sérieux, Eden, ce sont les meilleurs. Il faut que tu goûtes. On va faire comme avec Cleo.

Deuxième moitié enfournée, Kyle roule un autre pancake et le tend à Eden en imitant un avion.

— Kyle, menace Solomon.

— Vraiment ? s'étonne Eden, dubitative.

— Vraiment, sourit Kyle en présentant le pancake roulé devant elle. Vas-y, mords…

Tout dérape en un quart de seconde. Eden, brusquement livide. Son recul.

— Je…

Sa nausée violente. Sa main devant sa bouche. Son autre main comme rempart alors qu'elle se plie en deux. La réaction de Kyle est instinctive. Le pancake cède à la gravité alors qu'il fait un pas pour aller la soutenir.

— Ne la touche pas !

L'ordre claque. Les chevaux réagissent. Kyle s'immobilise. Eden subit un second haut-le-cœur sans rien vomir. Solomon vient s'accroupir à côté d'elle.

— Respire, commande-t-il d'une voix ferme.

Les yeux glacés par la terreur se plantent dans ceux de Solomon. Il déglutit alors que son cerveau bloque toutes les hypothèses expliquant la réaction violente de l'enfant-esclave. Il sait de toute façon.

— Redresse-toi et respire.

Eden secoue la tête. Troisième nausée. Elle s'agenouille et se recroqueville en un bloc compact. Solomon l'entend maîtriser sa respiration à mesure qu'elle entame un léger balancement de son buste. Alors, dans un silence assez terrible, les trois hommes attendent.

— Eden, chuchote Solomon en lui tendant sa main.

Elle la prend et la serre fort en fermant les yeux. En deux mouvements, sa respiration a récupéré une amplitude et un rythme normaux. Eden use de tout son savoir-faire pour prendre le contrôle de son corps. Seul son regard porte les stigmates de sa lutte intérieure.

— Parle-moi.

Elle secoue la tête en signe de refus.

— Es-tu malade ? s'inquiète-t-il.

Nouveau mouvement de tête doublé d'une larme.

— D'accord, renonce-t-il. Tu peux te lever ?

Cette fois, c'est un oui.

— Viens, commande-t-il en se redressant et en lui offrant sa deuxième main.

Eden s'appuie sur l'aide offerte et se remet sur ses pieds. Il la libère aussitôt et recule d'un pas.

— Donc, fait Kyle d'une voix triste, ça, c'était une mauvaise idée.

— Bon sang, Kyle, siffle instantanément Solomon.

— Je suis désolée, s'excuse Eden en regardant rapidement Kyle avant de baisser les yeux.

— Aucun problème, claironne celui-ci. Je ne suis pas devenu le meilleur cavalier du monde sans tomber de cheval. Je ne vais pas devenir ton meilleur ami sans cumuler les pires gaffes !

Scott sourit en levant les yeux au ciel. Solomon manque de s'étrangler de rage. C'est le regard bleu ciel qui joue les arbitres. Un regard qui se verrouille sur Kyle et lui fait perdre son assurance de pacotille.

— Meilleur cavalier du monde ?

La voix douce et paisible d'Eden semble déchirer la chape de plomb qui écrasait les trois hommes. Le premier à profiter de cette libération est Kyle qui déploie tout son génie de pitre. Il offre un sourire éclatant, jette plus qu'il ne pose l'assiette de pancakes sur la botte de paille et roule des mécaniques.

— Ouaip, ma p'tite dame ! Le meilleur !

Scott rejoint la jument et commence à la détacher. Le mouvement de recul d'Eden la rapproche de Solomon. Elle qui pansait l'animal peu de temps auparavant en a peur désormais. Ainsi, la peur s'ancre en elle beaucoup plus vite que la confiance.

— Mon assistant ici présent, continue Kyle en pleine démonstration, va utiliser une longe pour mener cette bête féroce dans l'enclos du diable. Lorsque tout le monde sera en sécurité, et seulement à ce moment-là, il la libérera. Vous constaterez alors le pouvoir extraordinaire de ma voix.

— Kyle, l'appelle Scott. Trop de bruit.

— Quoi, trop de bruit ?

— Tu excites les chevaux, répond Scott en se dirigeant vers la sortie.

— Moi ? s'exclame Kyle d'une voix aiguë faussement outrée en le suivant.

Les chevaux piaffent. Holly s'ébroue et hennit doucement. L'alpha lui répond depuis son box. Eden tremble et recule encore. Elle bute sur Solomon, sursaute et lui fait face. L'inquiétude s'est imposée en elle, mais peu à peu le bleu de ses iris reprend la douceur de l'aurore. Ses traits tirés et ses cernes sont encore plus visibles que lorsqu'il l'a vue la première fois ce matin.

— Je vais te toucher, prévient-il d'une voix trop sombre.

Eden ferme ses yeux dans un soupir. Un abandon inattendu. Inespéré vu les circonstances.

— Ton visage, précise-t-il en levant une main.

Le revers de son index effleure la ligne de sa mâchoire et son pouce vient caresser le cerne, comme si ça pouvait suffire à l'effacer. Le regard qui se dévoile ne cède plus un iota à la peur ou à l'inquiétude. Sa sérénité tranquille est un don inestimable.

— Puis-je te conseiller une sieste en début d'après-midi ? Tu as l'air épuisée.

— Je n'ai pas beaucoup dormi.

— Cauchemars et nausées ?

— Oui.

Son regard fuit. Solomon n'insiste pas.

— Et si on allait voir Kyle se ridiculiser ? propose-t-il avec un sourire en coin.

Un sourire qui illumine les yeux bleu ciel sans atteindre les lèvres pleines.

— Ça va être rigolo, c'est ça ?

— Navrant d'excès de confiance en soi.

— Parce qu'il n'est pas le meilleur cavalier du monde ?

Solomon rit. Pas Eden. Son regard le fait pour elle et c'est la plus belle chose qui existe sur cette planète.

— Tu le sais déjà, n'est-ce pas ?

— Est-ce qu'un cheval peut attaquer un mauvais dresseur ?

— Non, Eden. Holly va se contenter de n'en faire qu'à sa tête. Kyle ne risque rien.

— Scott sait diriger Holly à la voix. Les autres chevaux aussi ?

— Scott a un don avec les chevaux.

— *Pas seulement*, murmure-t-elle avant d'attraper son manteau.

Pas seulement… Eden a vu au-delà de l'évidence. Au-delà de la première impression. Bien sûr qu'elle a sondé la profondeur de l'âme de Scott. C'est son don à elle ; et il est très puissant. Solomon ne fera aucun commentaire. Il aide Eden à enfiler le manteau trois fois trop grand pour elle. Elle croise les pans sur son corps fin alors qu'il serre la ceinture. Ils rejoignent le manège sans un mot. Scott a déjà libéré Holly et s'est perché sur la clôture. Il se penche aussitôt vers eux et tend une main à Eden.

— Tu montes ? Tu verras mieux le travail de Kyle avec le cheval.

Eden observe ce qui se passe dans la carrière à travers la clôture. Puis elle attrape le rondin supérieur et la main de Scott et grimpe sur la barrière avec aisance. Elle a confiance en Scott et c'est tant mieux. Solomon se dit qu'il va pouvoir commencer à compter les gens que l'enfant-esclave accepte dans son intimité. Sur la petite dizaine de personnes qu'elle a côtoyée, ils sont deux à pouvoir la toucher. Peut-être trois avec Logan ; et encore, pas sûr.

— Non, lui reste en bas, fait Scott dans un sourire alors qu'Eden dévisage Solomon. Il est trop lourd. Il va tout casser.

Solomon ne tentera même pas de répondre.

Il ne faut que quelques secondes à Gary pour comprendre ce qui se joue devant lui. Et ce n'est pas dans le corral que les enjeux sont les plus forts. Kyle est décidé à faire le clown et Gary sait pour qui le gamin use de tous ses talents de fanfaron. La jeune femme est grimpée sur la clôture avec une aisance dont on ne soupçonnerait pas l'existence quand on ne la connaît que contrainte par son propre mental dans une forme de soumission. Un self-control tellement puissant qu'elle semble muselée : aucune parole sans sollicitation directe, aucun mot de trop dans le peu qu'elle prononce. Aucun sourire. Ce sont ses yeux qui disent tout, qui dévoilent tout. Des yeux aussi clairs et déroutants, il n'en a jamais croisé dans sa vie. Il espère ne jamais en découvrir d'autres : ce qui se cache derrière ce ciel trop beau est terrible. Solomon n'a pas dit grand-chose, comme à son habitude. Pas la peine, les actions sont bien plus bavardes.

En l'occurrence, Solomon fait preuve envers Eden d'une prévenance insoupçonnée. Gary a connu le couple que le jeune homme formait avec la douce Alice. Douce, mais ambitieuse et déterminée. Ces deux-là s'entendaient à merveille et éprouvaient un amour tendre. Leur connivence n'effaçait cependant pas le tempérament dur et tempétueux de Solomon ; tout juste parvenait-il à le nuancer. Avec Eden, Solomon n'exige plus de la même façon. Ses ordres prennent des accents de demande. Avant tout, il se positionne en protecteur. Un redoutable protecteur. Et ça se voit à ses yeux un peu moins noirs.

— Non, lui reste en bas, se moque Scott. Il est trop lourd. Il va tout casser.

Solomon ne réagit pas. Il est d'une grande tolérance avec Scott, comme avec tous les gamins de sa famille. Peut-être du fait de leurs presque dix ans d'écart. Jamais Gary ne pourra assez remercier Solomon d'avoir rendu le sourire à son fils.

Soudain, le regard bleu clair se fixe sur lui. Un regard plissé, inquiet, particulièrement perçant. Un regard qui s'éclaircit avec une force incroyable alors qu'Eden le reconnaît. Gary en est presque ému. Il a bien remarqué que ce privilège est rare. Scott et Solomon se retournent d'un même mouvement, sûrement pour comprendre. C'est à cet instant que Stupefix, le jeune chien de Solomon, identifie son maître et perd tout sens de la mesure. Quinze jours sans voir son dominant adoré, une épreuve pour ce superbe bâtard multicolore. Alors, bien évidemment, le chien fou se précipite sur Solomon et le percute de plein fouet alors que son maître s'accroupit. Surexcité, l'animal jappe et se tortille pour prendre appui sur les cuisses de l'homme et tenter de le lécher. Gary en sourit tout en s'avançant vers le groupe.

— Stupefix, assis ! exige Solomon avec toute son autorité dure et exigeante.

Le chien obéit, frémissant d'excitation, langue

pendante et yeux luisants. Solomon se relève en posant une main sur la tête du chien et, de l'autre, prend celle que lui tend Gary.

— Gary.

— Solomon.

— Il est toujours aussi fou, remarque Solomon comme un reproche.

— Il n'a pas un an et tu es son véritable maître, le corrige Gary dans un sourire indulgent.

Solomon se renfrogne. La boule de poils remuante est bien son chien. C'est lui qui a craqué sur le chiot. Surprenant, d'autant que l'animal était visiblement le dominant et particulièrement remuant ; mais à la vérité, Solomon adore sa vivacité et son intelligence. Gary sourit.

— Fils, salue-t-il Scott avant de se tourner vers Eden.

Celle-ci observe le chien de ses grands yeux écarquillés. Elle détaille Solomon avec une vraie curiosité. Une acuité indéniable qui efface toute sa réserve.

— Bonjour, Eden.

— Bonjour, monsieur.

— Oh, Gary sera bien suffisant. Monsieur, c'est pour ceux qui montent en hélicoptère.

— Tu es déjà monté en hélico, papa, relève Scott.

— Une fois et c'était la dernière. Je n'aime pas ces engins. Que fait Kyle ? demande-t-il en revenant sur Eden.

— Une démonstration, répond-elle sans fuir son regard.

— Vraiment ? Une démonstration de quoi ?

— Les avis divergent.

Le rire de Scott est spontané et attire à lui l'attention d'Eden. Solomon élude en levant les yeux au ciel et prend appui sur la barrière aux côtés de sa protégée tandis que Stupefix se couche à ses pieds sur un simple signe de main. L'heure est donc au spectacle et Gary imite Solomon pour mieux regarder Kyle en train de préparer un parcours dans la carrière.

— À la voix ? devine-t-il sans difficulté.

— L'espoir fait vivre, rit Scott.

— Vous êtes prêts ?

L'interpellation sonore de Kyle surprend la jument qui s'écarte lentement. Le jeune homme la rattrape doucement et la guide par le licol.

— Tu n'es pas censé la tenir, Kyle, se moque ouvertement Scott.

— Je la place au début du parcours, maugrée celui-ci. Ça, j'ai le droit.

Et le spectacle commence. Comme à l'accoutumée, Kyle se ridiculise, fait le show, rattrape Holly qui n'en fait qu'à sa tête. Scott commente par des petites phrases gentiment assassines et rit. Eden ne rit pas, ne sourit pas. Elle observe. Elle analyse les moindres mouvements de Kyle, la réaction du cheval. Elle apprend. Gary en est persuadé. D'ailleurs, peu à peu, une de ses mains se lève et commence à bouger, suivant l'évolution de la jument, finissant par l'anticiper. Gary croise le regard de Scott, puis celui de Solomon. Ils ont vu la même chose.

Gary décide alors de se mêler de la façon dont les destins de deux êtres exceptionnels s'entrelacent. Emily ne serait pas d'accord. Tant pis. Un jour, un homme a donné un coup de pouce à son fils sans lui demander son avis. Aujourd'hui, cet homme a besoin d'un coup de pouce, un tout petit coup de pouce, et Gary ne va sûrement pas lui demander son avis.

— Solomon, fait-il avec gravité, je pense que cette pauvre Holly ne sait plus où elle en est.

Solomon se penche en arrière pour croiser le regard de Gary et y chercher le sous-entendu, la raison cachée de son intervention. Ce grand gaillard est un homme très intelligent et très méfiant. Il ne se laisse jamais manipuler, par personne, et il est évident qu'il a senti le piège, mais sans le comprendre. Scott est tout aussi fin, sauf qu'il connaît son père bien mieux que Solomon. Il le suit dans son idée sans hésitation et avec ce qu'il faut d'humour.

— Tu as fini, Kyle ?

— Hein ? Non, je m'échauffais à peine. Hé, reste là ! lance-t-il en tentant de rattraper Holly qui profite de l'occasion pour aller voir ailleurs.

— On va passer du brouillon à l'œuvre d'art.

— C'est bien ce que je disais, se défend Kyle.

— Laisse faire Solomon.

— Oncle Solo ? Oh non, c'est pas juste. Il va me ridiculiser.

— T'inquiète, tu l'as très bien fait tout seul.

Kyle éclate de rire. C'est un brave garçon, le cœur sur la main, même si ses bonnes intentions sont maladroites. Les heures passées avec Eden hier l'ont perturbé. Sa fragilité extrême l'a dérouté. Elle l'a aussi poussé à se montrer meilleur.

— Eden, appelle-t-il en douceur, dis-leur, toi, que je suis formidable.

— Formidable en quoi ? demande-t-elle doucement.

— Ben, comme dresseur !

— Je n'y connais rien, avoue-t-elle. Et puis, je croyais que ce n'était que l'échauffement.

Scott rit alors que Kyle soupire de façon exagérée. Puis il exécute un salut de clown avec un grand sourire et se rapproche d'eux. Solomon n'a pas bougé. Il ne dit rien. Sa façon à lui de rappeler qu'il est le seul maître de sa vie. Eden l'observe et leurs regards se rejoignent. Il y a indéniablement quelque chose de puissant qui passe entre eux. Ils se détournent au même moment, rattrapés par une forme de pudeur.

— Tu vas voir, fait Kyle à l'attention d'Eden, oncle Solo n'a pas son pareil pour dompter les chevaux les plus gentils.

— Kyle.

Solomon grogne, comme chaque fois que quelqu'un frôle ses limites. Même quand il s'agit de compliments. Surtout quand il s'agit de compliments. Même quand on le taquine. Surtout quand on le taquine. Beaucoup, voire tous, préfèrent se taire quand Solomon Rickman use de grognements. Visiblement, Eden n'en fait pas partie.

— Je ne comprends pas, chantonne sa voix tranquille, Holly est une gentille jument ou une bête féroce ?

Et là, l'impossible : Solomon rit. Un rire discret mais franc. Un son qui ne résonne pas souvent ici ; jamais ailleurs. Stupefix y réagit immédiatement et se met à tourner autour de son maître en aboyant.

— Stupefix ! claque l'ordre.

Le chien s'immobilise instantanément. Fin de la parenthèse joyeuse. Ou presque…

— Pourquoi s'appelle-t-il Stupefix ? demande Eden.

Kyle part dans un vrai fou rire, rapidement suivi de Scott. Eden ne s'occupe pas d'eux. Elle reste le regard fixé sur le chien qui, assis dans la carrière face à Solomon, le dévore des yeux. Ce dernier observe son chien, sans un mot. Gary le connaît suffisamment à présent pour percevoir la raideur du corps massif et la contraction des mâchoires.

— S'engager à donner à son chien le prénom pioché au hasard parmi ceux proposés par des enfants n'a pas été la meilleure idée de Solomon, explique-t-il sobrement.

— Si tu savais…

— Pas la peine.

Solomon fait taire Kyle sèchement. C'est toujours mieux que le « bordel de merde » qui lui a échappé à l'époque.

— Je comprends, intervient Eden sans quitter le chien des yeux.

Bien sûr qu'elle comprend. Solomon n'a jamais voulu savoir ce qu'avaient écrit les enfants. Il a mis au feu tous les papiers. Les garnements ont ri des heures de leurs secrets et la boule de poils a reçu son nom, même loufoque, comme promis.

— Gary, s'il te plaît, commande Solomon en

faisant glisser sa carcasse épaisse entre les rondins de la clôture.

Gary vient prendre la place de Solomon et siffle entre ses dents. Stupefix hésite. Solomon fait claquer sa langue, le jeune chien obtempère et Gary le tient par son collier. Son maître rejoint Holly d'un pas sûr et lent, mais raide. Il s'est renfermé. Gary devine aisément pourquoi : tout cet amusement autour de la notion de dressage et obéissance n'existe pas pour Solomon. Il n'entend que les sous-entendus. Il ne perçoit que la transposition de son propre comportement vis-à-vis des autres. Vis-à-vis d'une jeune femme sauvage qui ne se laisse pas apprivoiser. Qui, ballottée par la maladresse des autres, ne sait plus où elle en est. Qui s'apaise quand elle est face à celui qui sait.

Solomon se place devant la jument et attend patiemment que celle-ci veuille bien le reconnaître et entrer en connexion avec lui. Transposition donc…

— Holly est une gentille jument, dit Gary pour répondre à la question d'Eden. Mais elle a besoin d'instructions claires, de comprendre ce qu'on attend d'elle. Avec un dresseur inexpérimenté, elle finit par faire n'importe quoi et elle stresse.

— Je n'ai pas stressé Holly, se défend Kyle en grimpant sur la barrière.

— Ne boude pas, se moque Scott. De persévérance tu devras faire preuve. D'un maître tu apprendras, ajoute-t-il en désignant du menton l'autre côté du corral.

Là-bas, Solomon a renoué le contact avec sa jument. Il se décale doucement et Holly se met en mouvement.

Mains dans les poches, usant uniquement de son corps et de sons, l'homme guide l'animal avec une douceur paisible, magnifique. Il faut vivre ici, être présent au bon moment pour avoir le privilège de découvrir l'homme hors du commun qui se cache sous des kilomètres de travail acharné, rigueur exigeante et autorité intransigeante. Un homme dur et craint.

— Mais comment il fait ? se lamente Kyle.

— Il danse avec elle, murmure Eden.

— Quoi ? Comment ça, « il danse avec elle » ?

— Pardon, se recroqueville la jeune femme. Je suis désolée.

— Non, non, tu as raison, fait Scott en se penchant vers elle pour attraper son regard. Je ne l'aurais pas dit comme ça, mais c'est très vrai.

Eden relève les yeux sur Scott au moment où Solomon stoppe Holly, où l'homme apaisé disparaît au profit du protecteur. Gary devine aussitôt ses intentions et le retient d'une main.

— Tu veux bien m'expliquer ? la sollicite Kyle plus posément.

Elle le dévisage quelques secondes, puis Scott. Le regard bleu scrute ensuite celui de Gary. Un regard méfiant, ravagé par le doute et la peur. Un regard qui part retrouver celui de Solomon et s'y ancre. Les yeux noirs de Solomon se plissent, détaillent le tableau face à lui, puis ils se plantent dans ceux d'Eden et il hoche la tête. Aucun sourire. Aucune trace de réconfort. Un ordre silencieux. Et paradoxalement, Eden se détend en une inspiration et s'exprime clairement malgré sa réserve timide.

— Monsieur… s'interrompt-elle brusquement avant de reprendre. Votre oncle danse avec Holly alors que vous, vous voulez la faire danser.

— Euh… Moi pas avoir compris, sourit Kyle.

Les yeux clairs repartent sur l'homme et son cheval qui ont repris leur ballet. Elle les observe en silence, avec une attention qui incite les garçons à l'imiter, comme s'ils cherchaient à percevoir ce qu'elle voit comme une évidence. Gary préfère se concentrer sur elle, la façon dont son visage s'illumine alors que ses yeux semblent tout décrypter avec une efficacité redoutable. Une compréhension hors du commun. Et il est persuadé que c'est cette conscience qui éteint perpétuellement son sourire.

— On dirait une danse dans laquelle lui la guide, tantôt l'attirant, tantôt la repoussant ; mais toujours à son écoute et sans jamais l'effrayer.

— Et pas moi, en déduit Kyle.

— Eh bien, vous êtes moins… précis, hésite-t-elle.

— Je dirais plutôt moins fin, subtil, habile… énumère Scott, railleur.

— J'avais compris, ronchonne Kyle.

— Tu es sûr ? Parce que ça fait quand même cent fois que tu te ridiculises en dressage.

— Gary, supplie Kyle.

— Ne me mêlez pas à vos enfantillages et cessez de vous disperser.

À cet instant, Solomon émet des sons qui lancent Holly au galop. Un galop souple et rythmé par le martèlement régulier du sol.

— Eden, appelle doucement Scott. Pourquoi as-tu eu peur de Holly ?

— C'est moi qui lui ai fait peur. J'ai eu un mouvement trop brusque qui l'a effrayée.

— Et elle a eu une réaction brusque qui t'a effrayée.

Eden hoche la tête sans lâcher la jument et son maître du regard.

— Et maintenant, tu as encore peur ?

— Je ne sais pas, répond-elle après un silence.

— Et si Solomon est près de toi ?

L'intéressé fixe aussitôt Scott de ses yeux plissés, puis Gary. Il vient de comprendre la finalité de tout ça et n'est pas très content. Il stoppe Holly d'un simple mouvement et se rapproche du groupe en enfonçant sa tête dans ses épaules. Son regard menaçant s'accroche à celui d'Eden qui le dévisage sans trahir la moindre émotion. Aucune peur. Elle voit au-delà de la colère. Elle sait voir l'âme des gens.

— Tu as confiance en lui ? ose Scott.

— Ça suffit, s'agace Solomon.

— Du calme, mon grand, intervient Gary. Tu sais bien que, quand on tombe de cheval, il faut remonter dessus.

— Eden fera les choses à son rythme, rétorque-t-il d'une voix sombre.

Son regard défie tour à tour Gary et son fils de poursuivre leur manipulation.

— J'ai confiance, glisse Eden comme un contrepoids parfait à la menace de Solomon. Mais j'ai quand même peur.

Solomon la dévisage puis, contre toute attente,

soupire et met de côté son impatience. Il se plante devant elle et lui offre ses mains.

— Viens.

Eden s'appuie sur les deux grosses paluches et saute au sol avec souplesse.

— Tu vas rester près de moi, ordonne-t-il sans la lâcher ni des mains, ni des yeux. Il faut que je te voie tout le temps, que je sache où tu es. Tu as compris ?

— Oui.

Alors l'ours mal léché entraîne la jeune fille docile avec lui, la plaçant sur son côté gauche. Il entame l'exercice avec une attention redoublée et les mots utilisés par Eden un peu plus tôt prennent tout leur sens. Solomon guide Eden, tantôt l'attirant, tantôt la repoussant, mais toujours à son écoute et sans jamais l'effrayer. Leur danse devient une évidence. En moins de deux minutes, Eden n'a plus besoin d'instructions. Elle anticipe les mouvements du cheval et de l'homme. Ses mains se posent sur lui, sa façon à elle de signifier sa position ; et quand Solomon lance Holly au galop, il n'a pas à chercher Eden. Il se glisse derrière elle, la plaque contre lui d'un bras en travers de sa gorge, la fait tourner avec lui. Soudain, il la libère et s'éloigne, tourne autour d'elle, ne s'occupant plus que de Holly.

C'est beau à voir. Indéniablement. Gary n'a jamais vu ça. Il n'a jamais connu Solomon Rickman avec aussi peu de protections autour de lui. Aussi paisible. Au moment où le regard noir croise le regard bleu ciel, Gary comprend : il s'est montré bien présomptueux ; aucun coup de pouce nécessaire ici.

Solomon arrête Holly et l'amène près d'Eden. Il

exige sa main qu'il couvre de la sienne et pose doucement sur le chanfrein de la jument. Il la guide sur l'encolure, puis il retire sa main et s'écarte. L'enfant craintive caresse la gentille jument en toute confiance. Elle n'a plus peur. Gary trouve le regard de Solomon. Un regard meurtrier qui annonce des représailles redoutables.

— Tu te souviendras que c'était ton idée, fait Scott à voix basse en se tournant vers son père.

— Il est défoncé méchant, ajoute Kyle très sérieusement.

— Mais non, commence Gary.

Tout à coup, Holly relève brusquement la tête, oreilles dressées. Dans la seconde qui suit, le corps massif de Solomon s'interpose entre la jument et Eden qui a instinctivement reculé de deux pas. Il flatte Holly et se met à l'écoute.

— Hélico, annonce Eden.

Les têtes se tournent. Gary est le dernier à l'entendre. À mesure que le son s'amplifie, Solomon revêt son armure d'homme inaccessible et Eden s'étiole. Il la regarde longuement alors qu'elle baisse inexorablement sa tête et ses yeux.

— On y va, les garçons, décide Gary.

Scott et Kyle obéissent sans se faire prier. Dans la carrière, un homme dur exige de sa pupille fragile qu'elle le regarde. Gary connaît cet ordre par cœur ; il est la marque de fabrique des Rickman, appliquée magistralement et sans concession par Laura et son fils.

Alors que l'hélicoptère approche de la zone d'atterrissage, Stupefix s'agite et échappe à Gary. Il file à toute vitesse vers son maître, ne ralentit qu'au dernier moment malgré l'ordre et les gestes de Solomon, glisse et fauche Eden qui amortit sa chute de son mieux. L'homme furieux attrape le jeune chien fou par la peau du cou et le soulève de terre pour l'empêcher de sauter sur sa victime. Gary voit une main fine se lever. Il sait qu'elle implore. Solomon s'agenouille, Stupefix entre ses jambes, fermement tenu. Eden s'assied et sa main vient caresser la tête du chien.

Que se passe-t-il lorsque ces deux êtres torturés se regardent ? Gary ne cherche pas à le savoir. Au fond, il sait. Leurs doigts ne viennent-ils pas de s'entrelacer dans le pelage duveteux du chiot ?

13

Samedi 24 décembre 2016,
début d'après-midi.

— Avec un peu de volonté, on obtient ce qu'on veut dans la vie.

Kristen serre la queue de billard à s'en faire blanchir les articulations. Ce genre de phrase toute faite a le don de la faire sortir de ses gonds. Surtout quand c'est sa grand-mère Laura qui la prononce. Elle les connaît toutes par cœur, ces putains de devises à la con. Elle n'en croit aucune.

— Tout doux, Kristen, chuchote Kyle en posant une main sur son épaule.

— Elle me gave, siffle-t-elle entre ses dents serrées.

— Tu sais comment elle est.

— Mouais… Chiante.

— Un gros mot ! s'exclame Cleo. Tu as dit un gros mot !

— C'est bon, Cleo, s'agace Kristen. Lâche-moi et parle moins fort.

— Mais pourquoi ?

— Parce que c'est le pacte des enfants, fait semblant de rugir Kyle en attrapant Cleo pour la soulever de terre.

Cleo crie en riant, ou l'inverse. Kristen lui aurait bien demandé de se taire ; mais la réaction d'Eden met fin à son mouvement d'humeur. La jeune femme, auparavant assise dans un fauteuil club à lire un livre, s'est redressée brusquement. Le cri l'a effrayée, comme beaucoup de choses. Kristen l'observe depuis qu'elle est arrivée, trois jours plus tôt. La « pupille » d'oncle Solo. C'est leur mère qui les a prévenues, Cleo et elle, à l'aéroport avant d'embarquer. Tout ce qu'elle a dit devant Cleo, c'est qu'Eden est une jeune fille qu'oncle Solo va accueillir chez lui pour quelque temps. Un peu plus tard, alors que le gros bébé s'était endormi dans son siège, Kate a expliqué que le passé d'Eden avait été compliqué et qu'il faudrait faire preuve de patience.

Ce n'est pas de patience qu'il faut faire preuve avec Eden, mais de précautions. Mille précautions. Des milliards de précautions. À 17 ans, cette fille a peur de tout : des sons très forts imprévus, des rires plus sonores, un mot plus haut que l'autre, une remarque plus acide. Les gens. Il n'y a qu'avec oncle Solo qu'elle semble un peu moins apeurée par le monde. Mais elle ne dit jamais rien. Son regard extraordinaire est impressionnant et fait froid dans le dos quand elle observe et écoute. Et elle observe et écoute tout. Elle ne rit pas, ne sourit pas. Elle participe aux activités auxquelles elle est invitée, mais avec une forme de détachement troublante. Toujours sur la défensive. Toujours méfiante.

Kristen sait qu'Eden a été maltraitée. Elle ne parvient pas à déterminer la gravité de la maltraitance, mais elle est persuadée que cette fille a été battue, et probablement violée. Dans son regard bleu pâle et dans son comportement, Kristen retrouve les signes qu'elle-même ne connaît que trop bien. Son père était un salaud violent. Sa mère en a souffert en silence, mais Kristen voyait les choses. Les enfants voient bien plus que les adultes ne le pensent. Un jour, c'est elle qui a pris une raclée. Elle devait avoir 7 ans. Oncle Solo a débarqué à la maison. Il n'a pas dit un mot. Kristen croyait son père violent... La dérouillée qu'il a reçue restera gravée à jamais dans sa mémoire. Tout comme la force destructrice de son oncle. Aucun meuble n'a survécu. Elle n'oubliera pas davantage le sentiment de protection absolue qu'elle a pourtant éprouvé quand Solomon l'a prise dans ses bras. Ni la sensation de délivrance lorsqu'il les a sorties à tout jamais de cette maudite baraque et des griffes d'un homme qu'elle n'a jamais revu.

Kristen a fait part de ses doutes à Kyle et Megan, loin des oreilles des plus jeunes et des adultes. Megan a la même impression. Kyle n'a fait aucun commentaire. Il connaît Eden depuis plus longtemps, il a passé du temps avec elle, mais il ne lâchera rien. Et c'est déjà un aveu, une confirmation.

— Ah, ça y est, fait-il d'une voix trop maîtrisée, Eden est prête à jouer.

Les grands yeux glacés s'écarquillent un peu plus tandis que Kyle cale Cleo sur sa hanche et tend une canne à Eden.

— Je ne sais pas jouer, dit-elle en serrant son livre contre elle.

— Tant mieux ! clame-t-il dans un grand sourire. Comme ça, Megan et Kristen ont une chance de gagner.

— Je te signale qu'on gagne déjà, réplique Megan sur le ton calme qui la caractérise.

— Ouais, renchérit Sam. Tu joues n'importe comment. Je suis sûr qu'Eden va faire mieux.

L'attente dans le silence. Personne n'osera lui forcer la main. Eden prend la queue de billard en tremblant.

— C'est comme tu veux, tente de la rassurer Kyle.

Elle hoche la tête pour toute réponse et Kyle lui cède sa canne. Elle dépose le livre sur le fauteuil et s'approche du billard.

— À toi de jouer, Kristen, lance Sam, pressé de reprendre le jeu.

Kristen se met en position mais ne joue pas. Toute son attention vient de se faire happer par la discussion qui se tient un peu plus loin et la voix de sa grand-mère.

— Il faut inculquer le courage et la persévérance à cette malheureuse. Elle n'arrivera à rien si elle ne fait pas preuve d'un peu plus de caractère.

Les regards des enfants se croisent. Même Sam semble comprendre de qui parle leur grand-mère. Et l'intéressée a perdu le peu de couleur qu'elle avait.

— Je crois qu'on va mettre un peu de musique, suggère Megan.

Trop tard : la colère propulse Kristen hors de la salle de billard.

— Kris ! tentent de la retenir Kyle et Megan.

Mais elle n'écoute plus rien. Elle traverse le salon au pas de charge et se plante devant la table de la salle à manger où s'est installée sa grand-mère entourée de Kate, Tom et Robin. Assise en bout de table, la place d'oncle Solo, la matriarche la fusille des yeux, probablement mécontente de son arrivée impolie. Kristen attaque la première.

— Je vous signale qu'on vous entend depuis la salle de billard.

— Un peu de tenue, jeune fille, la sermonne sa grand-mère. Est-ce une façon d'interrompre…

— Ne viens pas me donner de leçon de morale, cingle Kristen. Ton propre comportement est inacceptable.

— Kristen ! s'offusque Kate en se levant.

— Comment oses-tu ? s'agace Laura.

— Non ! Toi, comment oses-tu ? Depuis que tu es arrivée ici, tu passes ton temps à critiquer oncle Solo et Eden. Tu juges sans savoir. Tu te permets de balancer des conseils de merde sans la moindre considération pour…

— Ça suffit ! s'emporte sa mère en s'avançant vers Kristen.

— Non, je ne vais pas me taire ! Pas cette fois ! Y en a marre d'entendre toujours les mêmes phrases ! Moi plus forte que le monde entier. Venant de quelqu'un qui a eu la vie facile, c'est insupportable !

— Kristen.

La voix grave et sourde de Solomon gronde dans le dos de Kristen qui fait volte-face. Devant elle, quatre hommes mécontents. Son grand-père porte son regard au-delà d'elle et elle sait qu'il soutient son épouse, comme toujours. Aaron et Kyle croisent les bras dans un même mouvement. Oncle Solo la dévisage avec un calme trop suspect.

— Quoi ? Vas-y, dis que j'ai tort.

Les yeux noirs se plissent. Très mauvais signe : oncle Solo n'est jamais plus redoutable que lorsque sa colère est froide. Kristen s'énerve, elle ne sait pas rester aussi calme.

— Les enfants, dit-il simplement.

Merde, les petits.

— On va à la piscine, répond Megan en traînant derrière elle les deux plus jeunes, direction la sortie de la salle de billard.

— Merci, Megan, fait oncle Solo sans bouger, ni dévier son regard. Eden, appelle-t-il sévèrement.

Silence. Un long et lourd silence. Kristen voit la jeune fille apparaître dans l'ouverture entre le salon et la salle de billard. Debout, bien droite, tête baissée et mains jointes devant elle. Kristen se sent blêmir : cette position de servante en attente d'un ordre, ce n'est pas la première fois qu'elle voit Eden la prendre et ça la glace systématiquement. Elle laisse entrevoir une maltraitance bien plus sournoise que la violence pure. Comment Laura peut-elle ne pas s'en rendre compte ? Pourquoi ne considère-t-elle cette posture de repli que comme une faiblesse coupable ?

— Va à la piscine, Eden, ordonne Solomon sans la regarder.

Eden devient plus pâle qu'elle ne l'était déjà. Ses grands yeux écarquillés se lèvent sur son tuteur puis se dirigent vers la porte empruntée par Megan et les petits. Elle est terrifiée.

— Oui, monsieur.

Elle baisse la tête et obéit. Et cette soumission est terrifiante. Oncle Solo se retourne vivement, mais Eden quitte déjà la pièce. Kristen sent une larme rouler sur sa joue au moment où la porte se ferme. Les hommes rejoignent la table, reconstituant les familles. Seul oncle Solo ne bouge pas, yeux rivés sur sa nièce.

— Kristen, soupire-t-il. Tu ne peux pas te montrer aussi véhémente devant les gens que tu tentes de défendre.

— Parce que toi, tu fais mieux, peut-être ? réplique-t-elle, emportée par la colère.

— Je n'ai jamais prétendu être un exemple.

— Donc, on est au royaume du « fais ce que je dis, mais pas ce que je fais ».

— Change de ton.

— Eden mérite le respect. La plupart des adultes ne savent pas comment lui parler de peur de commettre une maladresse. Grand-mère ne sait que la critiquer et la rabaisser. Et toi, tu ne sais que lui donner des ordres.

— Kristen, arrête ça tout de suite, intervient Kate.

— Sinon quoi ? la défie-t-elle en se tournant vers sa mère et le reste de la famille transformée en tribunal. Qui prend sa défense ici ? Personne. On n'est pas totalement stupides. On a bien compris ce que sous-entend un « passé compliqué », cite-t-elle en imitant les guillemets de ses doigts.

— Je suis sûr que toi, Megan et Kyle avez compris beaucoup de choses sur le passé d'Eden, commence Solomon avant d'être sévèrement interrompu par Laura.

— Nous savons tous que le passé de cette petite a été difficile. Il serait peut-être temps que tu nous en dises plus.

— Vous savez ce que vous avez à savoir, se bute oncle Solo.

— Tu crois que je vais m'en contenter ?

— Il est hors de question que je vous en dise davantage.

— Fils, fait Mitch dans une tentative de médiation, sa spécialité quand mère et fils campent sur leurs positions.

— Non.

Et c'est non négociable. Tout le monde le sait. Il n'y a que Laura pour continuer à distiller son venin.

— Quel qu'ait été le passé de cette jeune personne, j'espère que tu as l'intention de lui inculquer un peu de savoir-vivre. Son comportement est proprement inacceptable.

— Maman ! s'interposent Kate et Aaron, alors que Solomon serre les mâchoires.

— Je ne vous ai pas élevés ainsi, s'impose leur mère. La politesse minimale est assurée, mais cette enfant manque sérieusement d'éducation. Elle est incapable d'entretenir la moindre discussion avec un adulte.

— Quand lui as-tu parlé ? l'interroge oncle Solo.

Kristen recule d'un pas. C'est plus fort qu'elle. Solomon est furieux et elle a déjà vu cette colère en lui. Une seule fois.

— Je te prierais de me parler…

— Quand lui as-tu parlé ? se répète-t-il, plus menaçant encore.

— Solomon, l'appelle Kate en douceur. Nous devons discuter de tout ça calmement, tente-t-elle de l'apaiser.

En vain : Laura ajoute de l'huile sur le feu.

— Je lui ai parlé ce matin, explique-t-elle en se redressant, plus matriarche que jamais. J'aurais souhaité que ce soit une discussion franche et ouverte, mais cette petite a préféré se murer dans le même silence buté dont tu aimes à faire étalage.

— Et de quoi souhaitais-tu discuter avec elle ? demande oncle Solo.

— De ses intentions vis-à-vis de son avenir et de toi.

— Pardon ?

— Que ce soit bien clair, Solomon, dit Laura sur un ton pincé, tu as fait le choix de prendre cette jeune femme sortie d'on ne sait où sous ta protection. C'est très charitable ; mais tu dois te protéger toi-même.

Le silence est tellement lourd de menaces que Kristen se rapproche de sa mère. Sa rébellion a jeté un pavé monstrueux dans la mare faussement paisible des Rickman et même elle, du haut de ses 15 ans, pressent que ça va mal finir.

— Maman, intervient Aaron. Solomon est l'homme le plus prudent que je connaisse. Rien de ce qu'il fait n'est laissé au hasard. Eden est une jeune femme qui avait besoin d'aide et…

— Elle est mineure ! se fâche Laura.

— Raison de plus, insiste Aaron.

— Et que comptes-tu faire de cette enfant ? demande-t-elle en fixant Solomon. Parce qu'il va bien falloir en faire quelque chose. Quel est son niveau scolaire ? Est-elle au moins en bonne santé ?

Aucune réponse.

— Et elle, que compte-t-elle faire, à part loger et manger gratuitement chez toi ?

— Grand-mère, ce que tu dis est ignoble, s'oppose Kyle.

— C'est mon rôle d'être ignoble, Kyle. Il faut bien que quelqu'un protège cette famille.

— Comme tu as protégé ma mère ? lance Kristen.

— Kristen ! crie Kate.

Tom se lève aussitôt pour rejoindre son épouse qui dévisage sa fille, choquée, une main devant sa bouche ouverte.

— Quoi ? C'est tellement hypocrite !

— Hypocrite ? siffle la matriarche. Tu n'es qu'une petite fille gâtée.

— Ta gueule ! la coupe Kristen en reculant pour que sa mère ne puisse pas la toucher. Oui, c'est hypocrite ! Tu clames partout que tu étais une femme déterminée et que tu as pris ta vie en main. Tu pouvais ! Fille de riche qui a épousé un riche. Ne viens pas nous raconter encore une fois que personne n'a jamais osé te toucher parce que tu avais un caractère fort. Ce sont des foutaises ! Si personne n'a jamais osé te toucher, c'est parce qu'il se serait fait massacrer par tous les bûcherons de la ville. C'est facile d'être forte et indépendante, de promener son petit cul où on veut quand une armée de bûcherons te protège en permanence.

— Je t'interdis…

— Rien ! Tu ne m'interdis rien ! Je t'ai entendue quand tu as dit à maman qu'elle devait sauver son couple et faire ce qu'il fallait pour garder son mari.

Mais tu n'étais pas là quand c'est moi qui ai pris une raclée.

— Kristen, gronde la voix de Solomon.

— Non ! se défend-elle toutes griffes dehors avant de continuer. Je ne sais pas quel âge avait Eden quand elle a été battue pour la première fois, et encore moins quand elle a probablement été violée pour la première fois, mais je peux te dire qu'à 7 ans, tu es prête à tout pour ne jamais revivre ça !

— Kristen.

Cette fois, une masse bouillante se colle à elle et l'entoure de deux cordons épais et inamovibles. Kristen est en larmes et à bout de souffle. Elle n'avait jamais dit tout ça à voix haute. Surtout pas devant sa mère. Celle-ci est livide. Réfugiée dans les bras de l'homme qui l'aime et l'a aidée à se reconstruire, elle pleure. Laura est blanche de rage. Aucun remords. Les autres sont sans voix. Il n'y a rien à dire de toute façon. Solomon soulève soudain Kristen et l'emporte un peu plus loin. Quand il lui fait face, elle le regarde dans les yeux et y voit quelque chose qu'elle n'y a jamais vu. Même quand il l'a sauvée de son père violent, cet amour profond et ce soutien inconditionnel n'habitaient pas son regard noir.

— Ma puce, murmure-t-il. Calme-toi et respire. Aucun combat ne se gagne en perdant son sang-froid.

— Comment peux-tu…

— Ça suffit, Kristen, exige-t-il sans hausser le ton.

— J'ai raison, se bute-t-elle.

— Oui, tu as raison. Mais ta grand-mère n'est pas capable de l'entendre.

— Solomon ! s'insurge celle-ci, outrée.

Il continue, imperturbable.

— Ta mère ne méritait pas d'entendre ce que tu as dit de la façon dont tu l'as dit. Et Eden n'a sûrement pas besoin d'une telle violence.

— Tu ne la défends pas.

— Je la défends autrement et je la protège d'une façon qu'elle seule peut comprendre. Tes intuitions sont justes, mais tu ne fais qu'effleurer ce qu'elle a vécu. Sois une enfant avec elle. Sois son amie. Laisse-moi gérer le reste.

Kristen hoche la tête sans un mot. Jamais Solomon n'a fait preuve d'autant de calme. Elle le sent vibrer de fureur, mais il n'est que douceur et patience avec elle.

— Tu dois des excuses à ta mère.

Kristen fond en larmes. Elle se précipite sur sa mère qui l'accueille, l'entoure, la cajole dans ses bras. Et Tom avec elle. Son père.

Solomon quitte des yeux cette famille recomposée pleine d'amour. Celle dont il est issu lui apparaît alors dans toute sa différence. Kate a souffert. Enfant protégée, élevée dans un monde idéal, elle a choisi de suivre une illusion. Une chimère mi-prince charmant mi-vampire violent. Son premier mari représentait la réussite sociale. Dans l'ombre de l'intimité, il a absorbé toute la lumière de vie de Kate, ne laissant qu'une femme éteinte et désabusée. Mais dans la famille Rickman, on fait face quoi qu'il advienne. On affronte. On assume. On ne renonce pas. On ne fuit pas. Solomon et Aaron ont essayé de la convaincre.

Le rouleau compresseur Laura Rickman a été plus puissant.

Kristen n'avait que 7 ans. Putain, 7 ans… C'est elle qui a prévenu Solomon. Il ne s'est posé aucune question, n'en a posé à personne. Il a tout abandonné et a débarqué chez Kate. La suite est un peu floue. Il se souvient être ressorti de là avec une enfant accrochée à lui, soutenue d'un bras, et une sœur effondrée tenue par les épaules. Ses mains en sang. C'est Alice qui a pansé les plaies de chacun. Loin de l'influence de Laura, certaines décisions ont été plus faciles : Kate est partie pour Miami, chez sa marraine. Puis il y a eu Tom. Puis Cleo.

Aaron a toujours eu un caractère plus souple. Les événements, les contraintes, tout semble glisser sur lui. Il a le don de vivre les choses sans heurts. Il cache bien son jeu ; tout comme son épouse. Pourtant, l'air de rien, sans faire de bruit, ils se sont affirmés et n'ont jamais cédé sur leurs choix de vie. Leurs enfants ont hérité de cette sérénité. La douceur et l'adaptation plutôt que la force et l'entêtement. Aaron a peut-être pris la relève dans l'entreprise familiale, mais il l'a fait à sa façon, en commençant par le site de New York, histoire de s'éloigner de l'influence directe de Laura.

Solomon, lui, s'est braqué d'emblée. Dès le plus jeune âge. L'autorité maternelle était une agression permanente et la médiation paternelle une insulte. Il n'a jamais eu qu'une seule idée en tête : ne dépendre que de lui-même. Ne jamais rien devoir à personne, et surtout pas à Laura Rickman. Par chance, ses parents étaient trop accaparés à gérer l'entreprise et briller en société pour vraiment s'inquiéter du petit dernier. Laura n'a approuvé aucun des choix de son fils. Elle lui a prédit un échec cuisant quand, à 17 ans, il a monté sa première société. Sa première réussite fulgurante. Le jour de ses 18 ans, il est parti s'installer dans son appartement. Elle ne supportait pas Alice et celle-ci le lui rendait bien.

Le conflit a longtemps été le seul mode de communication entre Solomon et sa mère. Il l'est toujours, mais larvé, à bas bruit. Comme les braises d'un feu qui couve. Un feu qui attendait le premier souffle d'espoir pour s'embraser. L'espoir d'une vie différente. D'un bonheur, même inaccessible. Et l'huile sans cesse jetée sur ce feu avide va tout transformer en brasier.

Solomon a prévenu ses parents de la présence d'Eden dès mardi soir. Les questions ont plu. Il n'a répondu qu'à quelques-unes, a éludé tout le reste et n'a rien lâché sur le passé de sa protégée. Laura n'a pas apprécié et son comportement depuis son arrivée jeudi matin est du grand art. Après avoir salué sa famille avec une chaleur inhabituelle, elle a toisé Eden avec froideur. Une différence aussi marquée n'a échappé à personne. Surtout pas à Eden. Et la placidité de Mitch a eu un effet désastreux. À partir de cet instant, l'enfant-esclave s'est repliée derrière sa posture de soumission terrorisée. Toute la sérénité chèrement conquise la veille a été réduite à néant. En leur présence, Eden s'efface totalement. Heureusement, elle passe le plus clair de son temps avec les enfants ; mais, même dans leur monde joyeux et insouciant, elle reste derrière toutes ses protections. Kyle, Megan et Kristen sont démunis : rien ne parvient à réduire la distance de sécurité d'Eden.

La situation vire à la catastrophe depuis ce matin. Après le petit déjeuner, personne ne sachant où se trouvait Eden, Solomon est parti vérifier dans sa chambre. Il l'a trouvée assise par terre, dans un coin, les jambes groupées dans ses bras. Les yeux clos, casque sur les oreilles, elle écoutait en se balançant une musique qu'il pouvait entendre depuis le seuil. Il a attendu le silence pour frapper à la porte. Elle a ouvert sur lui des yeux rougis et cernés. La gravité de la situation s'avérait, confirmant tous ses doutes.

Eden fait des cauchemars depuis leur arrivée à New York. Du moins, l'entend-il désormais. Elle ne mange plus grand-chose depuis l'arrivée de Laura. Elle combat ses peurs en permanence. Cette lutte perpétuelle l'a épuisée. Elle a su donner le change et masquer l'ampleur des dégâts par le contrôle permanent qui est son rempart absolu. Mais à cet instant, dans sa chambre, à l'abri des regards, ne restait que sa vulnérabilité extrême. Solomon s'est accroupi devant elle et lui a fait signe de retirer son casque.

— Parle-moi, Eden.

Elle s'est murée dans le silence. Elle s'est blottie un peu plus fort dans ses bras sans le lâcher du regard et une larme énorme a dévalé le chemin de sel tracé par les centaines qui l'ont précédée.

— Il faut que tu dormes.

Un ordre. Une main tendue qu'elle a prise. Un lit ouvert dans lequel elle s'est allongée sans résistance.

— Dors en paix, a-t-il dit en la bordant. Je vais chercher mes affaires pour travailler ici pendant que tu te reposes.

Il ne lui a pas demandé son avis. Elle n'a pas cherché à le lui donner. Quand il est revenu, elle dormait déjà. Pas de cauchemar pendant les quelques heures qui ont suivi. C'est Kate qui est venue à la pêche aux infos vers 13 heures, inquiète de ne voir revenir personne… et envoyée comme messager par Laura.

— Maman dit qu'on vous a assez attendus et…

— Elle attendra, l'a-t-il coupée sèchement malgré les murmures.

— Les enfants ont faim.

— Alors mangez. Nous ne nous joindrons pas à vous. Peux-tu demander à Emily de nous préparer quelques sandwichs ?

Kate a hoché la tête, puis elle a longuement observé Eden.

— Elle a enfin l'air en paix.

— C'est difficile pour elle : beaucoup de choses à intégrer.

— Tu n'aurais peut-être pas dû l'amener ici.

— Elle a confiance en moi.

— Je sais, Solomon. Ta présence l'apaise énormément ; mais nous sommes nombreux et elle n'a pas confiance en nous.

— Ça se passe bien avec les enfants. Les trois grands sont très prévenants avec elle. Elle se sent bien avec eux.

— Cleo l'a mitraillée de questions pendant la promenade, hier après-midi.

— Elle comprend Cleo. Ne t'inquiète pas.

— Ce qui m'inquiète, c'est l'attitude de maman.

Solomon n'a pas répondu. Il valait mieux taire sa colère.

— Il faut que tu lui parles, Solomon. Même les grands sont conscients des critiques incessantes. Kristen est au bord de l'explosion.

Kristen et son tempérament volcanique…

— Je lui parlerai avant la soirée de réveillon.

Il n'en a donc pas eu le temps. Tant pis. Le déjeuner partagé en tête à tête avec Eden était bien plus important. Elle n'a pas dit un mot, lui non plus. Ils ont simplement mis un peu de musique.

— Ils font un billard, a-t-il annoncé après avoir lu le dernier message de Kyle.

— Ça va aller.

Sa façon à elle de le rassurer et d'éluder toute question sur son état et sa capacité à faire face. Eden ne manque jamais de courage pour affronter le monde. Y compris Laura Rickman. La révolte de Kristen aura fait sauter tout le vernis craquelé de l'hypocrisie et libéré la lave incandescente qui coule dans les veines de Solomon. Et voir sa mère se préparer à l'affronter décuple la fureur. À cet instant où il voit rouge, le bleu d'un ciel de printemps lui manque cruellement. Alors Solomon ferme ses yeux deux secondes pour retrouver cette couleur traversée d'un rayon de sérénité absolue, pour ressentir le velours de soie du contact de sa main. L'apaisement transforme le feu en glace. Moins de ravages sur son âme perdue pour une morsure tout aussi douloureuse.

— Je ne me répéterai pas, annonce-t-il d'une voix sombre.

— Je t'interdis d'émettre la moindre menace, le contre immédiatement Laura.

— Vous êtes ici chez moi.

Laura se lève et le défie de continuer en le fixant. Il ne lâchera rien.

— Si ce qui se passe dans ma maison…

— Oncle Solo !

La voix inquiète de Sam le coupe brutalement. Il entend les pieds mouillés se précipiter dans le couloir, puis la porte de la salle à manger s'ouvre à la volée sur le jeune garçon dégoulinant d'avoir accouru sans prendre le temps de se sécher.

— Eden est tombée dans l'eau. Elle est complètement paniquée.

— Merde.

Solomon prend immédiatement la direction de la piscine en courant, manquant de glisser sur les flaques éparpillées par Sam. Autant de preuves de l'urgence. Eden a peur de l'eau. Elle ne sait pas nager. Sa réaction avait été maîtrisée, mais violente, quand il avait évoqué la piscine. Elle n'avait pas tout dit, c'est certain. D'ailleurs, elle a systématiquement trouvé une excuse pour ne pas y suivre les enfants. Et lui vient de lui donner l'ordre d'y aller. Et elle a obéi.

— Eden, tu as pied ! entend-il en ouvrant la porte.

Megan crie pour couvrir le bruit des éclaboussures d'affolement. Elle tente de se rapprocher, mais ça ne fait qu'empirer la situation.

— Non !

Eden implore, tente de reculer, glisse, se rattrape comme elle peut. Elle panique. Solomon agit par instinct.

— EDEN !

Sa voix claque comme la foudre et fige tout. Cleo, accrochée à sa bouée, est en larmes. Megan, visiblement inquiète et dépassée, semble soudain rassurée. Eden s'est statufiée. Elle n'est plus qu'un petit être sauvage pétrifié de terreur. Ses grands yeux aux pupilles si dilatées que le bleu a disparu passent de l'eau à Megan, du bord de la piscine à Solomon, puis au groupe qui s'est formé derrière lui. Solomon plante son regard dans celui d'Eden, mais elle le fuit. Une main fine essuie rapidement l'eau sur le visage livide, puis elle surveille la surface de l'eau, vérifie la position de Megan, celle de Cleo. À mesure qu'elle prend conscience des choses, sa respiration accélère. C'est la panique la plus complète. À deux mètres du bord, elle est trop loin pour la récupérer facilement.

— Elle a pied ! s'insurge Laura. Elle n'a qu'à sortir…

— Tais-toi ! exige Solomon sans bouger.

Les respirations se bloquent sous le coup de l'injonction brutale. Eden tressaille, ferme ses yeux. Finies la gentillesse et la patience. Maintenant, il faut agir. Protéger l'enfant totalement perdue.

— Eden, est-ce que tu peux sortir de l'eau ?

Les yeux effrayés scrutent la surface ondulante. La réponse est non.

— Je… Je vais… Je vais… sortir, hoquette-t-elle en tentant de retenir un sanglot.

— Ne me mens pas.

C'est sorti tout seul. Eden ne réfléchit pas. Il va falloir user des règles. Être violent et imprévisible. Et, comme si elle comprenait, elle s'affole et secoue la tête.

— Ne bouge pas, commande-t-il sèchement. Megan et Cleo, sortez de la piscine.

Pressée de rejoindre les bras de sa mère, Cleo fait battre ses jambes, projetant autour d'elle des trombes d'eau. Eden étouffe un hurlement en plaquant une main sur sa bouche, laissant échapper un gémissement. Megan attrape Cleo et l'immobilise avant que Solomon n'ait le temps d'émettre le moindre ordre. Sous la surveillance étroite d'Eden, elles émergent doucement, immédiatement enveloppées dans des sorties-de-bain par leurs mères. Eden bloque sa respiration alors que les vaguelettes s'écrasent sur elle. Solomon fait un pas vers le bord.

— Non ! supplie-t-elle en lui opposant sa main.

— Eden, appelle-t-il en faisant un pas supplémentaire.

— Je vais sortir, répète-t-elle encore plus affolée. Je promets, je vais obéir.

— Je viens t'aider, persiste-t-il. Je vais te donner…

— Non ! Je vais obéir ! Je vais obéir !

Eden pleure et le cœur de Solomon se fissure. Putain…

— Regarde-moi, fait-il en se plantant au bord de la piscine.

Elle cligne des yeux, incapable de soutenir son regard, perdant peu à peu le contrôle de sa respiration.

— Eden, obéis !

— Je m'appelle Amy, sanglote-t-elle avant de lever sa deuxième main pour renforcer son rempart illusoire. Je m'appelle Amy. Je vais obéir.

Bordel de merde !

— Tout le monde dehors ! Aaron !

Solomon entend son frère prendre les choses en main, distribuer les consignes d'une voix douce. Il perçoit les mouvements de ceux qui s'éloignent, la résistance de celle qui veut avoir le dernier mot.

— Maman, insiste Aaron avec fermeté.

— Solomon ! s'offusque Laura, vexée.

— Mais putain, sors d'ici !

Solomon a libéré toute sa colère. Il fusille sa mère du regard jusqu'à ce qu'elle cède et baisse les yeux. Elle est furieuse. Il n'en a rien à foutre. Dans l'eau, l'enfant-esclave est au-delà de la terreur. Elle le dévisage en tremblant.

— Je suis désolée, s'excuse-t-elle alors qu'elle est la dernière à devoir le faire. Ne me noyez pas.

Ne me noyez pas…

Tout se fige. Tout ce qui n'est pas les larmes de désespoir absolu cesse d'exister. Plus rien d'autre qu'elle n'a d'importance. Solomon s'accroupit et fixe celle qu'il s'est juré de protéger. Il sait désormais pourquoi Eden a si peur de l'eau. Il chasse la colère, ne garde que sa détermination à la sortir de là. Il sait qu'il va devoir user de force, en souffre par avance. Mais que vaut sa souffrance face à ce qu'Eden a enduré et endure encore ? Si peu…

— Aaron, je vais avoir besoin de toi.

— Je suis là.

La porte se ferme et Solomon sent une présence dans son dos. Eden suit le moindre mouvement en grelottant.

— Eden, quelles sont les trois règles absolues ?

Clignement des yeux toujours sombres. Elle laisse retomber ses mains, soumise.

— Vous regarder quand vous me parlez, obéir et ne jamais vous mentir, récite-t-elle, résignée.

— T'ai-je déjà menti ?

— Non.

— As-tu confiance en moi ?

— Oui, finit-elle par dire après un long silence.

— Je ne te noierai jamais. Est-ce que tu me crois ?

— Oui, fait-elle en laissant s'échapper des larmes.

— Est-ce que tu peux venir jusqu'à moi ?

Les yeux s'écarquillent et parcourent l'eau pourtant calme alors qu'elle blêmit. C'est donc toujours non.

— Tu es trop loin pour attraper ma main, explique-t-il durement. Je vais venir te chercher.

— Non !

— Ce n'est pas négociable, Eden, assène-t-il sans pitié en se relevant. Je vais venir dans l'eau pour que tu puisses prendre ma main.

Elle secoue la tête, mais il poursuit. Il ira au bout. Il vide rapidement ses poches, met tout dans les mains tendues de son frère en enlevant ses chaussures.

— Tu es sûr de ce que tu fais ? murmure Aaron.

— Une autre idée ?

À son tour, Aaron secoue la tête, désolé.

— Sois prêt à la récupérer et la sortir de l'eau.

Alors qu'il retire son pull, la porte s'ouvre. Kate entre prudemment et referme derrière elle. Elle attrape un paquet de serviettes et s'approche de ses frères. Sa peine envahit ses yeux humides et Solomon doit se blinder pour ne se laisser envahir ni par sa propre peine, ni par les pleurs d'Eden.

— *J'ai peur.*

Et c'est parce qu'elle ose cet aveu improbable qu'il met à exécution son plan complètement fou avec un peu plus d'assurance. Il s'assied sur le bord et met ses jambes dans l'eau lentement. Puis il se laisse glisser doucement. Aucune vague, juste des ondes, mais elles suffisent à raviver la peur d'Eden.

— L'eau n'ira pas plus haut. Ta tête sera toujours hors de l'eau. Tu pourras toujours respirer. Est-ce que tu comprends ?

Elle hoche la tête.

— Je vais faire un pas vers toi et tu pourras prendre ma main. D'accord ?

Nouveau hochement de tête. Nouvelles larmes. Solomon s'exécute.

— Viens, Eden.

Elle hésite, yeux rivés sur la main tendue. Une minute. Une très longue minute. Enfin, Solomon peut serrer dans ses doigts ceux d'Eden. Ils sont glacés, mais il peut enfin les serrer. Sentir cette paix incommensurable que dégage, malgré son terrible effroi, l'âme de cette jeune femme extraordinaire. Son courage aussi. Il se sent alors apaisé. Et elle s'apaise également.

— Violent et imprévisible, annonce-t-il dans un murmure.

Elle le scrute. Elle le sonde. Quand elle ferme ses yeux terrifiés, Solomon a son autorisation. Sans attendre, il la tire contre lui puis recule. Il cogne contre le bord alors qu'elle se retrouve dans ses bras.

— Prends les mains d'Aaron, ordonne-t-il en la saisissant par la taille.

Mais elle s'accroche à lui. Ses bras fins entourent son cou et le serrent fort. Très fort. À la limite de l'étrangler. Joue contre joue, son souffle saccadé et erratique résonne davantage à l'oreille de Solomon que le clapotis des vagues de leur déplacement trop rapide.

— Eden, je ne peux pas te sortir de l'eau tout seul. Prends les mains d'Aaron, exige-t-il fermement.

Le corps plaqué contre le sien se met à vibrer. Eden retient un sanglot. Sa respiration accélère encore. Elle lutte.

— Respire, Eden.

Sans effet.

— À trois, tu obéis, décide-t-il. Aaron ?

— Prêt.

Eden tremble violemment. Puis sa tête bouge. Solomon comprend qu'elle regarde Aaron.

— Un.

Nouveau mouvement. Elle a repéré Kate.

— Deux.

Elle s'écarte brusquement et plante son regard dans celui de Solomon. Elle atteint son âme instantanément et il s'ouvre à elle sans limites. Et lentement, pour la deuxième fois, elle ferme les yeux et bloque sa respiration.

— Trois.

Les bras d'Eden le libèrent et se projettent vers le haut. Solomon la soulève au moment où elle devient aussi légère qu'une plume. Lorsqu'il se retourne, il la voit tomber à genoux, malgré le soutien d'Aaron qui s'écarte. Solomon sort de l'eau alors qu'elle s'assied sur ses talons et réunit ses mains sur ses cuisses, tête basse. La position de la punition.

— Non ! laisse-t-il échapper.

Il se relève à peine pour venir s'agenouiller devant elle. Il envahit son espace vital, se colle à elle. Il prend son visage dans ses mains et se met au niveau de ses yeux clos.

— Regarde-moi, ordonne-t-il durement.

Ces yeux…

— Je serai forte. Je promets…

— Tu es forte, Eden. Tu es déjà très forte et très courageuse.

— Votre maman a raison.

— Tu as tout entendu, n'est-ce pas ?

Les larmes roulent. La respiration redevient chaotique.

— Tu es la femme la plus courageuse que je connaisse, Eden.

— *Vous m'avez défendue.*

Et elle laisse exploser son chagrin. Plus aucune maîtrise. Les sanglots sont violents. Incontrôlés. Eden pleure comme une petite fille. La petite fille planquée au fin fond de son âme. Solomon la prend doucement dans ses bras, s'assied à côté d'elle et l'amène sur lui. Elle enfouit son visage dans ses mains et s'appuie sur lui. Elle s'abandonne. Enfin. Et lui l'enferme dans ses bras. Il va la garder ainsi protégée aussi longtemps qu'il le faudra pour qu'elle se libère de son passé immonde, de sa soumission. Solomon sait qu'il faudra du temps. Beaucoup de temps et de la patience. Mais il sera là. Parce que sa place ne peut plus être ailleurs.

Kate finit par s'asseoir sur un bain de soleil, bientôt rejointe par Aaron. Un peu plus tard, la porte s'ouvre. Kristen se faufile doucement et rejoint sa mère. Tous semblent attendre, sans trop savoir quoi attendre. Peu à peu, les larmes cessent de couler, le souffle adopte un rythme régulier et apaisé. Les mains dévoilent le visage de porcelaine ravagé, se nouent contre son sein. Le corps frissonnant se détend.

— *Kristen a raison*, fait une voix d'enfant. *À 7 ans, on est prêt à tout pour ne jamais revivre ça.*

Seul le silence peut répondre à une telle vérité, même murmurée.

— *Être noyée... C'est ça le pire.*

Solomon ferme les yeux pour éteindre la rage. Eden n'a pas besoin de sa colère.

— Je t'apprendrai à nager, dit-il en la pressant un peu plus fort contre lui. Plus personne ne pourra te noyer.

— Je n'ai aucun niveau scolaire. Je ne suis pas allée à l'école. Je n'ai appris aucun métier pour payer...

— On a déjà parlé de ça, la coupe-t-il sèchement.

Sa brutalité est injuste, mais sa colère est profonde. Laura a été ignoble et Eden a vraiment tout entendu. Tout entendu, tout analysé et tout compris.

— Nous discuterons de tout ça plus tard.

Aucune réponse. Elle tremble violemment.

— *J'ai froid.*

— D'accord.

L'homme d'action prend aussitôt les choses en main.

— Kate, s'il te plaît.

— Non, intervient Kristen. Moi, précise-t-elle en se levant. Avec moi, ça ira.

Eden tourne la tête vers l'adolescente qui attend patiemment la fin de l'examen rigoureux auquel elle est soumise.

— Elle va devoir te toucher, prévient Solomon.

— *Oui.*

— OK, soupire Kristen.

Elle s'approche lentement et tend les mains à Eden. Celle-ci pivote vers Solomon pour plonger dans les siens ses yeux redevenus bleus. Un bleu délavé. Limpide. Pur. Comme après un orage. Eden a retrouvé sa sérénité profonde. Un instant, elle ouvre la bouche, hésite, puis se détourne et se lève sans l'aide offerte. Solomon la tient par la taille jusqu'à ce qu'elle soit à peu près stable sur ses jambes.

— On va commencer par enlever tes fringues trempées, explique Kristen en la devançant légèrement vers le vestiaire. Après, je t'accompagne à ta chambre pour que tu prennes une douche bien chaude et que tu te changes. Enfin… fait-elle en s'immobilisant pour dévisager Eden, si tu veux bien.

— Oui, accepte Eden alors que ses vêtements dégoulinent de façon pitoyable.

Les deux jeunes femmes disparaissent dans le vestiaire. Solomon se met sur ses pieds et respire. Il respire, tout simplement. La charge émotionnelle s'abat soudainement sur lui et le terrasse. Il passe ses mains sur son visage et ses cheveux humides. Quand il ouvre les yeux, Kate est devant lui, un drap de bain immense ouvert entre ses mains, un autre sur l'épaule.

— Toi aussi, dit-elle simplement.

Solomon obéit à sa sœur. Chemise, pantalon, sous-vêtements. Il se met à nu sans complexe face à celle qui l'a élevé et le comprend comme personne. Il enroule le premier drap autour de sa taille et se sert du deuxième pour essuyer le haut de son corps.

— C'est bien, ce que tu as fait.

— Tu me permettras de ne pas partager ton avis.

La voix est sombre et dure. La colère, libérée de sa gangue de peur et de peine, fuse sans trouver beaucoup de résistance.

— J'ai mis Eden dans la pire des situations. À cause de moi…

— Grâce à toi, le coupe-t-elle, Eden a établi des relations, certes timides, mais réelles, avec les enfants et la plupart des adultes qui sont ici.

— Bon, bien sûr, c'est un peu plus compliqué avec maman, ironise leur grand frère en se plantant à côté de sa sœur.

— Aaron, gronde Solomon.

— Tu ne la changeras pas, petit frère.

— Je ne lui demande pas de changer. J'attends d'elle qu'elle applique ses… putains de règles à la con.

— Arrête, on dirait Kristen, sourit Aaron.

— Hé ! s'offusque Kate en lui donnant une frappe sur le bras. C'est de ma fille que tu parles.

— Fichu caractère, comme son oncle.

Solomon décoche un coup de poing dans l'épaule de son frère qui grimace de douleur.

— Merde, Solomon. Tu tapes toujours aussi fort.

— N'empêche, s'oppose Kate, il va falloir parler à maman.

— J'ai dit ce que j'avais à dire.

— Avec un peu plus de souplesse, soupire-t-elle.

— Non.

— De diplomatie ?

Solomon serre les mâchoires.

— Ne te bute pas, Solomon, renchérit Aaron qui a perdu son humour.

Solomon ne répondra pas : la porte du vestiaire vient de s'ouvrir sur Eden, livide, enveloppée dans une sortie de bain bien trop grande, les cheveux enserrés dans une serviette. Ses grands yeux merveilleux mais cernés observent la fratrie, détaillent chaque visage. Celui de Solomon en dernier. Un regard franc qui ne cille pas.

— On va dans sa chambre, annonce Kristen en passant d'une porte à l'autre.

Eden la suit vers la sortie. Elle se fige soudain et recule de deux pas.

— Ça y est, vous êtes sauvée des eaux ?

— Grand-mère ! s'interpose Kristen.

— Où est Solomon ?

Laura s'invite avec l'élégance d'un pitbull, manquant de bousculer Eden qui a repris sa position de soumise. Solomon sent chaque parcelle de son corps s'électriser sous le regard furieux et inquisiteur de sa mère.

— Parce que tu as dû aller la chercher, fait remarquer Laura, virulente.

— Et merde, lâche Aaron dans un soupir résigné.

— Solomon, supplie Kate à voix basse.

Trop tard, ils le savent bien. Protéger d'abord.

— Eden, tu suis Kristen, ordonne-t-il durement.

Le regard bleu vient se poser sur le sien et elle demeure parfaitement immobile. Solomon s'apprête à exiger d'être obéi, mais l'air inspiré pour faire claquer l'ordre reste bloqué en lui. Le clignement lent des paupières, la respiration profonde et régulière. Il sait ce qu'elle fait. Ce n'est pas de la désobéissance. Elle tient leur promesse. Elle l'aide à combattre ses démons. Alors il évacue l'air, maîtrise la colère et hoche la tête. Alors Eden obéit et quitte les lieux du règlement de comptes. Solomon ne pense pas que la sérénité insufflée survive longtemps, mais elle lui permettra de paraître moins buté.

— Je vous déconseille de rester là, fait-il à l'attention de son frère et de sa sœur.

— Je ne manquerai ça pour rien au monde, répond Aaron en retournant s'asseoir.

— Moi non, réplique Kate. J'ai assez donné.

L'allusion refroidit instantanément les frères. Elle s'adresse ensuite à sa mère avec la même froideur.

— Pourrais-tu faire en sorte que le réveillon ne soit pas définitivement gâché ?

— Ce n'est pas moi qui ai commencé, se défend Laura avec une hauteur qui agace immédiatement Solomon.

— C'est certain qu'avec une attitude aussi mature, la discussion va être très constructive, cingle Kate avant lui.

— Kate ! s'offusque sa mère.

— Maman…

— Ce n'est pas ton combat, Kate, s'impose Solomon avec un calme qu'il ne pensait plus avoir. Rejoins ta famille.

Kate le dévisage quelques secondes, fait volte-face et s'en va.

— Aaron, exige-t-il.

— Non. Il vous faut un arbitre.

Solomon se mure dans le silence et défie sa mère d'ouvrir les hostilités. Elle ne se fera pas prier.

— Je peux savoir ce qui se passe entre toi et cette fille ?

— Je t'ai déjà…

— Ne me prends pas pour une idiote, Solomon Rickman ! Cette gamine…

— Est une enfant-esclave, la coupe-t-il brutalement. Une petite fille, orpheline à 6 ans et réduite en esclavage. Déscolarisée, asservie, battue et violée. Un être terrorisé qui ne fait confiance à personne. Ni homme ni femme. Encore moins quand on se comporte avec elle comme tu le fais.

— Je ne te permets pas…

— C'est moi qui ne te permets pas ! s'énerve-t-il. Il m'a fallu quinze jours et beaucoup d'erreurs pour établir un lien fragile avec elle. Je me fiche pas mal que tu approuves, ou même que tu comprennes. Si jamais…

— C'est bon, Solomon. Elle a compris.

Laura ouvre la bouche pour le contredire, mais Aaron la fait taire.

— Ça suffit, maman. Solomon ne risque rien à prendre en charge Eden.

— Il en a fait sa pupille !

— Il fallait bien un statut pour la placer sous ma protection ! explose Solomon, excédé. Tu n'attendais quand même pas de moi que j'abandonne une enfant à une mort certaine alors que je pouvais la sauver ? Tu ne nous as pas élevés ainsi.

La réplique fait mouche. Laura en perd sa verve et son assurance. Solomon décide de mettre le point final. Il se rapproche de sa mère qu'il dépasse très largement dans toutes les dimensions. Le fait qu'Aaron se lève lui indique que sa posture est menaçante. Tant mieux.

— Ne me critique plus jamais dans ma maison. Surtout quand mes décisions découlent directement des règles que tu m'as inculquées.

Et il s'en va.

14

Samedi 24 décembre 2016, fin d'après-midi.

— Cette vieille chouette a été ignoble, perle la voix de Kyle à travers la porte entrebâillée de la chambre d'Eden.

— Kyle, le reprend Megan.

— Quoi ? Même oncle Solo le pense !

— Pardon ?

— Demande à Kris.

Silence.

— Ce n'est pas aussi simple, modère Kristen. C'est vrai qu'elle a largement dépassé les limites, mais j'aurais dû réfléchir à ce que je disais.

— Tu avais raison, insiste Kyle.

— Oncle Solo avait raison : j'ai blessé ma mère. Et j'ai blessé Eden. Je te présente mes excuses, Eden, ajoute-t-elle, la voix tremblante d'émotion.

— J'ai été prévenue qu'il y aurait beaucoup de maladresses, fait la voix sereine d'Eden.

— Tu es trop gentille, souffle Kyle. Notre grand-mère ne s'est pas bien comportée avec toi.

— Mais… c'est votre grand-mère.

— Ce n'est pas une excuse, répond Kristen sévèrement. Ce n'est pas parce qu'elle est la matriarche de cette famille qu'elle a tous les droits et qu'elle peut se permettre de régenter nos vies sans tenir compte de ce que nous sommes.

— Ne t'énerve pas, Kris, tente de la calmer Megan. Souviens-toi de ce que dit toujours oncle Solo…

Et les voix de s'unir pour réciter :

— On ne choisit pas la famille dans laquelle on naît, on choisit celle qu'on veut construire.

Les gamins rient. Ç'a toujours été un jeu pour eux : retenir certains conseils ou certaines explications que Solomon pouvait leur donner et en faire des règles de vie. Pourquoi garder les siennes et pas celles de Laura ?

— Eden, tout va bien ? s'inquiète soudain Kyle.

Silence.

— Je… Je n'ai pas de famille.

— Bien sûr que si, la contredit Kyle. Tu nous as, nous ! Et surtout, reprend-il doucement alors que personne ne dit mot, tu as Solomon.

Nouveau silence. Solomon hésite à entrer. Les jeunes adultes tissent des liens de façon maladroite, mais leur jeunesse les rend capables de dépasser ces maladresses. Il ne peut qu'espérer qu'Eden ait encore la force d'une telle indulgence. Ces derniers jours ont été difficiles pour elle et tout le monde a ses limites, même l'enfant soumise.

— À cause de moi, M. Rickman s'est fâché avec madame sa mère.

— Ça n'a rien à voir avec toi, explique Kristen. Oncle Solo et Grand-mère, ça fait presque trente-quatre ans que ça dure.

— C'est l'âge d'oncle Solo, relève Megan.

— C’est bien ce que je dis, fait Kristen d’une voix narquoise.

— Eden, reprend Kyle plus posément, souviens-toi de ce que je t’ai dit sur la confiance et la notion de choix. Souviens-toi de ta première leçon de dressage. Tu n’es pas la seule à avoir choisi. Solomon n’a pas fait de toi sa pupille par charité. Je ne sais pas…

Kyle soupire. Il hésite. Solomon serre les dents : ce que s’apprête à dire son neveu est probablement d’une maladresse sans nom.

— Ce que je sais, c’est que Solomon t’aime bien. Il te protège comme il le fait pour nous. Bien plus que pour nous, en fait. Il a fait de toi un membre de sa famille.

Silence.

— Eden, ça va ? s’inquiète Kristen. Tu trembles comme une feuille.

— J’ai… J’ai froid.

Eden élude. Solomon ne la voit pas, mais il sait que les yeux bleus ont fui au moment où elle a prononcé ces mots. Il sait que les paroles de Kyle dépassent la simple maladresse. Elles ont toutes un double sens dont le jeune homme n’a pas conscience. Il faut avoir l’expérience de la vie d’Eden pour entendre la version sordide de l’histoire. Une gamine choisie par un adulte. L’absence de charité et donc d’empathie ou de sympathie. Le dressage. Une protection inhabituelle. Le schéma du pire est tellement facile à imaginer. Aaron l’a envisagé et ouvertement reproché. Laura l’a suggéré. Eden le redoute plus que tout.

— Viens, Eden, l'invite Kristen. Tu as besoin d'une douche bien chaude.

Des bruits feutrés. Une porte qui se ferme.

— Bravo Kyle, très adroit, ironise Megan, mécontente.

— Qu'est-ce que j'ai dit ?

— Leçon de dressage, pas par charité… Tu as réfléchi à ce que tu disais ?

— J'ai aussi dit « membre de sa famille », s'agace-t-il. Si tu mets un double sens à tout ce que je dis, ça devient ingérable.

— Mais tout a un double sens, siffle Megan à voix basse. Quand on a été maltraité comme elle l'a été, le mot confiance veut dire soumission. Le mot dressage veut dire obéissance. Le moindre geste de réconfort devient une prise de pouvoir. Protéger, c'est posséder.

— Eden nous connaît, elle sait que je suis sincère, se défend son frère.

— Elle ne pense pas comme nous, Kyle. Tu as bien vu, elle est devenue toute blanche.

Le silence signe la compréhension. Solomon décide d'intervenir. Ces enfants sont en train de souffrir d'une décision qu'il a prise. Kate a peut-être raison finalement : il n'aurait pas dû amener Eden ici. Personne n'était prêt à une telle confrontation. Malgré toute leur conscience de l'âpreté de la vie, les gamins ne méritaient pas d'être placés devant son côté le plus abject. Solomon toque à la porte et la repousse doucement. Kyle, Megan et lui se dévisagent quelques secondes et il n'aime pas ce qu'il lit dans leurs regards.

— Tout va bien ? demande-t-il en tentant une fausse naïveté.

— Qu'est-ce que tu as entendu ? lui renvoie Kyle dans un soupir.

Tentative déjouée. Solomon se redresse et s'avance vers ses neveux assis sur le lit d'Eden.

— Que vous êtes des jeunes adultes dont on peut être fier.

— Megan, tu peux venir ?

Kristen appelle avant même de franchir la porte de la salle de bains. Elle s'immobilise en apercevant Solomon. Il est immédiatement alerté par l'inquiétude qui la vieillit.

— Bien sûr, accepte Megan en se levant avec la même douceur naturelle que sa mère.

— Que se passe-t-il ? interroge Solomon.

Megan se fige une seconde avant de se rasseoir. Kyle la ramène contre lui d'un bras sur ses épaules. Frère et sœur se placent en retrait. Kristen sera plus difficile à convaincre.

— Elle ne se sent pas très bien, répond-elle pourtant.

— Je m'en occupe.

Solomon prend la direction de la pièce d'eau, mais Kristen s'interpose d'un pas.

— Elle est dans la salle de bains.

— Je sais.

— À moitié nue.

Un bruit d'eau leur parvient à ce moment.

— Nue, rectifie-t-elle comme un défi.

— J'avais compris, Kristen, gronde Solomon.

La tête de mule autoérigée en protectrice d'Eden

s'obstine. Solomon hésite à se montrer plus dur avec celle qui est la plus proche d'Eden par leurs passés, celle qui s'identifie le plus à elle.

— Kristen, soupire Kyle. Laisse-le faire.

Elle regarde son cousin, pleine de doutes.

— C'est compliqué, tu sais bien, ajoute alors le garçon un peu moins gamin.

— Elle ne s'est pas remise, se défend Kristen, au bord des larmes.

— C'est pour ça que c'est moi qui vais m'occuper d'elle, s'impose Solomon.

En deux pas, il prend tendrement sa nièce par la nuque et dépose un baiser sur son front.

— Tu… Vous, se corrige-t-il en regardant également Megan et Kyle. Vous avez déjà beaucoup fait pour elle et je vous en remercie ; mais vous n'avez pas à assumer mes responsabilités.

— On aime bien Eden, glisse Kyle en soutenant le regard de Solomon.

— Alors, préparez-lui le plus beau Noël de sa vie.

— Très bonne idée, rebondit Kyle en se levant.

Il attrape sa sœur par la main, la tire derrière lui pour saisir celle de Kristen et les entraîne *manu militari* vers la sortie.

— Occupe-toi d'Eden, lance-t-il sans même se retourner. Nous, on va te préparer une soirée que personne ne pourra jamais oublier.

Les trois adolescents quittent la chambre dans un chahut digne d'eux : l'aîné déchaîné à l'excès pour alléger le cœur des cadettes, ces dernières implorant plus de douceur au moment d'affronter l'escalier. Solomon se retrouve, une nouvelle fois, seul pour soutenir l'enfant perdue. Au moment d'entrer dans la salle de bains, il prend le temps de deux respirations profondes pour être prêt à encaisser la déroute de l'enfant-esclave.

Eden est entièrement nue. Debout à l'entrée de la douche italienne, devant la pluie de plafond nimbée de vapeur. Bras croisés sur sa poitrine, mains sur ses épaules, ses cheveux humides drapant son dos. Elle grelotte. L'eau coule depuis deux bonnes minutes, mais elle est sèche. Elle n'est pas allée sous l'eau. Elle n'a pas repris contact avec cet élément qui la terrorise. Quand il vient se placer à côté d'elle, elle tremble plus fort. Elle ne le fuit pas. Il sait qu'elle l'a reconnu. Elle ne le fuit pas.

— *Je ne peux pas.*

Un murmure. Une larme. Solomon ressent la peur profonde d'Eden. L'espace de quelques secondes, il est désemparé. Tout ce qui se passe est hors normes. La moralité réprouverait sa simple présence ici : un homme de 34 ans à peine couvert d'un drap de bain autour des reins et un autre sur les épaules à côté d'une enfant de 17 ans totalement nue, vulnérable. La loi le condamnerait. Le regard bleu inondé de larmes l'accepte.

— *J'ai peur de l'eau*, avoue-t-elle en français.

— Pas de la pluie, Eden.

Le regard clair repart sur le rideau d'eau qui dégringole. Elle s'étreint un peu plus fort. Solomon laisse glisser le drap de bain qui est sur ses épaules, resserre celui qui ceint sa taille et entre dans la douche sans toucher Eden. L'eau est bouillante. Il règle la température, puis le débit pour que la pluie soit plus fine et fait face à celle qui est devenue son seul juge. Celle à qui il tend la main.

— Viens.

Les yeux incomparables scrutent la chute d'eau maîtrisée, le détaillent lui, analysent des choses que lui ne voit pas. Il attendra aussi longtemps qu'il le faudra. Et l'attente est longue. Quand enfin elle dénoue ses bras, Solomon ne quitte pas son regard. Quand enfin elle lie leurs mains et leurs doigts, il l'attire à lui avec prudence. Il l'amène sous l'eau chaude et elle ferme les yeux. Quand enfin Eden offre son visage à la pluie, il sait qu'elle a retrouvé sa sérénité.

— *Je dois être plus forte, n'est-ce pas ?*

Une fausse sérénité remplie de doutes et de questions. Et l'usage du français comme rempart semble confirmer ce repli sur elle-même.

— Non, Eden. Tu es déjà très forte. Regarde tout ce que tu as affronté et vaincu depuis que tu es avec moi.

— *Amy est forte*, énonce-t-elle en posant ses yeux d'un bleu glacial sur ceux de Solomon

— Amy n'est qu'une armure.

C'est du pur instinct. Les sourcils fins se froncent. Le regard clair part ailleurs chercher la compréhension. Solomon creuse l'intuition à voix haute.

— Amy était ton armure. Forte, résistante… soumise… mais sans âme.

Le poignard d'acier glacé se plante dans le regard de Solomon. Il persiste pourtant.

— Derrière l'armure, il y a toujours eu Eden. Et elle est bien plus forte, intelligente et courageuse qu'Amy.

— *Je ne me suis pas enfuie.*

— Tu ne t'es pas enfuie, tu t'es sauvée, assène-t-il avec assurance.

— Sauvée ? répète-t-elle en anglais, incrédule.

— Oui, sauvée. Tu as saisi l'opportunité que je t'ai offerte pour quitter ton enfer.

— On m'a jetée dehors, rectifie-t-elle.

— Parce que tu as osé te rebiffer, Eden.

Elle secoue la tête. Elle ne le croit pas. Elle ne comprend pas.

— Souviens-toi, dans ma suite à Paris, tu t'es opposée à Scarlett. Tu as refusé de lui obéir.

— Ça m'a valu d'être punie.

— Chez Mitzer, continue-t-il sans relever, dans sa bibliothèque, tu ne t'es pas soumise comme tu le faisais d'habitude, n'est-ce pas ?

Les yeux bleus s'écarquillent et Solomon comprend qu'il a vu juste.

— Quand je t'ai dit qu'il faudrait suivre, qu'il faudrait que tu tiennes ton rôle jusqu'au bout, tu l'as fait. Tu savais que Scarlett voyait et entendait tout, mais tu as pris le risque.

Des larmes. Le relâchement du corps tendu. La reprise de la respiration. Eden comprend.

— Tu as été la plus forte ce jour-là, Eden. Sans le savoir, je t'ai donné une arme et tu t'en es servie.

Cette vérité étend ses ailes et les enveloppe tous les deux. Solomon en est déstabilisé. Il pensait être le sauveur de l'enfant-esclave. Il était son arme. Il pensait être le plus fort des deux. Eden l'est bien plus que lui. Il l'avait pourtant perçu : l'impression de force tranquille, l'évidence de l'entrelacs de leurs doigts… Alice puissance un million… Finalement, Kyle avait raison : Eden a déjà choisi de lui faire confiance. Elle l'a déjà choisi, lui.

— Tu m'as choisi depuis le début, dit-il dans un souffle.

Ça lui a échappé. Eden le dévisage en fronçant les sourcils. Elle réfléchit. Puis soudain, le regard bleu n'a plus rien de glacial. Tout n'est que paix dans ce chaos indescriptible. L'eau sublime le visage de porcelaine parfait. Les lèvres rosées sont perlées et n'en sont que plus tentantes. Le désir renaît des cendres de la colère, des contrariétés et du devoir.

— Pourquoi moi ? demande-t-il soudain.

Eden vibre doucement. Elle ne le fuit pas. Elle plonge en lui, rejoint directement son âme. Quelque chose passe dans ses yeux captivants et hypnotiques. Un sourire.

— *Parce que la vie en a décidé ainsi ?*

Solomon rit. C'est plus fort que lui. Il ne peut que rire face à cette belle surprise de la vie. Face à cette petite intonation impertinente. Quand il voit les yeux d'Eden étinceler, ses lèvres s'étirer discrètement, il a la confirmation qu'elle partage cet éclat de joie simple. À cet instant, l'envie de la prendre dans ses bras est forte, mais il résiste. Presque…

— Je vais toucher ton visage, la prévient-il.

Elle relâche aussitôt ses doigts. Elle se fie à lui. Elle ne fuit pas quand il encadre son visage de ses mains. Elle ne se raidit pas quand il s'approche d'elle et vient poser son front contre le sien. Elle ferme les yeux et il en fait autant.

— J'aime bien ta façon de sourire, dit-il avant de s'écarter.

Il la tient toujours alors qu'elle le dévisage sans crainte. Soudain il sent le drap de bain glisser légèrement sur ses hanches, alourdi par le poids de l'eau absorbée.

— As-tu besoin d'aide pour tes cheveux ?

— Non.

— Très bien, fait-il en rattrapant la serviette de justesse. Je ne peux pas rester avec toi dans cette tenue plus longtemps.

Eden le détaille de la tête aux pieds comme si elle prenait conscience de leurs nudités. Elle recule soudain de deux pas. Solomon s'apprête à s'excuser, mais il n'y a aucune peur en elle.

— Vous pouvez vous doucher. Je peux attendre, dit-elle en lui tournant le dos.

Solomon hésite. Tout lui semble déjà tellement répréhensible. Il ne peut quand même pas se mettre nu en sa présence. Pourtant, il ne peut pas refuser cette chance de renforcer la confiance qu'elle lui offre. Nue devant lui, mue par sa force tranquille impressionnante, elle ne manifeste aucune crainte, aucune anxiété.

— Couvre-toi, exige-t-il.

Elle se baisse en pliant les genoux, attrape le drap de bain qu'il a abandonné plus tôt et s'enveloppe dedans en se relevant. Solomon jette sa serviette totalement imbibée à l'autre bout de la douche et se savonne rapidement. Eden se déplace soudain dans la salle de bains et revient à sa place avec une serviette sèche dans une main au moment où il finit de rincer ses cheveux.

— Merci, fait-il en s'emparant de la serviette. À toi.

Eden pivote en restant de dos à lui, faisant glisser le drap de bain qui cachait son corps. Solomon ne lui fera pas l'offense de l'observer. De toute façon, il connaît déjà ses courbes parfaites. Il sait également qu'elles sont plus anguleuses que lorsqu'il les a découvertes un soir à Paris. Elle a encore maigri. La colère reprend force. Elle ne l'avait pas vraiment quitté. La colère d'avoir fait subir à une enfant-esclave de nouvelles épreuves, de l'avoir amenée aux limites de sa résistance. De ne pas parvenir à assurer son bien-être. Elle lui fait confiance, elle se fie à lui. Elle ne devrait peut-être pas finalement : il n'est vraiment pas doué. Tant de maladresses, d'erreurs. Elle les a toutes intégrées.

— Solomon ?

— Oui ?

Il a répondu par automatisme. C'est le silence qui lui fait remarquer qu'elle a utilisé son prénom.

— Comment faut-il que je m'habille ce soir ?

Ce soir. Le réveillon. Un réveillon dans la famille Rickman au bord de l'explosion. Un réveillon dont il vient de mettre l'organisation dans les mains des trois adolescents. Laura doit être furieuse. Encore. Le réveillon, c'est sa prérogative. L'intervention des enfants, quelle qu'elle soit, va venir percuter son schéma parfait. Soudain, Solomon décide qu'il s'en fiche. Peu importe toutes ces futilités, Eden a souri. À sa façon, mais elle a souri. Et elle l'a appelé Solomon.

— Mets ce que tu veux.

Seuls les bruits d'eau répondent à sa décision tranchée et tranchante. Solomon soupire : il est irrécupérable.

— Un vieux jean, un vieux tee-shirt et de vieilles chaussures ?

Solomon sent ses sourcils se froncer. La surprise le prend au dépourvu. Il lui a semblé percevoir des intonations moqueuses, mais… Eden qui fait dans l'humour ?

— Pardon, monsieur.

Pardon, monsieur… Merde. Solomon regarde Eden dans le miroir, à travers la paroi vitrée de la douche. Tête basse, elle s'est appuyée au mur devant elle d'une main.

— Regarde-moi, ordonne-t-il.

Après quelques secondes, la tête se relève et Eden cherche Solomon. Elle croise son regard dans la glace et baisse aussitôt les yeux.

— Eden, exige-t-il plus qu'il ne l'appelle. C'était de l'humour ? demande-t-il quand elle obéit.

Le regard fuit et elle hoche la tête. Putain…

— Pardon, Eden. C'est moi qui n'ai pas bien compris. Ne t'excuse pas de faire de l'humour. L'insolence, l'impertinence et les réparties cinglantes sont, comme tu l'as sûrement remarqué, le sport préféré des membres de cette famille.

Elle le regarde en clignant des yeux, gênée par l'eau qui ruisselle sur son visage.

— Et qui gagne ? l'interroge-t-elle avant de se détourner.

Qui gagne ? Pour le jeu avec les enfants, il hésite entre Kyle et Kristen. Pour la guerre odieuse entre adultes, sa mère. À moins que ce ne soit lui à présent.

— Je dirais Kristen, propose-t-elle doucement.

Solomon ne répond pas tout de suite. Il observe la force tranquille faire la démonstration inconsciente de sa puissance. Avec des gestes lents, Eden enduit ses cheveux de shampoing et les masse, les peigne de ses doigts. Sa sensualité est magnifique.

— Pourquoi Kristen ? l'interroge-t-il pour combler le trop long silence et faire taire le désir.

— Parce que vous la laissez gagner.

Et merde. Pourquoi a-t-il posé la question ? Une vérité le giflera-t-elle chaque fois qu'Eden exprimera son opinion à voix haute ? Laissera-t-elle systématiquement une marque cuisante sur son âme ? Derrière son armure de soumission et ses silences, Eden observe et comprend. C'est indéniablement une fille intelligente. Cette conviction s'ancre un peu plus dans l'esprit de Solomon. Une intelligence étouffée par la soumission inculquée à coups de maltraitance et de dénigrement.

— Pardon, monsieur.

Solomon relève les yeux sur l'image même de cette soumission. Cette position qui lui fait systématiquement froid dans le dos. Bordel… Pourquoi faut-il que la peur l'emporte systématiquement sur sa force tranquille ? Il contourne la paroi vitrée et s'arrête à la limite du rideau d'eau.

— Regarde-moi.

Eden pivote et lève ses yeux inquiets sur lui.

— Je pense que tu ne vas pas aimer ce que je vais te dire, prévient-il d'une voix ferme. Mais je crois qu'il faut que tu l'entendes. D'accord ?

Hochement de tête lent de méfiance.

— Je ne te connais pas, Eden. Je ne connais pas la femme qui se cache derrière ton armure. Mais je suis intimement convaincu que c'est une belle personne, intelligente et courageuse. Pleine de vie, d'envies et d'humour. Ne t'inquiète pas de me surprendre. C'est à moi de m'adapter à toi. L'inverse a assez duré.

Seul le regard clair réagit à la voix durcie par la colère. Une intensité rare.

— Regarde Kristen et Kyle, et tu auras une idée du niveau d'insolence et d'humour avec lequel tu peux jouer. Je sais que tu ne dépasseras jamais les limites. Mes limites. Ton esprit sait déjà s'adapter avec une grande finesse et une grande sagesse.

Les yeux bleus se floutent. Solomon est persuadé qu'elle pleure, mais les larmes se mêlent à l'eau qui dévale son visage. Même sa déroute élude.

— Tu veux mon avis pour la tenue de ce soir ? demande-t-il pour mettre fin au supplice d'Eden.

Oui de la tête.

— Mets-en plein la vue. Fais regretter à la vieille chouette ignoble de t'avoir sous-estimée.

Une réplique digne de Kyle et Kristen. Elle le fait sourire en coin. Eden écarquille ses grands yeux. Ils sont alors traversés de cette lueur d'amusement qui n'appartient qu'à elle et qu'il sait enfin reconnaître. Ce sourire qui n'atteint pas ses lèvres.

— Mais il vaudrait mieux que je vérifie ce que Kyle est en train de concocter avant que tu ne te mettes sur ton trente et un. Il pourrait avoir opté pour une soirée pyjama.

Les lèvres pleines se pincent en s'étirant.

— J'adore ta façon de sourire.

Solomon quitte la salle de bains brusquement sans attendre la moindre réponse. Il n'y en aura pas, de toute façon. Un jour, il a entrevu la vraie Eden dans son regard pétillant de curiosité émerveillée. Une promesse vertigineuse et terrifiante, mais si tentante. Maintenant, il sait. Son cœur s'est arrêté. Son âme a vibré. Son désir pourtant assagi a hurlé sa rage de ne pouvoir être assouvi par la sérénité tranquille de la douce et fragile Eden.

Trop tôt. Tellement trop tôt. Probablement jamais.

Putain de bordel de merde…

15

Dimanche 25 décembre 2016, au petit matin.

— Oncle Solo.

Solomon bondit dans son lit, tiré brutalement d'un sommeil profond par une urgence chuchotée. Il se redresse sur un coude et découvre… Kyle. Yeux espiègles, même dans l'obscurité. Sourire aux lèvres. Aucune urgence. Sale petit con. Solomon se laisse retomber.

— Solo, insiste Kyle.

— Quoi ? grogne Solomon.

— Il faut que tu viennes voir ça.

— Voir quoi ?

— Tu verras bien.

— Kyle, soupire Solomon en cherchant son réveil des yeux.

Six heures du matin.

— Non, mais je rêve.

— Ne me pique pas mes répliques, rit le gamin. Allez, viens, fait-il en se relevant.

— Moins fort. Tu vas réveiller Eden.

— Ça m'étonnerait.

— Pardon ?

Solomon se relève et jette un coup d'œil vers la

salle de bains dont les portes sont restées ouvertes. La soirée a été difficile. Les enfants sont arrivés tous ensemble dans le salon. La tradition veut que la soirée soit simple ; un retour aux sources, loin des artifices des soirées mondaines. Ils étaient tous dans leurs plus belles tenues. Les garçons en costume, les filles en robe de soirée.

— Mais que vous est-il passé par la tête ? s'est exaspérée Laura.

— On a décidé de faire chic, s'est permis Kyle avec son sourire ravageur.

— Et depuis quand une soirée familiale se fait-elle en tenue de cocktail ?

— C'est Noël !

— C'est une belle idée, chéri, est intervenue Robin en allant embrasser son fils. Vous êtes magnifiques.

— Ce sont les filles les plus belles, a-t-il dit en prenant Sam contre lui pour s'écarter.

Et les adultes se sont retrouvés face à trois superbes jeunes femmes. Ils ont tous pris un coup de vieux : la nouvelle génération est indéniablement aux portes de l'âge adulte. Solomon a admiré la classe de ses nièces dans leurs robes cocktail fluides et leurs maquillages sobres. Il a été subjugué par l'élégance incomparable d'Eden. Sa robe fourreau d'un bleu nuit parsemé de brillants discrets couvrait son corps du ras de cou aux poignets et jusqu'aux genoux. Seule fantaisie : un effet de drapé vers la hanche gauche. La masse de ses cheveux bruns avait été assagie dans un chignon haut dévoilant ses traits graciles. On ne voyait plus que ses grands yeux dont la clarté était relevée par un mascara noir. Ses lèvres nimbées d'un gloss qui n'altérait en rien leur couleur naturelle.

Cleo a été une diversion bienvenue pour Solomon. Elle lui a permis d'oublier Laura et son humeur massacrante. Mais surtout le désir violent et assourdissant. Un désir qui s'est pourtant apaisé pour chanter doucement. Un murmure tendre comme l'affection profonde qu'il ressent pour Eden.

Le repas a été carrément laborieux. Vexée, Laura s'est imposée comme jamais, s'installant même en bout de table, à la place de Solomon. Kate lui a fait signe de laisser tomber. Elle a revu le plan de table et son petit frère s'est retrouvé à la jonction entre les adultes et les enfants. Ce mélange de générations a été l'occasion de nombreux débats que Tom et Robin se sont fait un plaisir d'ouvrir. Peu à peu, Laura a disparu sous le brouhaha de la confrontation des idées. Dans ce chahut improbable à la table de la matriarche Rickman, seul être silencieux : Eden… jusqu'à ce que l'attention discrète des enfants porte ses fruits. Installée entre Kristen et Kyle, face à Solomon et Megan, elle a osé donner son avis, émettre des critiques. Aucun sourire, mais ses répliques ont systématiquement fait mouche. Laura a bien tenté d'obtenir un peu de calme, la jeunesse l'a débordée.

Une jeunesse qui s'est évaporée dès la fin du dessert. Si les trois grands n'ont pas voulu toucher à l'institution du repas, ils ont débridé leur imagination pour la suite. Leur « truc pour Eden », ils ont voulu le garder secret. Ils se sont accaparé la pièce du sous-sol, isolée phoniquement et équipée d'une sono ultra performante.

Salle de cinéma, boîte de nuit, chambre des secrets… Les enfants l'adorent et ils en ont fait leur royaume pour la soirée. Interdiction d'en approcher pour les adultes ; et pour Eden qu'ils avaient consignée dans sa chambre jusqu'au moment de passer à table.

Et pour peaufiner leur surprise, il a fallu aller en ville faire quelques achats. Solomon en a profité. Peu importaient toutes les recommandations et autres contraintes imposées par les conspirateurs, il avait besoin de sortir de la maison.

— On revient te chercher dans une heure, a annoncé Kyle quand ils l'ont abandonné en centre-ville.

— Megan, a appelé Solomon avant de fermer sa portière.

La jeune femme n'a pas eu besoin de demande plus explicite. Elle est descendue de voiture et s'est rapprochée de Solomon avec une douceur naturelle assez proche de celle d'Eden et qui a le don d'apaiser le monde entier.

— Or blanc ou or jaune ?

— Or blanc.

Une affirmation pleine d'assurance, sans demander à quoi il faisait référence.

— Surtout pas de bague. Quelque chose de très fin et discret.

Elle s'est mise sur la pointe des pieds et a déposé une bise sur la joue de son oncle en se tenant à ses épaules.

— Elle va adorer… Mais elle va pleurer.

Deuxième bise et elle s'est échappée.

C'est Cleo qui est venue chercher Solomon un peu

après 23 heures. Eden s'était endormie et personne n'osait la réveiller.

— Pourtant, on regardait un super film, s'est désolée Cleo en le précédant dans l'escalier. Et Kyle avait prévu de danser jusqu'à tard dans la nuit. Dis, tu crois que je pourrais rester danser, moi aussi ?

— Il faut demander à ta maman, ma puce.

— J'y vais !

La petite tornade a fait demi-tour et a remonté l'escalier en courant, abandonnant son oncle sans autre forme de considération. Solomon a poursuivi son chemin seul et a apprécié de pouvoir respirer un peu avant de retrouver les enfants. Sa mère s'est montrée odieuse dès le départ des gamins, faisant subir un véritable interrogatoire à chacun de ses enfants. Aaron et Kate ont subi en épargnant leurs conjoints. Solomon s'est rebellé. Comme d'habitude.

Il s'est arrêté sur le seuil de la pièce totalement transformée. Tout était blanc. La salle de cinéma aux surfaces et mobilier sombres était entièrement revêtue de tissu blanc. Une blancheur accentuée par celle de l'hiver dans le monde de Bambi. *Bambi*, un super film ?

— On n'ose pas la réveiller, s'est excusé Kyle. Elle est crevée. Il vaudrait mieux la coucher.

— D'accord.

— On peut rester ? a demandé Sam. Kyle a promis d'être le DJ.

— Autant que le voudront vos parents. N'oubliez pas qu'il y a la messe de Noël demain matin.

Kyle s'est décalé et Solomon s'est approché du fauteuil dans lequel Eden s'était assoupie, pelotonnée sur elle-même et couverte d'un plaid. Il s'est accroupi devant elle et l'a appelée doucement.

— Je vais t'aider, a annoncé Megan tandis qu'il s'éloignait vers la sortie en emportant sa protégée désormais blottie dans ses bras.

— Ça va aller.

— Tu vas avoir besoin d'aide, a-t-elle insisté en plantant son regard dans le sien. Tu ne peux pas la déshabiller tout seul.

Solomon a acquiescé d'un mouvement de tête et Megan est passée devant lui. Il a pleinement compris l'intention cachée de sa nièce en croisant le regard de Laura. Comme par hasard, celle-ci avait eu besoin de quelque chose dans la cuisine et était passée par le hall d'entrée. Elle a désapprouvé le fait qu'il porte Eden et que celle-ci dorme contre lui. Elle a approuvé la présence de Megan.

— Merci Megan, a-t-il chuchoté en finissant de border Eden.

Il s'est tourné vers elle quand elle n'a pas répondu.

— Fais attention à ton cœur, oncle Solo, a-t-elle dit avec une tendresse infinie. Et fais attention au sien. Et surtout, protège-les de Laura.

Et elle est partie.

Solomon est resté abasourdi d'une telle lucidité. Les trois grands n'étaient définitivement plus des enfants. C'est pour ça qu'il a suivi sa nièce sans attendre, la rattrapant avant d'atteindre le bas des marches et d'affronter le regard de Laura qui sortait de la cuisine, comme par hasard au bon moment. Mais, une fois tout le monde couché, dans l'intimité des chambres derrière les portes closes, Solomon a ouvert celles de la salle de bains. Il s'est endormi en écoutant la respiration paisible d'Eden.

— Va voir dans la cuisine, répète Kyle.

— Elle va bien ?

— Fais chier, Solo. Fais-moi confiance et bouge ton cul.

— Ton langage, Kyle, gronde Solomon.

— T'aurais pas dit mieux, fait le sale gosse en s'en allant.

Solomon s'effondre sur son coussin, soupire longuement, yeux au plafond. Il se rendormirait bien en maudissant Kyle l'insolent… s'il ne s'agissait pas d'Eden. Il repousse ses draps, se lève et quitte sa chambre en enfilant un tee-shirt. Il arrive sans bruit devant la cuisine dont il pousse la porte silencieusement.

Ce qu'il voit alors lui coupe le souffle. La cuisine n'a jamais été dans un tel désordre. Un vrai capharnaüm. Si Emily voit ça, elle va être furieuse. Tous les placards sont ouverts. La vaisselle empilée dans l'évier. L'îlot central encombré de récipients et autres ustensiles ; et surtout saupoudré de farine. Cette chaleur caractéristique de fourneaux à l'œuvre. Cette odeur de viennoiseries. Et au milieu de toutes ces stimulations titillant ses sens visuel et olfactif, la seule chose en ce bas monde qui ait réveillé son générateur de sentiments.

Eden œuvre dans ce chaos avec sa tranquillité paisible. Ses cheveux regroupés dans une tresse à moitié défaite, un casque sur les oreilles, elle sort du four une plaque pleine de croissants parfaitement dorés. Elle la pose sur le piano, le temps de refermer le four. Puis elle prend les viennoiseries une par une pour les disposer sur une grille. Elle retire vivement sa main à la quatrième.

— *Aïe. Merde.*

Elle s'est brûlée. Un souffle sur ses doigts et elle continue son travail. Elle charge ensuite la plaque de nouveaux croissants façonnés et l'enfourne. Ce n'est qu'à cet instant qu'elle prend conscience d'une présence dans la cuisine. Elle perd sa sérénité avant même de pivoter vers Solomon. C'est avec un visage fermé qu'elle lui fait face. La peur s'efface de son regard dès qu'elle le reconnaît, mais elle ne se départit pas de sa méfiance.

— Je vous ai réveillé ? s'inquiète-t-elle en retirant son casque.

— Non. C'est Kyle.

— C'est ma faute. Désolée.

Eden s'excuse en baissant les yeux et en reculant d'un pas. Solomon retient un soupir. Il pensait qu'ils avaient dépassé ce stade. Il ne relèvera pas : on n'efface pas des années de terreur en quelques jours, surtout avec la pression imposée par Laura, et probablement lui-même. Ni en quelques heures de confiance.

— Ça sent très bon.

— Merci.

— Tu n'arrivais pas à dormir ?

— Je voulais vous faire la surprise.

Elle élude. Eden cache quelque chose ; Solomon en est persuadé. Il choisit pourtant de ne pas chercher à la faire parler et de la suivre dans sa fuite.

— Des croissants pour le petit déjeuner ?

— *Un petit déjeuner à la française*, rectifie-t-elle.

— C'est un très beau cadeau, Eden.

Elle relève enfin les yeux au moment où la porte s'ouvre. Laura se fige, détaille la scène de ses yeux plissés, puis fixe Eden.

— Mais qu'avez-vous encore fait ?

Eden prend instantanément sa posture de soumise. La colère prend instantanément possession de Solomon.

— Eden nous prépare très gentiment son cadeau de Noël, dit-il d'une voix sombre qui n'a rien de gentil.

— En détruisant la cuisine ?

— On ne prépare pas des viennoiseries sans salir…

— Des viennoiseries ? relève Laura. Nous sommes en Amérique ici, pas en France.

— Eden a appris à cuisiner en France, réplique-t-il sèchement.

— Qu'elle travaille dans un restaurant français, dans ce cas ! Dans cette famille, la tradition…

— Dans ma maison, la coupe durement Solomon.

— Ne recommence pas avec tes menaces ! Depuis que tu as ramené cette fille, tu te montres irrespectueux !

— C'est toi qui fais preuve d'irrespect.

— Je suis ta mère. Cette fille n'est rien pour toi. Cesse de détruire ta famille pour une inconnue.

Solomon serre les dents et les poings pour ne pas gifler Laura. Toutes les altercations et autres mises au point de ces derniers jours n'auront servi à rien.

— Tout sera remis en ordre avant le petit déjeuner, madame.

Eden se penche en avant. Elle se soumet à la matriarche acariâtre.

— J'espère bien, cingle celle-ci. Il ne manquerait plus qu'Emily découvre un tel désastre !

— Mère, gronde Solomon.

— Pas de ça avec moi, siffle-t-elle, furieuse. Prends donc exemple sur ta pupille. Elle au moins sait ce que veut dire le mot respect.

— Comment oses-tu ? Sous mon toit ?

— Il faut bien que quelqu'un le fasse, rétorque-t-elle avant de se tourner vers Eden. Nettoyez tout et préparez-nous un vrai petit déjeuner.

— C'est hors de question ! s'emporte Solomon.

— Bien, madame, fait Eden d'une voix un peu plus forte.

Comme si elle voulait s'imposer. Comme si elle voulait faire taire le fils et se ranger du côté de la mère.

— Parfait, se contente Laura.

— Cette fois, tu as dépassé les limites, fait Solomon d'une voix aussi glaciale que sa colère. C'est proprement insupportable. Tu n'as que mépris envers les autres.

— Tais-toi ! crie sa mère.

— Sors de ma maison et n'y…

— Non !

Eden s'interpose. Elle est livide, elle tremble ; mais elle s'interpose. Et la colère de Solomon change de cible.

— Silence ! exige-t-il en dressant son index en signe d'avertissement. Pas un mot de plus !

Eden ne baisse pas les yeux et Solomon a un doute. Quelque chose a changé en elle. Que cache-t-elle ?

— Ah, enfin ! Il était temps que tu la remettes à sa place.

C'est infâme. Solomon dévisage sa mère. Il ne pensait pas qu'elle pourrait se montrer aussi cruelle. Il en perd ses mots. Pas Eden.

— Tout sera remis à sa place, madame.

Voix neutre. Regard éteint. Eden a cédé la place à Amy. C'est une catastrophe. Laura sort de la cuisine après un dernier regard méprisant à l'enfant redevenue esclave, laissant derrière elle les ruines d'une confiance à peine éclose. Le néant.

— Eden, tente Solomon après un temps interminable à se demander comment rassurer la jeune femme planquée derrière son armure.

Silence. Les yeux clairs balayent la pièce avec méthode sans jamais frôler Solomon. Il avance d'un pas. Elle recule et se décale, plaçant l'îlot central entre eux comme un rempart.

— Pancakes, œufs brouillés, bacon, commence-t-elle à énumérer.

— Eden.

— Il y a tout ce qu'il faut dans le réfrigérateur.

— Regarde-moi.

Elle regarde au-delà de lui.

— Emily devrait arriver d'ici peu. Si vous le voulez bien, je vais ranger tout ça.

— Non, je ne veux pas. Regarde-moi, ordonne-t-il plus fermement.

Les sourcils bruns se froncent. Eden lutte. Contre

quoi, il n'en sait rien ; mais les dégâts sont déjà visibles sur son si beau visage torturé et dans son si beau regard perdu.

— Maintenant, tu vas m'obéir ! s'impatiente-t-il.

Le bleu a viré sur des couleurs plus claires, du même bleu qu'un iceberg. Soudain, Solomon revoit la jeune femme soumise envoyée par Mitzer. Il avait deviné alors qu'elle avait peur de lui. Il réalise soudain qu'elle porte le jean et la chemise dont elle était couverte quand il l'a sortie de chez ce truand. Quand il l'a bousculée dans la bibliothèque de ce salaud. Quand lui-même s'est comporté comme un salaud. Elle avait eu peur de lui.

Eden a peur de lui.

— Eden, soupire-t-il en faisant un pas vers elle.

Elle recule. Il retient de justesse un « Ne me fuis pas » qui ne ferait qu'aggraver la situation.

— Ma mère… Elle…

Il hésite. Les mots qui lui viennent à l'esprit sont trop violents.

— C'est votre mère, monsieur.

Monsieur ?!

— Elle vous protège.

— Je ne lui ai rien demandé, se rebiffe-t-il brutalement. Son comportement est inacceptable.

— C'est maladroit.

— Maladroit ? répète-t-il. Maladroit ! Tu plaisantes ? Elle t'a insultée. Elle a bafoué ton honneur. Elle t'a traitée avec mépris et tu appelles ça une maladresse ?

— C'est votre mère, fait-elle doucement.

— Putain, Eden ! Elle t'a considérée comme une servante !

Il n'aurait pas dû dire ça. Il n'aurait pas dû utiliser ce mot.

— *C'est ce que je suis.*

— Non !

Il essaie de la rejoindre ; mais elle tourne autour de ce putain d'îlot au même rythme que lui.

— Ne me fuis pas ! s'agace-t-il.

La porte s'ouvre brusquement dans le dos d'Eden. Elle se propulse instinctivement contre le mur et Solomon se retrouve face à face avec son père. Non, pas lui. Pas maintenant. Il va user de sa putain de diplomatie à la con et Solomon va devoir se contrôler pour ne pas lui casser la gueule.

— Vous voulez bien nous laisser quelques instants ? fait Mitch d'une voix parfaitement calme et maîtrisée.

— Oui, monsieur.

— Non ! s'oppose Solomon.

Mais Eden se faufile et sort de la cuisine.

— Eden ! appelle-t-il sévèrement en contournant l'îlot central.

Mais son père referme la porte derrière elle.

— Je te déconseille de m'empêcher de passer.

— Sinon quoi, fils ? s'obstine Mitch sans bouger d'un pouce.

— Papa, pousse-toi, gronde Solomon.

— Non, Solomon. Il faut que tu te calmes.

— Me calmer ? Ah, mais je suis très calme !

— C'est ce que je vois, ironise Mitch.

— Je ne t'ai pas encore cassé la gueule, se contient difficilement Solomon.

— La violence n'a jamais…

— Arrête. Je n'ai pas besoin de phrases toutes faites pour m'expliquer la vie ; et encore moins que quiconque dicte ma conduite.

— Tu dis vouloir protéger cette jeune femme…

— Elle s'appelle Eden.

— Crois-tu franchement qu'Eden mérite un tel comportement de ta part ?

— Parce que tu oses critiquer mon comportement ? Et le comportement de ta femme, tu en penses quoi ?

— Ta mère ne cherche qu'à t'ouvrir les yeux sur la relation dans laquelle tu es en train de te fourvoyer.

— Je vous emmerde.

Solomon entreprend de faire le tour de l'îlot pour quitter les lieux par le salon, mais son père le devance et lui fait face.

— Solomon, s'il te plaît. Regarde dans quel état tu te mets parce que nous émettons quelques critiques sur cette enfant.

— Quelques critiques ? Tout ce que j'ai vu et entendu n'est que mépris et insultes.

— Tu as perdu toute objectivité quand il s'agit de cette jeune personne. Tu te montres très protecteur vis-à-vis d'elle. Tu ne tolères aucune remarque sur elle. On peut à peine l'approcher. Tout ceci n'est pas très sain.

— Attention à ce que tu vas dire.

— Elle est mineure, fils.

— Putain ! C'est pas vrai ! Mais quelle image avez-vous de moi ?

— Celle que tu construis depuis le décès d'Alice.

— Je t'interdis d'évoquer Alice, menace Solomon en se plantant à quelques centimètres de son père, les yeux dans les yeux.

— Il le faudra bien, pourtant.

Solomon fait volte-face. Sur le plan de travail près de lui, un récipient. Il l'envoie valser à l'autre bout de sa cuisine et le cul-de-poule en inox fracasse la vitre d'un meuble haut.

— Ça suffit, Solomon, fait Mitch toujours aussi insensible à la fureur de son fils.

— Oui, ça suffit, papa ! J'en ai assez de subir votre duo infernal. Maman qui crache son venin et y met le feu comme tout dragon qui se respecte. Et toi qui passes derrière avec ta lance à incendie version azote liquide. Vous pensez vraiment que vous pouvez vous permettre de semer le chaos indéfiniment sans qu'il vous revienne à la gueule comme un boomerang ?

— Il n'y a que toi pour te sentir agressé.

— Que moi ? Mais oui, rit soudain Solomon. En fait, tu es totalement aveugle. Tu ne te rends même pas compte que Laura se sert de toi comme d'un pantin.

— Un peu de respect pour ta mère, s'il te plaît.

— Et pourrais-je savoir pourquoi, je te prie ?

— Parce que c'est ta mère.

Solomon ne répond pas. Les mots d'Eden viennent frapper brutalement sa conscience. « C'est votre mère, monsieur. » « Elle vous protège. » Soudain, toute sa colère lui paraît vaine. Enfin, presque… Mais pourquoi se battre contre l'immuable ? Même Aaron le lui a dit : il ne pourra pas changer Laura. Alors pourquoi dépenser autant d'énergie en vain ? Eden se trompe : Laura n'agit pas pour protéger ses enfants ; elle agit pour protéger son idéal de vie. Une vie parfaite avec des enfants parfaits qui ont une vie parfaite avec des enfants parfaits qui ont une vie parfaite.

Sauf que son aîné l'a fuie en récupérant la succursale de New York. Sauf que sa fille a choisi le mauvais mari et a failli mourir de tout faire pour suivre les conseils de sa mère et sauver son couple coûte que coûte. Sauf que lui, son cadet, a toujours été un rebelle irrécupérable qui a épousé la fille que sa mère lui avait expressément ordonné de ne pas épouser. Lui est devenu l'homme ingérable qui a aligné conquête après conquête, pute après *escort*. Sauf que la résistance silencieuse que se sont imposée les enfants percole chez les petits-enfants. Sauf qu'Eden, la pupille de Solomon, sa dernière « lubie », sous ses airs de soumission absolue, semble intouchable. Et ça, Laura ne peut pas le supporter.

— Eden a pour vous un million de fois plus de respect que vous n'en avez pour elle.

La porte donnant sur le hall s'ouvre sur Kate. Solomon croise son regard. Il sait ce qu'elle voit. Il sait ce qu'elle pense. Il sait que ce qui va suivre va le conduire tout droit à prendre une décision terrible. Il refuse de céder. Tant pis pour les conséquences.

— Alors oui, je vais me battre pour elle. Contre vous.

— Ce que tu éprouves pour elle dépasse la raison, persiste Mitch.

— Vous n'avez absolument aucune idée de ce que j'éprouve pour Eden.

— C'est illégal, Solomon ! s'agace Mitch.

Solomon fixe sa sœur. Elle secoue la tête en serrant les lèvres comme on supplie un fou de ne pas commettre l'irréparable. Mitch se retourne et croit découvrir une alliée.

— Kate, essaie de raisonner ton frère. Son comportement ne va attirer sur lui et notre famille que la honte et le déshonneur.

— Pour l'instant, papa, c'est maman qui apporte la honte et le déshonneur sur notre famille.

— On ne peut décemment pas laisser ton frère avoir une relation coupable avec une mineure.

— J'aime Eden, déclare Solomon avec force.

— Pardon ? s'étrangle Mitch.

Kate dévisage son frère avec une grande peine dans le regard. Elle sait. Bien sûr qu'elle sait.

— Mon Dieu, se désole son père. Mais qu'as-tu fait ?

— Si tu penses que j'ai couché avec elle ou qu'il s'agit d'attirance physique, c'est que tu ne me connais pas, condamne Solomon. J'ai pour elle le plus profond respect. Une grande admiration. Vous ne voyez que l'enfant-esclave soumise. Je vois la jeune femme forte qui fait face chaque jour à un monde qui l'agresse et aux possibles d'une vie nouvelle qui la dépassent. Une femme intelligente qui perçoit bien au-delà des apparences et comprend bien plus qu'on ne pourrait l'imaginer. Une femme courageuse qui se bat encore et encore contre ses peurs. Qui encaisse les pires infamies et trouve encore le moyen de défendre ses agresseurs.

— Tu es devenu complètement fou, crache Mitch, visiblement écœuré.

— Papa, souffle Kate, choquée.

— Eden est meilleure que nous tous réunis, continue Solomon sans lâcher son père des yeux. Laura l'a traitée comme une servante, une esclave ; et malgré cela, Eden l'a défendue alors que je la condamnais. Elle s'est opposée à moi comme elle ne l'a jamais fait pour me rappeler que Laura est ma mère. Elle qui n'en a plus. Elle…

Solomon se tait brusquement. Eden s'est opposée à lui. Elle a défendu Laura. Elle lui a rappelé que c'est sa mère. Elle qui n'en a plus. Elle s'est rangée du côté de celle qui croit défendre et protéger sa famille. Elle qui n'en a plus. Elle a tout entendu. Tout vu. Tout compris.

— Solomon ? s'alarme Kate.

Eden est de ceux qui se sacrifient pour l'autre. Elle choisira de se sacrifier pour sauver une famille. Elle qui pense qu'elle n'a pas de famille va se sacrifier pour sauver celle de Solomon.

— Putain…

Solomon saisit son père par l'épaule et l'écarte de son chemin. Il sort de la cuisine en manquant de bousculer Kate. Il refuse d'écouter la voix furieuse de Mitch. Enfant, quand son père passait de la diplomatie à la colère, les punitions étaient terribles et physiques. Seul Solomon réussissait le tour de force de mettre Mitch Rickman hors de lui. Il encaissait les travaux forcés avec hargne, sans montrer la moindre faiblesse, et il en sortait chaque fois plus fort. La voix inquiète de Kate l'attriste, mais rien n'arrêtera sa montée des marches quatre à quatre. La porte de la chambre d'Eden est légèrement entrouverte. Il frappe doucement. Pas de réponse. Plus fort. Silence. Il recommence.

— Eden ?

Rien.

— Solomon, l'appelle Kate à voix basse.

— Eden, je vais entrer, annonce Solomon sans tenir compte de sa sœur.

Il repousse la porte doucement malgré le sentiment d'urgence. Il n'a pas besoin d'entrer dans la chambre pour comprendre. Portable et casque abandonnés par terre. Placard ouvert.

— Merde.

Solomon sent tous ses muscles se pétrifier et une gangue de glace envelopper son âme, son cœur et son esprit. Il n'a éprouvé ces sensations qu'une fois dans sa vie.

Pas deux fois, supplie-t-il pour lui-même.

Non, pas une deuxième fois. Il ne survivra pas à ça une deuxième fois. Il pivote sur lui-même, heurte sa sœur qui se retient à lui pour ne pas tomber. Il la rattrape et la soutient tandis qu'elle retrouve son équilibre en le dévisageant, un peu plus inquiète à chaque seconde.

— Elle est partie.

— Elle s'est peut-être simplement réfugiée ailleurs que dans sa chambre. Je ne sais pas tout ce qui s'est passé avec maman, mais ton engueulade avec papa a dû lui faire peur.

— Non. Eden se sent responsable du conflit entre maman et moi, et elle a préféré partir.

D'un mouvement doux, Solomon écarte sa sœur et dévale l'escalier. Il ignore son père et ouvre le placard de l'entrée. Le manteau d'Eden est toujours là. Ses chaussures aussi. Kate aurait-elle raison ? Son intuition lui dit que non. Eden n'aurait jamais laissé ses affaires par terre de cette façon. Mais si tout est là, avec quoi… Solomon remonte à l'étage et se met à fouiller la chambre d'Eden. Ses tennis et son vieux sweat à capuche ont disparu. Tout le reste, tout ce qu'il lui a acheté à Paris semble être resté là. Eden a laissé sa nouvelle vie et elle est partie. Elle a pris le minimum et elle a fui.

Son passeport…

En trente secondes, Solomon est dans le hall. Il croise Kate qui revient du sous-sol en secouant la tête pour signifier l'échec de ses recherches. Dix secondes plus tard, il est dans son bureau et ouvre le tiroir censé contenir… Le passeport y est toujours. Eden est donc partie dans la nuit glaciale sans papiers, sans argent et sans vêtements chauds. C'est du suicide.

— Kate ! aboie-t-il en sortant de son bureau.

Mais il tombe nez à nez avec Scott.

— Que fais-tu là ?

— C'est papa qui m'envoie.

— Ce n'est pas le moment, grogne Solomon en tentant de le contourner.

Scott le bloque en le saisissant par les épaules. Solomon hésite à l'envoyer balader quand il remarque la mine penaude de son petit frère d'adoption. Il ouvre la bouche, mais Scott le devance.

— Il m'a chargé de te dire qu'il s'occupe de tout.

— Pardon ?

— Il s'occupe de tout...

— De tout quoi ?

— Je ne sais pas. Que se passe-t-il, Solo ?

— Eden est partie.

— Où ça ?

— Tu crois que je serais en train de la chercher si je le savais ? s'énerve Solomon en se dégageant de la prise de Scott.

— OK, fait celui-ci en présentant ses mains ouvertes. Calmos, frangin. Raconte.

— Eden est partie. Sans passeport. Sans manteau. Sans...

Il s'interrompt brusquement : Scott vient de percuter. Il sait quelque chose.

— Stupefix s'est mis à aboyer et papa est allé vérifier dehors. Quand il est revenu, il a pris son manteau et le mien, et il m'a demandé de te prévenir qu'il s'occupait de tout.

— Il est avec Eden ?

— Je suppose que oui.

— Ça ne suffit pas, Scott, s'agace Solomon. Appelle-le.

— T'as un portable ?

Il écarte alors les bras comme pour attirer l'attention de Solomon sur sa tenue minimaliste, jean et sweat.

— Moi, j'en ai un.

Les deux hommes pivotent vers le hall d'entrée dans

un mouvement réflexe similaire. Megan les dévisage de son regard doux et patient. Elle attend qu'ils se calment ou fassent semblant, puis elle s'explique.

— Gary est avec Eden. Kyle, Kristen et moi allons les…

— Je viens, décide aussitôt Solomon.

— Non, s'oppose-t-elle. Seulement nous trois.

— Si tu crois…

— Solomon, tente de le retenir Scott.

Mais Solomon rejette violemment le bras qui lui barre la route.

— Je te déconseille de t'interposer.

— Ne m'oblige pas à employer la force.

Scott le menace ouvertement. Il n'a pas peur de lui. C'est un ancien des forces spéciales avec une solide formation au corps à corps. Il lui a déjà mis plusieurs raclées, pour rire. Solomon ne tentera pas de rejouer l'exercice pour de vrai. D'autant qu'au même instant une adolescente de 16 ans vient enrouler ses bras autour de sa taille et se blottir contre lui. Megan le prend dans ses bras.

— On va la chercher, chuchote-t-elle contre lui. Calme-toi. Elle sait déjà que tu peux la défendre. Elle a besoin d'amour et de douceur. Elle a besoin de tes bras, pas de tes poings.

Megan repart comme elle est venue, laissant Solomon interdit. Il parvient à s'avancer dans le hall au moment où les deux cousines s'encouragent d'un dernier regard avant de s'enfoncer dans la nuit où les attend Kyle.

Gary a raison : Eden est une enfant, seuls des enfants

peuvent lui parler et la rassurer. Les adultes sont trop maladroits. Trop violents. Trop égoïstes.

Megan a raison. Bordel de merde.

Solomon regarde son père et son incrédulité. Sa mère, dressée en bas de l'escalier, et sa fureur. Kate et son amour pour lui. Scott et sa compréhension. Aaron, Robin et Tom apparus dans l'escalier, inquiets du raffut qui règne dans la maison.

— Père, mère, dit-il d'une voix sombre qui fait trembler sa sœur, son frère et leurs conjoints. Je vous avais prévenus. Je veux que vous soyez partis dès que les petits auront déballé leurs cadeaux.

Laura ouvre la bouche. Il la fusille du regard. Elle se tait. Elle se taira.

Solomon se détourne de tous, se retrouve dans le salon et se fige. Le salon et la salle à manger ne ressemblent plus à ce qu'ils étaient hier soir ou à 1 heure du matin. La pagaille des décorations éparpillées par les enfants a fait place à une harmonie radieuse côté salon, douceur discrète côté salle à manger. Rouge et or répondent au sapin traditionnel et aux couleurs brillantes des cadeaux couverts et enrubannés. Blanc, gris et marron s'allient au bois et à la table apprêtée dans les mêmes teintes en un cocon réconfortant.

C'est magnifique. C'est parfait.

Et Solomon en perd sa rage. Ne reste que l'espoir fou de revoir celle qui aura amené cette douce perfection dans sa vie de chaos.

16

Dimanche 25 décembre 2016, au petit matin.

— Du calme.

Gary caresse la tête du jeune chien qui aboie et grogne, truffe contre la porte d'entrée. Six heures et demie du matin. Personne n'est censé être dehors à cette heure-ci le matin de Noël.

— Couché, Stupefix.

Le chiot obéit dix secondes, puis se remet sur ses pattes et recommence à grogner.

— Scott, appelle Gary. Tu veux bien le tenir le temps que je vérifie ce qu'il y a dehors ?

— Tu veux que j'y aille ?

— En tee-shirt ? se moque le père.

— Tu n'as qu'une chemise en plus, fait remarquer le fils avec un léger sourire.

— Le chien.

Scott n'insiste pas et glisse deux doigts dans le collier de Stupefix qui s'agite. Gary plonge dans la nuit et s'éloigne des lumières de sa maison. Il est surpris de voir autant d'éclairages dans celle de Solomon. Tout le monde devrait encore dormir, mais il y a de la vie dans la cuisine et le hall. À moins qu'ils n'aient oublié d'éteindre. Son regard se détourne et il prend le temps de s'habituer à l'obscurité avant de scanner les environs. Rien à proximité. Tout est calme du côté des écuries. Il observe alors le chemin d'accès à la propriété bordé de lampes qui émettent une faible lueur. Il s'apprête à renoncer quand une ombre masque furtivement une lumière, puis une autre un peu plus loin. Peu à peu, il distingue une forme humaine. Il devine aussitôt que c'est une femme. La silhouette s'arrête et se retourne. La luminosité qui l'éclaire suffit pour qu'il identifie Eden. Il reconnaît ses gestes quand elle range ses cheveux dans la capuche de son sweat. Soudain, elle pivote et part en courant.

Eden. Seule. Matin de Noël. En sweat. Par des températures négatives. Qui court.

Mon Dieu…

Gary se précipite chez lui. Il enfile son manteau, attrape celui de Scott, son portable et ses clés de voiture sous le regard inquiet de son fils.

— Un problème ? s'inquiète celui-ci en contenant Stupefix que l'agitation excite.

— Dis à Solomon que je m'occupe de tout.

— Quoi ?

— Préviens-le et reste avec lui ! lance Gary en quittant la maison.

Le temps de rejoindre son vieux pick-up Ford, il prend son téléphone et appelle Megan. Il sait tout ce qui s'est passé chez les Rickman depuis trois jours. Megan, Kristen, Kyle ; ils sont tous venus lui parler, chercher un avis ou un conseil extérieur à cette famille. C'est à chaque fois pareil quand tous les membres se réunissent : les gamins s'amusent, les adultes discutent, mais la tension est systématiquement palpable. Les adolescents sont presque des adultes, et ils comprennent tout. L'emprise de Laura Rickman est redoutable et néfaste. Cette année, elle aura battu tous les records et dépassé les limites.

— Gary ? s'étonne la voix ensommeillée de Megan.

— Eden s'enfuit.

— Pardon ?

— Réveille Kristen et Kyle. Et rejoignez-moi chez Hector.

— OK.

— Et surtout, venez seuls. Aucun adulte.

— Pas même oncle Solo ?

— Non. Scott s'en charge.

— OK.

Gary démarre son 4 × 4 et s'engage sur le chemin. Il ne tarde pas à rattraper Eden que le froid a probablement asphyxiée, car elle ne court plus, et que l'arrivée d'une voiture doit terrifier. Il s'arrête doucement à son niveau et ouvre la fenêtre côté passager. La jeune femme est méconnaissable. Livide, les joues ruisselantes de larmes, elle le fixe de ses grands yeux noirs de terreur. Le cœur de Gary se serre d'une peine immense. De colère aussi. Pour qu'Eden, l'enfant soumise, s'enfuie, c'est que ç'a dû être terrible. Ça veut peut-être aussi dire qu'elle a appris à ne plus se soumettre au-delà de l'acceptable pour elle.

— Bonjour Eden, dit-il calmement avec un sourire.

Elle tourne la tête vers la grande maison. Sa peur est immense. Quand elle le dévisage à nouveau, elle tremble.

— Je vais en ville. Je t'emmène ? propose-t-il doucement.

Nouveau coup d'œil vers la demeure de Solomon. De nouvelles larmes roulent sur ses joues. Gary s'allonge sur la banquette, s'étire pour ouvrir la portière passager, puis se redresse légèrement.

— Viens, Eden, fait-il en la regardant. J'ai un manteau pour toi, ajoute-t-il alors qu'elle ne bouge pas.

Après quelques secondes à grelotter, elle ferme ses yeux et saisit le montant de la porte. Gary reprend sa place alors qu'elle s'installe à côté de lui et s'emmitoufle dans le manteau de Scott. Il démarre lentement. Elle reste penchée en avant, les yeux rivés sur le rétroviseur extérieur. Il sait ce qu'elle observe, mais il ne parvient pas à déterminer si c'est par crainte de voir surgir quelqu'un, dans l'espoir de le voir surgir ou pour imprimer cette image dans son esprit.

Arrivé au bout du chemin, il prend la direction de la ville. La maison a disparu depuis longtemps et Eden se cale dos collé à la banquette, le regard perdu dans l'obscurité nocturne. De grosses larmes s'écrasent sur ses mains nouées. Gary roule en silence. Eden n'a pas besoin de mots.

Quand il arrête son pick-up devant le restaurant d'Hector, Gary vérifie sa montre. Il n'est pas tout à fait 7 heures. Hector ouvre à 7 heures pile, invariablement, comme si le temps l'avait chargé de prouver aux hommes qu'un nouveau jour s'est bien levé. Chaque jour, quelle que soit la date, quel que soit le temps, quel que soit le cours de la vie, cet ancien pasteur satisfait sa passion des âmes avec une autre forme d'écoute et d'assistance. À côté de Gary, Eden dort. La jeune femme torturée a retrouvé son visage d'enfant. Gary tente une sortie discrète, mais le bruit de la serrure la fait sursauter. Elle regarde autour d'elle en fronçant les sourcils, perdant sa sérénité à mesure qu'elle fouille le décor urbain.

— Je te propose un petit déjeuner chez mon ami Hector.

Les yeux de nouveau clairs se fixent sur la devanture du restaurant à travers laquelle on peut percevoir des jeux d'ombres mouvantes.

— Je n'ai pas très faim.

— Rien ne se résout le ventre vide, clame-t-il d'un ton joyeux.

Eden se tourne vivement vers Gary et le dévisage avec une curiosité évidente.

— Il parle comme vous.

— Qui donc ? demande-t-il quand elle ne poursuit pas.

— M. Rickman.

— Lequel ?

— Solomon, répond-elle après une hésitation.

Elle cligne des yeux et une larme se faufile. Gary sait à présent que, si Eden a fui la résidence Rickman, ce n'est pas à cause de Solomon. Ces deux-là se sont trouvés. Le lien qui les unit est très fort ; ce qui rend la fuite de la jeune femme d'autant plus étrange. Elle se détourne au moment où les lumières de la salle de restaurant s'allument. Peu après, un petit homme au teint mat et aux cheveux grisonnants se plante derrière la porte vitrée et retourne la petite pancarte pour signaler l'ouverture de son établissement. Hector sort dès qu'il reconnaît son ami et vient ouvrir la porte à Eden.

— Mademoiselle, bonjour ! salue-t-il de sa voix trop grave pour son gabarit.

Le visage d'Hector trahit sa surprise. Ce n'est pas souvent que cet homme au cœur immense marque un temps d'arrêt devant une nouvelle tête. L'heure est trop grave pour en sourire ; mais Gary se promet de demander un jour à son ami ce qui l'a rendu muet : l'admiration émue de la perfection du visage d'Eden, le doux malaise face à ses yeux incomparables ou la stupeur glacée devant son regard apeuré ?

— Bonjour, monsieur.

Eden répond par pure politesse, son corps raidi, ses mains nouées. Gary la libère de l'envahisseur en quelques mots.

— J'ai pensé offrir à Eden le meilleur petit déjeuner du monde comme cadeau de Noël.

— Mademoiselle Eden, vous êtes à la bonne adresse !

Et Hector rit. Un rire franc, lumineux. Il recule et offre sa main à Eden. Celle-ci vient chercher une information, un avis, une réponse dans les yeux de Gary.

— Voix grave, mais jovial à l'excès. Bruyant, surtout quand il rit ; et il rit souvent. Mais le cœur sur la main. Tu ne risques rien avec Hector, sauf un trop-plein d'amour et de bonne humeur.

Les yeux bleu ciel se font brûlants et Gary subit cette analyse dont lui a parlé Scott. Il expérimente cette impression d'être un livre ouvert. À cet instant, il lui semble que son âme et tous les secrets qu'elle contient se dévoilent à Eden de leur plein gré. Quand elle fait face à Hector, tout s'éteint brusquement. La chaleur et la paix apportées par le regard glacial s'évaporent et ne laissent qu'un grand vide. Gary sort de la voiture après quelques secondes à s'en remettre. Il rejoint son ami et devine à la façon dont il le dévisage que lui aussi vient de se livrer sans l'avoir vraiment voulu. Le temps pour Gary de contourner le pick-up, Hector s'est éloigné de quelques pas et Eden descend de voiture.

— Venez, les invite Hector.

Gary suit son ami et précède Eden qui, plus méfiante que jamais, examine son environnement de ses grands yeux tristes. Son regard passe de l'intérieur aux couleurs aussi chaudes et douces que l'amitié du propriétaire des lieux à l'extérieur froid et sombre. Il ne fera pas un geste. Il a bien compris que la fuite est plus qu'envisagée. Eden hésite : partir ou prendre le risque d'un petit déjeuner. Gary sait qu'elle pressent instinctivement que sa décision scellera son avenir.

Le bruit d'un moteur la fait trembler. Les lumières des phares éclairent son visage qui perd un degré de couleur à chaque mètre parcouru par la voiture tandis qu'elle vient se garer derrière le pick-up. Megan est la première à en sortir, rapidement suivie de Kyle et Kristen qui restent près du véhicule alors que Megan s'avance lentement. Gary salue intérieurement l'intelligence de ces gamins. Kyle est trop fanfaron et aligne maladresse sur maladresse. Kristen est trop en colère contre l'injustice et ne maîtrise pas toujours la violence de ses mots. Megan est la plus douce. Elle a un don pour parler aux personnes torturées. Eden fixe la jeune femme qui s'approche d'elle. Gary perçoit une larme rouler et tomber dans le vide quand elle ferme les yeux, juste avant que les phares s'éteignent. Sa renonciation et sa perdition sont effrayantes.

— Ai-je une chance de te convaincre de rester ?

Gary ne s'attendait pas à une telle question. Eden non plus, car elle relève sa tête brusquement et dévisage Megan.

— Acceptes-tu de partager le petit déjeuner avec nous ?

Megan se détourne vers son frère et sa cousine. Ils viennent encadrer leur porte-parole sans un mot. Eden les détaille un à un, puis son regard se perd au-delà d'eux. Megan fait quelques pas prudents et attrape le regard perdu.

— Laisse-moi t'expliquer à quel point tu es aimée.

Eden cligne des yeux, libérant de nouvelles larmes. Gary laisse la porte se fermer et rejoint Hector à l'entrée de la cuisine.

— Nous serons un peu plus nombreux, finalement.

— Me parleras-tu de cette petite fille terrifiée ?

— Tu as déjà tout compris.

— Qui prend soin d'elle ?

— Solomon.

Hector oublie ce qu'il était en train de faire et se tourne vers Gary. Celui-ci sait bien ce que son ami pense : Solomon, l'homme torturé et violent, qui s'occupe d'Eden, la petite fille terrorisée et soumise… La vie a de drôles d'idées parfois.

Les enfants finissent par rejoindre la chaleur du restaurant et Kyle guide les filles vers une table du fond. Les trois cousins créent inconsciemment un rempart autour d'Eden. Ils entament alors un conciliabule que ni Gary ni Hector ne chercheront à comprendre.

— C'est votre grand-mère.

Megan dévisage Eden assise face à elle. Le petit déjeuner lui a rendu quelques couleurs, même si elle n'a pas mangé le tiers de son assiette, mais son regard est toujours aussi triste. C'est la troisième fois qu'elle prend la défense de leur grand-mère face aux attaques en règle de Kyle et Kristen.

— Ce n'est pas une excuse, s'agace cette dernière, installée à côté d'Eden.

Toujours aussi en colère et volcanique. Kristen ne pardonnera jamais à Laura les mauvais conseils imposés à sa mère. Megan la comprend. Ses parents n'ont jamais levé la main sur elle ; sa cousine a été battue. Le fait que Kate soit restée auprès d'un mari violent parce que convaincue par ses parents de sauver son mariage restera ancré en Kristen toute sa vie. Megan sait ce qu'a fait oncle Solo pour sauver sa sœur et sa nièce. Elle sait ce qu'il est prêt à faire pour sauver Eden. Solomon adore Kate et Kristen. Ce qu'il éprouve pour Eden est aussi fort, différent. Plus profond. Elle devrait peut-être en être choquée : Eden est mineure ; ils ont dix-sept ans d'écart ; il est censé être son tuteur. Elle sait que l'amour prend des formes bien diverses et parfois surprenantes. Elle sait surtout que la souffrance de ces deux êtres s'apaise quand ils sont l'un avec l'autre.

— C'est peut-être notre grand-mère, intervient-elle, mais elle s'est montrée odieuse.

— Alléluia ! s'exclame Kyle à côté d'elle. Ma petite sœur diplomate ose enfin une critique.

— Kyle, gronde-t-elle en lui envoyant un grand coup de pied dans les chevilles.

— Aïe ! Quoi ?

— Ce n'est pas parce que je ne lâche pas le fond de ma pensée sans réfléchir que je ne désapprouve pas le comportement de notre grand-mère.

— Laura a été infecte, insiste Kristen. Pour qu'oncle Solo entre dans une telle colère après elle et Mitch, c'est qu'ils ont largement dépassé les limites. À mon avis, ils ne seront plus à la maison quand on va rentrer.

Kristen énonce son avis sans filtre, sa colère faisant briller ses yeux. Kyle ne répond pas, preuve qu'il partage l'opinion de leur cousine. Eden pleure, son regard écarquillé passant de Kyle à Kristen. Et là, Megan comprend.

— Eden, appelle-t-elle doucement. Tout ça n'est pas ta faute. Laura ne conçoit la vie et la famille que selon son point de vue étroit et égoïste ; et Mitch n'a jamais su s'opposer à elle. Nos parents ont réussi à établir une relation à peu près stable avec eux, pas Solomon. Jamais Solomon.

— Il s'est barré le jour de ses 18 ans, poursuit Kyle enfin sérieux. À l'époque, il gagnait déjà assez d'argent pour être indépendant et il ne s'est pas gêné pour claquer la porte. Nos grands-parents n'ont pas apprécié, mais ils ont fait avec. Ça a dégénéré quand Solo a connu Alice. Laura n'a jamais aimé Alice : trop libre, trop décidée et, pour couronner le tout, issue d'une famille modeste. Elle a tout fait pour convaincre Solo de la quitter. Quand ils se sont mariés, elle n'a assisté à la cérémonie que pour sauver les apparences.

— Alice était un ange, sourit Kristen. Elle a tout fait pour tenter de calmer le jeu entre Solomon et ses parents. Ça n'a servi à rien. Même sa mort n'a pas suffi.

— Kristen ! s'insurgent Kyle et Megan en chœur.

— Tu ne peux pas dire ça, la réprimande Megan.

— Solomon a fait et fait beaucoup pour nous depuis qu'Alice n'est plus là, l'appuie Kyle. Même si, dans le fond, rien n'a changé. Il ne les supporte que pour nous.

— Pour nous ? s'étonne Kristen.

— Oncle Solo nous aime beaucoup, explique Kyle, et nous aimons nos grands-parents.

— Vous, le corrige Kristen.

— Arrête, soupire Megan. Ta colère n'aide personne. Laura et Mitch ne sont pas parfaits, mais nous nous aimons et nous nous soutenons. Pourquoi crois-tu que Solomon prend systématiquement en charge tous les frais de chaque réunion de famille ?

— Parce que c'est lui qui paie tout ? Même les Bahamas ? Même Paris, l'an dernier ?

— Depuis six ans, confirme Kyle.

Le silence s'impose et personne ne semble décidé à le rompre. Eden sèche ses larmes et inspire profondément en fermant les yeux. Quand elle les rouvre, sa tristesse est plus poignante que jamais.

— C'est pour ça que je ne peux pas rester, dit-elle doucement. Votre famille est ce qu'il y a de plus important.

— Tu fais partie de notre famille, Eden, assène Megan dans un souffle. À partir du moment où Solomon t'a prise sous son aile, qu'il t'a accueillie, tu es devenue un membre de notre famille. Que Laura n'accepte pas cette décision est son problème.

— Mais, monsieur… Solomon, bute-t-elle, va renvoyer ses parents à cause de moi.

— Pas à cause de toi, Eden, fait Kristen. Comme je te l'expliquais hier et comme vient de le faire Megan, oncle Solo et Laura ne se sont jamais entendus. Ils sont mère et fils, mais c'est tout ce qu'ils partagent. Laura est un véritable dictateur. Oncle Solo est un homme dur et autoritaire ; mais il est capable d'écouter, de comprendre et d'aider les autres dans leurs choix. C'est ce qui les oppose le plus. Quoi que tu choisisses de faire de ta vie, il sera toujours là pour toi.

Eden les regarde tout à tour. Ses sourcils froncés font penser – ou espérer – à Megan qu'elle réfléchit à tout ce qu'ils sont en train de lui dire. Ça fait beaucoup de si bon matin. Ça fait beaucoup depuis plusieurs jours. Sûrement beaucoup depuis qu'elle a rejoint Solomon.

— Tant que tu décides de rester avec nous, lance Kyle en s'adossant à sa chaise.

— Kyle, s'énerve Megan en lui filant un nouveau coup de pied.

— Aïe ! se plaint-il en riant. Mais quoi ?

— Arrête de lui mettre la pression. Elle fera ce qu'elle veut.

Kyle rit de plus belle. Megan l'étranglerait. Qu'est-ce qu'il est agaçant quand il prend le parti de rire des choses graves.

— Je peux poser une question maladroite ?

— Non ! s'insurge-t-elle.

— T'inquiète, j'ai l'habitude de tomber, lance-t-il en faisant un clin d'œil à Eden.

— Pardon ? s'agace Megan.

— Tu comptais aller où ? demande-t-il à Eden.

Megan en reste bouche bée tandis que Kristen balance un coup à son cousin sous la table. Eden le dévisage de ses grands yeux incroyables.

— Tu n'as pas à répondre, la rassure Megan.

— Je n'ai pas réfléchi à tout ça, dit-elle en baissant les yeux.

— Tu as de l'argent au moins ? persiste Kyle.

Eden le regarde furtivement puis secoue la tête.

— Laisse-moi deviner, dit-il. Tu as enfilé ton sweat, mis des chaussures, balancé un « Je vous emmerde » et claqué la porte.

Les yeux bleus se plantent dans ceux de Kyle qui ne cille pas malgré la lueur qui les fait se plisser. Colère, détermination, défi ? Megan ne sait pas interpréter ce regard, mais elle est bien contente de ne pas le subir.

— Tu aurais pu prendre des croissants au moins, soupire exagérément Kyle.

— N'importe quoi, se désespère Megan.

— Mais non ! Eden nous a préparé des croissants pour le petit déjeuner.

— C'est vrai ? s'en mêle Kristen. Des croissants comme à Paris ?

Eden hoche la tête.

— C'est une tuerie. Ils sont meilleurs qu'à Paris, affirme Kyle.

— Parce que tu en as mangé combien ? se résigne Megan devant la sérénité retrouvée d'Eden.

— Un seul. Je n'ai pas eu droit à plus, se plaint-il dans une grimace.

— C'était mon cadeau de Noël pour vous, explique Eden.

— Ça l'est toujours, la corrige doucement Megan. Et il me tarde d'y goûter.

— C'est pour ça que je l'ai empêché de tout manger, murmure la voix timide d'Eden.

Kyle éclate de rire, suivi de Kristen. Megan ne rit pas. Face à elle, Eden ne sourit pas, mais quelque chose passe dans son regard et c'est très beau à voir.

— Tu rentres avec nous, hein ? demande soudain Kyle avec de l'inquiétude dans la voix.

— Si vous le voulez bien, répond Eden après un silence.

— Oh putain ! s'exclame Kyle en levant les bras de bonheur. Bien sûr qu'on le veut ! Si j'osais, je te prendrais dans mes bras pour te faire un gros bisou. Mais je sais qu'il ne faut pas faire ça, ajoute-t-il avec un clin d'œil quand les yeux clairs s'agrandissent.

— Je suis heureuse que tu restes, avoue Kristen avec émotion.

— Bienvenue chez toi, ajoute Megan avec un sourire.

— On va se faire une fiesta de malade !

Kyle se lève et danse en riant. Toute la tension qui les malmenait depuis leur réveil s'évanouit brusquement. Enfin. Megan et Kristen échangent un long regard, aussi soulagée l'une que l'autre. Eden, elle, pleure ; mais la tristesse a disparu de ses beaux yeux. Ne reste qu'une grande fatigue qui, paradoxalement, la rajeunit. Au moment où Gary sort de la cuisine, visiblement rassuré, et suivi de près par Hector, le portable de Megan vibre dans la poche arrière de son jean. Ce doit être le dixième message depuis qu'ils sont arrivés devant le restaurant. Elle récupère son téléphone et ouvre la messagerie.

De : Oncle Solo
À : Megan R.
Vous l'avez trouvée ?

De : Oncle Solo
À : Megan R.
Où êtes-vous ?

De : Oncle Solo
À : Megan R.
Dis-moi si je peux venir.

De : Oncle Solo
À : Megan R.
Elle revient à la maison ?

De : Oncle Solo
À : Megan R.
Est-ce qu'elle va bien ?

De : Oncle Solo
À : Megan R.
Dis-lui que je suis là pour elle.
Peu importe sa décision, je serai toujours là.

De : Oncle Solo
À : Megan R.
Dis-lui qu'elle est aimée.

Megan sent ses yeux piquer. Elle tente de retenir ses larmes, mais une traîtresse lui échappe. À lire les mots de Solomon, elle entend sa voix. Sa colère. Son impatience. Sa peur. Son désespoir. Son amour. Ainsi, elle a vu juste. Et elle comprend à quel point cet amour doit être douloureux. Tant d'interdits. Tant d'obstacles. Elle a pourtant l'intuition que l'impossible n'existe pas entre ces deux âmes.

Sans un mot, elle tend son portable à Eden. La jeune femme ne prend le téléphone qu'après quelques secondes à suivre la larme sur la joue de Megan et à scruter son regard. Megan se sait découverte, mise à nu, mais elle ne bouge pas. Eden fronce les sourcils devant l'écran devenu noir.

— Fais glisser ton doigt, ça va le rallumer, explique Megan.

Eden s'exécute. Son regard et son visage changent

à mesure qu'elle lit les messages successifs. Elle, ce n'est pas une seule larme qui lui échappe, ce sont des torrents. Elle devient pâle et retient un sanglot en plaquant une main sur sa bouche. Autour d'elle, la joie s'éteint dans la stupeur.

— Qu'est-ce qu'il y a ? s'inquiète aussitôt Kyle en se rapprochant.

— Rien, le fait taire Megan sèchement sans quitter Eden des yeux. Je réponds quoi ? l'interroge-t-elle bien plus doucement.

Le silence. Tellement de silence. Eden écarte les larmes du bout de ses doigts délicats.

— Je peux ? demande-t-elle enfin.

— Bien sûr, répond Megan.

— Attends, fait Kristen devant les hésitations d'Eden. Tu appuies sur l'espace, ici, montre-t-elle de son index. Tu vois, le clavier apparaît et tu n'as plus qu'à écrire ce que tu veux.

— C'est tout petit, remarque Eden.

La curiosité a chassé son émotion. Megan l'observe tandis qu'elle s'applique à taper la réponse d'un seul doigt. Sa concentration la vieillit à nouveau. C'est comme si Eden avait deux âges. La maturité des adultes quand il s'agit de choses sérieuses. La naïveté d'une petite fille face à l'inconnu. Penser soudain à tout ce qu'elle a dû subir… Megan frissonne. Son frère vient se coller dans son dos et l'entoure de ses bras. Cette chaleur lui fait un bien fou, la réconforte plus efficacement que n'importe quels mots. Dommage qu'Eden n'accepte aucun contact humain. Sauf celui de Solomon.

— Je n'ai jamais vu quelqu'un taper un texto aussi lentement, se moque Kyle.

— Pourquoi est-ce que des mots s'écrivent et changent tout le temps ? questionne Eden sans relever. *Merde*.

— C'est le mode intuitif, explique Kristen alors que Kyle rit encore.

— Mais ce n'est pas ce que je veux écrire.

— Alors, change en choisissant une des propositions.

Eden retient soudain une exclamation. Elle présente l'écran à Megan, l'air désespéré.

— C'est parti ?

— Je crains que oui, sourit Megan.

— « Parce que vivre », lit Kyle à voix haute. Plus énigmatique, tu meurs ! Même oncle Solo est plus doué que toi.

— Question d'entraînement, crétin, lance Kristen pour défendre Eden.

Kyle s'empare du téléphone sans prévenir, ni demander la permission.

— Rends-moi mon portable ! s'insurge aussitôt Megan.

Elle déteste que son frère utilise ses affaires. Pourtant, cette fois, elle retient ses exigences. Kyle s'est éloigné pour être hors de portée et découvre les messages de son oncle. L'émotion qui passe sur son visage le trahit. Il hoche la tête en pinçant ses lèvres et Megan devine que, comme pour elle, les mots de Solomon ne font que confirmer ce que Kyle avait pressenti. Le fanfaron reprend très vite le dessus et Megan découvre le message envoyé par son frère quand il lui rend son téléphone, juste en dessous de la réponse de Solomon.

De : Oncle Solo
À : Megan R.
???

De : Megan R.
À : Oncle Solo
Eden est nulle en SMS. Elle te dira à la maison. K

— Il m'a semblé entendre le mot croissant ? tonne Hector en les rejoignant après avoir servi un des quelques clients à avoir bravé le froid pour s'installer dans la chaleur de son restaurant.

— Ouaip, et ils sont super bons ! le nargue Kyle sans vergogne.

— Ils sont où ?

— Sous le sapin.

Hector hausse un sourcil et Kyle rit. Un rire franc avec un regard complice à Eden. Un rire qui apaise la jeune femme bousculée et un peu perdue. Le téléphone de Megan vibre à nouveau. Un appel. Elle se décale sur sa chaise pour répondre à Solomon.

— Tout va bien, dit-elle simplement.

— Vous rentrez quand ?

La voix grave est tendue, fatiguée. Megan en a le cœur serré, car sa réponse va torturer un peu plus son oncle.

— Quand notre insouciance aura fini son œuvre.

Le silence est terrible. Pas autant que la reddition de Solomon.

— D'accord.

Il aura fallu plus de deux heures pour que les ravages de la déroute d'Eden s'estompent. Au début, Megan a tenté de contrôler les dérapages de son frère, mais elle s'est rapidement rendu compte qu'ils étaient parfaitement contrôlés et qu'Eden avait des capacités insoupçonnées à encaisser toutes ses maladresses. Toutes leurs maladresses. Doucement, Eden a même laissé sa curiosité mener les débats. Au final, Kyle, Kristen et Megan se sont dévoilés comme ils ne l'avaient jamais fait. Des confidences à sens unique, car personne n'a osé lui retourner ses questions sur leurs enfances ; mais une confiance inédite. Puis est arrivé le temps du jeu sur le terrain de la musique, des devinettes poursuivies sur le chemin du retour.

Une fois la voiture garée devant la maison, Kyle et Kristen descendent en se chamaillant sur leur dernier titre préféré. Megan sait qu'ils ont bien conscience du silence d'Eden depuis qu'ils ont pris la route. Elle l'a vu dans leurs regards. Combler le silence de leurs boutades est leur façon à eux de laisser Eden en paix dans son monde intérieur. Megan ne sait quoi penser de la façon dont la jeune femme détaille la maison d'oncle Solo. Ni de son soupir, de ses yeux qui se ferment, de ses larmes.

— Prends ton temps, dit-elle simplement avant de pivoter pour sortir.

— Il est en colère ?

Megan reprend sa place et trouve le regard inquiet d'Eden. Un regard puissant qui la déroute. Les yeux d'un bleu glacé se détournent soudain.

— Pardon, s'excuse-t-elle.

— Pardon de quoi ?

— Ma question est malvenue.

— Je comprends ta question, Eden. Les colères d'oncle Solo sont assez terrifiantes.

Leurs regards se croisent et Megan sait que son intuition est juste.

— Mais derrière le grizzly se cache une peluche.

— Pas seulement, murmure Eden en fixant ses doigts noués.

— Non, pas seulement, convient Megan. Prenez soin l'un de l'autre. Vous le méritez.

Et elle s'en va. Le froid la surprend, mais pas autant que ce qu'elle vient d'oser dire. Arrivée dans l'entrée, elle range manteau et chaussures alors que la voix joyeuse de Kyle vante le délice des croissants d'Eden. Il doit être en train de tout dévorer avec Kristen qui glousse, la bouche sûrement pleine, et sous les rires de Cleo. Megan s'apprête à les rejoindre dans la cuisine quand elle remarque la présence d'une masse sur les premières marches de l'escalier. Solomon ne lui a jamais paru aussi vieux. Tout ça est bien douloureux. Trop.

— Laura et Mitch ? demande-t-elle doucement.

— Partis et pas près de revenir, annonce-t-il d'une voix grave et rocailleuse. Les autres finissent le petit déjeuner.

— Pas de messe, cette année, lance-t-elle comme une supplique. On reste en famille, hein ?

— Oui, ma puce. On reste ici, en famille.

— Elle arrive, dit-elle en réponse à la question qu'il ne posera pas.

Megan prend la direction du salon. Elle se ravise après trois pas.

— C'est réciproque, tu sais… même si c'est terrifiant.

Solomon ouvre la bouche, puis la referme. Il ne dira rien et c'est très bien comme ça. À cet instant, la porte d'entrée s'ouvre sur Eden. Celle-ci s'avance de quelques pas, puis referme délicatement derrière elle et contient dehors le froid qui la fait frissonner. Quand elle se retourne, son immense regard anxieux trouve instantanément celui de Solomon. À croire qu'elle savait où il l'attendrait. Il se lève aussitôt, se déploie comme jamais, impressionnant de puissance.

— Je vais te toucher, prévient-il d'une voix sombre et rauque.

Il fond sur elle sans qu'elle fasse le moindre mouvement. Pas le moindre recul. Elle qui fuit le moindre contact. Elle que le moindre mouvement brusque terrorise. Elle qui se ferme au moindre haussement de voix, à la moindre boutade ratée. Solomon ne marque aucun temps d'arrêt. Sa brutalité apparente disparaît tout à coup, alors que son pied manque de buter dans ceux d'Eden. Et là, avec une lenteur incroyable, le géant à la carrure de bûcheron enroule son corps autour de la jeune femme fragile et pose son front contre le sien.

Megan tremble de la tête aux pieds. Pour la violence

de ce geste. Pour la douceur de ce geste. Pour sa sensualité hors du commun. Pour l'amour qu'il dévoile.

Un amour réciproque. Elle en est convaincue à présent, car deux bras enlacent la taille de Solomon et scellent leur intimité.

Megan doit essuyer ses larmes avant de rejoindre sa famille. Ses parents ne sont pas dupes et c'est son père qui la rejoint pour la prendre dans ses bras. Pour la première fois de sa vie, Megan ressent au plus profond d'elle-même tout ce que traduit l'abandon dans le cocon des bras de son protecteur.

Et elle en pleure.

17

Dimanche 25 décembre 2016, dans la matinée.

La sentir contre lui. La sentir vivante. Vibrante. Son odeur. Sa chaleur. Ses bras autour de sa taille. Son front glacé contre le sien. Ses yeux. Putain, ses yeux… L'inquiétude qui les voilait quand elle est entrée. Le réconfort qu'ils ont trahi quand elle l'a trouvé. La sérénité qui les a illuminés, même quand il l'a prévenue qu'il allait la toucher. Cette lueur inédite alors qu'ils se dévisagent.

— Ne me refais jamais un coup pareil, exige-t-il durement. Si tu veux partir, dis-le-moi ; et je t'aiderai.

— Je suis désolée.

— Ne le sois pas. Ce n'est pas à toi de présenter des excuses.

Solomon serre les mâchoires. Eden n'a pas besoin de sa colère, ni de sa brusquerie.

— Viens.

Il la prend par les épaules et l'entraîne vers l'escalier. Tous deux prennent place, épaule contre épaule, sur les marches qui l'ont supporté, lui, pendant les longues heures d'attente. Son portable est toujours là, batterie presque vide à force de vérification soit de l'heure, soit de l'absence de nouveau message ou d'appel manqué. Il n'en a plus besoin, mais il est là, entre ses pieds, comme un rappel de ce qu'il a failli perdre. Coudes sur ses cuisses, mains nouées dans le vide, Solomon cherche ses mots. À côté de lui, Eden a regroupé ses jambes dans ses bras. Ainsi recroquevillée, sa tête posée sur ses genoux, son visage trop pâle tourné vers lui, elle paraît si frêle et si fragile. Elle est pourtant si forte.

— Pourquoi es-tu partie ?

— *Votre famille... Vos parents... C'est plus important que moi.*

— C'est toi, ma famille.

— *Pas seulement.*

La voix de la sagesse dans le corps d'une enfant autrefois esclave. Solomon sait bien ce qu'elle sous-entend. Ses neveux et nièces qu'il adore. Son frère, sa sœur et leurs conjoints qu'il estime. Ses parents qu'il ne peut renier. Mais elle... Comme Alice...

— Ce n'est pas pareil, se bute-t-il.

— *La famille qu'on construit ?* comprend-elle.

Car elle l'a compris. Bien sûr.

— Si tu le veux bien, propose-t-il.

Le regard bleu ciel donne le vertige. Solomon aimerait y planer sans limites ni contrainte. Voler si haut avec cette âme surnaturelle qu'il en perdrait le souffle, asphyxié d'ivresse. Mais un voile d'eau le ramène à la pesanteur de la réalité et les larmes chassées par des paupières qui se ferment trop lentement lui rappellent que c'est lui qui doit guider Eden et non l'inverse. Alors, prudemment, il essuie ses joues pâles du revers de son index.

— Ne pleure pas, Eden, chuchote-t-il. Il n'y a que de l'amour et du bonheur qui t'attendent.

De grands éclats de rire leur parviennent du salon, à travers les portes fermées. Les yeux d'Eden ne quittent pas ceux de Solomon sans perdre leur intensité.

— Ils sont partis, affirme-t-elle.

Il ne demandera pas de qui elle parle. D'autant qu'un cri strident que seule une petite fille peut émettre déchire brusquement le silence de leurs confidences.

— Comment le sais-tu ? l'interroge-t-il, vaincu par sa curiosité.

— Ça s'entend.

De nouveaux rires fusent et les enveloppent, comme une preuve de la disparition du poids insidieux qui les étouffait depuis ces derniers jours. Le regard clair change. Un sourire qui n'atteint pas ses lèvres. Solomon comprend qu'il n'est plus temps d'être sérieux. Tant d'amour et de bonheur qui attendent Eden. Il est temps de les rejoindre. De rejoindre cette famille bruyante et incontrôlable qui l'a déjà acceptée et intégrée. Ce que lui-même a à offrir peut bien attendre. Oui, il faudra que ça attende.

— Cleo est surexcitée, sourit-il.

— Elle n'a pas encore ouvert ses cadeaux ?

— On vous attendait.

— Sans vos parents ? s'attriste-t-elle.

— C'est leur choix, Eden.

— Ils reviendront ?

— Ça ne dépend que d'eux. Ils connaissent les conditions.

— C'est pour Eden !

La voix de Cleo claque dans la cuisine, exprimant ostensiblement sa désapprobation, et fait sursauter Eden.

— Maman ! crie-t-elle encore plus fort. Kyle…

Silence soudain.

— Kyle, s'il te plaît, supplie Kate dans un soupir.

— Kyle, insiste Robin plus exigeante.

— C'est pas drôle, s'insurge la petite fille probablement libérée de son bâillon humain.

Mais Kyle rit. Le rire le plus communicatif et contagieux que Solomon connaisse. Un rire qui étire ses lèvres malgré lui. Un rire qui colore les yeux d'Eden.

— Merci pour tout ce que tu as fait pour nous, dit Solomon dans un murmure.

— Ce ne sont que des croissants.

— Je sais que c'est toi qui as refait toutes les décorations de Noël. Nous le savons tous.

Eden hoche la tête sans un mot.

— C'est un très beau cadeau.

— C'est tout ce que je pouvais faire. Vous m'avez tant donné.

— Il reste tant à t'offrir.

Le bleu prend des teintes incomparables. Éblouissant et hypnotique. Putain…

Soudain, les yeux s'écarquillent et Eden se redresse.

— La cuisine, souffle-t-elle avant de plaquer une main sur sa bouche. Je n'ai pas nettoyé la cuisine.

Et pour cause.

— Comme dirait Kyle : t'inquiète, on a géré, la rassure-t-il en imitant son neveu avant de sourire.

— On ?

— Kate, Scott, moi, énumère-t-il. Et puis Robin, Aaron et Tom.

— Ce n'était pas si sale, s'étonne-t-elle en relevant un sourcil, suspicieuse.

— Non. J'ai… J'ai aggravé les choses, admet-il en se renfrognant au souvenir de son mouvement d'humeur destructeur. On a tout rangé et nettoyé, mais j'ai abîmé un meuble.

— Emily ne va pas être très contente, dit-elle comme une petite fille partage la bêtise d'un ami et compatit à la punition prévisible.

— Elle était assez furieuse, grommelle-t-il.

Il n'a pas apprécié l'engueulade silencieuse d'Emily. Elle était méritée, mais il n'était pas en état de la recevoir. Tout le monde l'a lâché face à sa mère d'adoption et il a serré les mâchoires quand elle a exigé que tout soit réparé pour hier. Face à Emily, Solomon ne se bute pas. Il ne se rebiffe pas. Il a trop de respect pour elle et son autorité.

— Aïe, lâche Eden avec des yeux pétillants.

Solomon rit sans retenue devant sa grimace adorable. La porte de la cuisine s'ouvre à la volée et Cleo se précipite vers eux. Elle se jette sur son oncle qui la réceptionne dans ses bras.

— Je t'ai entendu rire, dit-elle pour toute explication de son irruption. Pourquoi tu ris ?

— Parce qu'Eden se moque de mes bêtises.

Cleo observe la jeune femme toujours blottie dans ses propres bras pendant quelques secondes. Leurs regards se croisent, échangent quelque chose qui dépasse Solomon, puis la petite petite fille tend ses bras à la grande petite fille. Eden se déplie lentement et accueille Cleo sur ses genoux.

— Ils sont trop bons, tes croissants.

— Merci.

— Tu en referas ?

— Pourquoi ? Il n'y en a plus ?

— Kyle a tout mangé.

— Il devait avoir très faim, suggère Eden calmement.

— Mais oncle Solo n'en a pas eu, se plaint Cleo avec agacement.

— Alors j'en referai.

— Pas si ça suppose d'y passer la nuit, s'oppose Solomon durement.

C'est plus fort que lui. Il s'en veut aussitôt.

— Parce que c'est si long de préparer des croissants ? s'étonne Cleo.

Les yeux bleus viennent trouver ceux de Solomon. La paix qui les habite suffit à l'apaiser. Comme à chaque fois. Comme promis.

— Je ne connais pas les mots en anglais pour t'expliquer ; mais oui, c'est long, répond-elle à la petite curieuse.

— On peut ouvrir nos cadeaux ?

Cleo change de sujet avec l'aisance des enfants. Son regard passe de l'un à l'autre pour appuyer sa supplique. C'est une torture pour cette boule d'énergie de se contenir et il est effectivement temps d'assouvir son désir impatient de découvrir ses cadeaux.

— Rassemble tout le monde, on arrive, lui répond Solomon.

Sa nièce saute sur ses pieds et disparaît dans la

cuisine plus vite qu'elle n'en était sortie. Sa voix aiguë lance des ordres précipités auxquels, à l'entendre, Kyle n'obéit pas assez vite. Solomon soupire face à tant d'autorité en herbe et se tourne vers Eden dont le regard est en train de visualiser le trajet de Cleo à travers les cloisons.

— Eden, viens ! appelle la petite fille.

— C'est parti, fait celle-ci dans un souffle.

Quand elle se lève en prenant appui sur ses genoux, Solomon voit la fatigue brouiller ses traits sereins. Ce n'est rien à côté du vertige qui s'empare de son corps. Fermeture des yeux, écartement des bras, basculement vers l'arrière, lancement d'un pied sur la marche supérieure pour se rattraper mais générant un mouvement vers l'avant dangereux pour son équilibre. Solomon est devant elle bien avant que la gravité ne l'emporte. Il la retient délicatement, ses mains entourant sa taille, et elle prend appui sur ses épaules en secouant la tête.

— Tu es épuisée.

— Ça va aller, fait-elle en inspirant profondément.

— Ne me mens pas.

Il a parlé de façon autoritaire. Eden ouvre ses beaux yeux et son corps se raidit. Les réflexes ont la vie dure.

— Je sais quand tu ne dis pas la vérité.

Silence. Elle ne le contredira pas.

— Eden ! exige Cleo en ouvrant la porte du salon.

Solomon se détourne légèrement en gardant une main sur la taille d'Eden de crainte qu'elle ne s'effondre. Il fixe sa nièce jusqu'à ce qu'elle se calme.

— On arrive, répète-t-il sur un ton qui laisse peu de doute sur son niveau de patience.

— D'accord.

La petite fille cède avant de se replier dans le salon. Solomon serre les mâchoires devant son incapacité à dire les choses gentiment, mais le manque de politesse de Cleo dépasse sa tolérance. Quand il revient sur Eden, elle l'observe. Aucun jugement dans son regard.

— Elle a 6 ans et c'est Noël.

Aucun jugement dans sa voix. Une compréhension au-delà de toutes ses peurs. Elle a osé…

— On y va, ordonne-t-il malgré lui.

Sa main glisse de la taille d'Eden et s'empare de sa petite main. Il l'entraîne derrière lui sans un mot, conscient de sa brusquerie mais incapable d'agir autrement. Elle le suit docilement, légèrement en retrait. Ils n'ont pas fait la moitié du chemin que les doigts glacés se faufilent entre ceux de Solomon, tels des lianes fraîches qui s'enroulent autour de troncs inflexibles. Elle s'adapte quand lui s'emmure dans sa tour imprenable. Oui, indéniablement, Eden est très forte. Et il admire cette force. Il admire cette femme. Sauf qu'elle surestime ses forces.

— Les petits déjeuners d'Hector sont les meilleurs du monde, dit Solomon en entrant dans le salon. Sans vouloir te vexer, Emily, ajoute-t-il en croisant son regard.

Celle-ci le dévisage depuis la table de la salle à manger où elle est installée avec tous les adultes et Megan, assise sur les genoux de son père et blottie dans ses bras. Tout ça l'a secouée et Solomon s'en sait responsable. Les deux plus jeunes ont heureusement été épargnés. Ils piaffent d'impatience, assis côte à côte sur le canapé, sous la surveillance de Kristen et Scott. Kyle surgit soudain de la cuisine en buvant un grand verre de lait.

— Je préfère les croissants d'Eden, fait-il avant de se lécher les lèvres.

— C'était bon ? poursuit Solomon sans relever en s'adressant à Eden.

— Oui, hésite-t-elle après un coup d'œil vers Emily.

— Ils sont aussi très copieux. Tu as réussi à tout manger ?

À la façon dont le visage d'ivoire se ternit, il sait. Ce n'est pas sans manger et sans dormir qu'Eden pourra construire sa nouvelle vie.

— Tu plaisantes ? rigole Kyle, visiblement décidé à faire le clown et désamorcer son oncle. C'est une fille ! À part Kristen, aucune fille ne réussit à finir un petit déjeuner d'Hector.

— Hé ! se défend immédiatement l'adolescente visée ouvertement.

— Kyle, le réprimande patiemment Robin.

— Ben quoi ? C'est vrai !

— S'il te plaît, soupire-t-elle avec un regard lourd de menaces.

— C'est Eden qui distribue les cadeaux ! clame-t-il soudain.

— Non, c'est moi ! se rebiffe la benjamine en se dressant sur ses pieds. C'est moi la plus petite !

— Pas cette année, Cleo, chantonne Kyle en la rejoignant. Cette année, c'est Eden la plus jeune de la famille.

— Mais…

— Allez, supplie-t-il en se penchant pour mieux la regarder dans les yeux. L'année prochaine, elle sera majeure. Ce sera une adulte et elle ne pourra plus le faire.

— Bon, d'accord, cède Cleo en boudant.

— Génial !

Kyle se relève et se tourne vers Eden avec un grand sourire.

— Viens, je vais t'expliquer, fait-il un bras tendu vers elle et ses doigts l'invitant à le rejoindre.

C'est lui qui a raison. Noël est un jour de fête. Il a commencé de façon désastreuse, et chacun ici a besoin de douceur et de rires. Alors Solomon libère les petits doigts emprisonnés dans les siens et incite Eden à suivre Kyle d'un signe de tête en espérant que la folie du grand gamin la contamine. Les yeux bleu ciel brillent un peu plus, juste avant qu'elle ne s'approche du chef d'orchestre de la remise des cadeaux. Kyle la guide sans même la toucher et la place devant le sapin entouré de paquets colorés.

— OK, dit-il en la regardant droit dans les yeux. Votre mission, si vous l'acceptez, commence-t-il en prenant une voix différente, est de prendre chaque paquet, de trouver dessus le nom de la personne à qui il est destiné et de le lui remettre. Si jamais…

— Elle n'a plus 5 ans, l'interrompt Kristen. Venez, appelle-t-elle les adultes.

— Aucun ordre, précise Kyle pendant que tout le monde se regroupe dans le salon. C'est toi qui choisis.

La distribution n'a rien de l'habituelle précipitation

impatiente des enfants. Eden agit avec sa tranquillité puissante, tout aussi efficace. Elle lit à voix haute les prénoms et apporte à chacun son cadeau.

— Eden n'a pas de cadeau ? s'inquiète Cleo quand tout semble distribué.

— J'ai oublié de prévenir le Père Noël, explique Eden toujours aussi paisible sans se rendre compte des regards complices échangés par les adolescents.

— Mais ça, là, ce n'est pas un cadeau ? lance Kyle en attrapant un énorme ours en peluche à moitié caché par le sapin.

C'est le plus grand que Solomon ait jamais vu. Debout derrière le canapé, encadré de Scott et Gary, il a assisté à la distribution, s'apaisant à mesure qu'Eden s'épanouissait dans son rôle. Aucun sourire n'a éclairé son visage en réponse à ceux qui accompagnaient les remerciements, mais elle a retrouvé ses couleurs discrètes, son regard s'est fait moins timide et son corps plus souple.

— Euh… je ne sais pas, répond-elle en se rapprochant de Kyle.

— C'est toi qui as refait toute la décoration, fait-il remarquer. Tu ne sais plus si tu as mis cette peluche ici ?

— C'est la première fois que je la vois.

— Il y a peut-être une étiquette avec un nom dessus, suggère Kristen, faussement naïve.

— C'est moi qui regarde ! lance Cleo en se précipitant sur l'ours plus grand qu'elle.

— C'est une belle idée qu'ont eu les gamins, commente Gary à voix basse pour ne pas être entendu de la petite. Et un juste retour des choses, ajoute-t-il avec un coup d'œil malicieux à Solomon, faisant pouffer de rire Kate, Robin et Aaron.

— Comment ça ? l'interroge Scott.

— C'est pour Eden ! s'écrie Cleo en sautillant sur place et en tapant dans ses mains. C'est pour toi ! Le Père Noël t'a retrouvée !

Kyle tend la peluche à Eden du bout des bras avec un sourire magnifique, fier de son effet. Son regard cille pourtant quand la jeune femme le dévisage. Pas besoin de la voir pour savoir qu'elle pleure. Cleo pleure, elle aussi ; et les filles face à Solomon ont les larmes aux yeux.

— Pardon, s'excuse Eden en s'accroupissant pour caresser le visage de la petite fille dans un geste très maternel. Je ne m'attendais pas à ce que le Père Noël sache où je suis.

— C'est le Père Noël, il sait tout, la corrige Megan avec un clin d'œil.

— Euh... Eden, appelle Kyle. C'est lourd.

— Oh, désolée.

Elle se dépêche de prendre l'énorme peluche et se fait manifestement surprendre par sa légèreté relative. Kyle lui sourit. Il attrape soudain le bout des pattes de l'ours géant et serre Eden dans ses bras à travers son avatar moelleux. C'est furtif mais réel. Les yeux surnaturels s'écarquillent avec les reflets splendides de ce rire qui n'existera jamais. Le garnement éclate de rire et tout le monde avec lui. Solomon, lui, ne rit pas, pétrifié par la beauté révélée d'Eden.

— Il est plus gros que le mien, remarque Cleo qui

ne parvient pas à partager une émotion qui lui échappe. C'est le plus gros nounours que le Père Noël a apporté, hein papa ?

— Il faut que je t'explique, fait Kyle en s'adressant à Eden. Je ne sais pas qui a passé la première commande, dit-il en fixant Solomon, aussitôt imité par Eden, mais depuis que je suis né, le Père Noël apporte à chaque nouveau venu dans la famille un ours en peluche à l'occasion de son premier Noël.

— C'est l'emblème de la famille Rickman, précise Kate. Ça remonte au premier Rickman installé dans la région. Un géant version Solomon qui a combattu et vaincu un ours. La légende veut que leurs sangs se soient mêlés. L'homme est devenu un peu ours et l'ours a toléré l'homme ; tous deux partageant la forêt avec le même respect pour les végétaux et animaux qui la peuplent.

— Bienvenue dans la famille, Eden, la salue Aaron.

Un accueil renouvelé par chaque personne malgré l'émotion qui floute les grands yeux de l'enfant un peu moins esclave et la pluie salée qui dévale ses joues.

— Et si vous ouvriez vos cadeaux, propose Solomon d'une voix grave pour faire diversion.

Il confie le sien à Scott et rejoint Eden. Elle trouve son regard alors qu'il est déjà près d'elle. Il y décèle toute son émotion et une forme de supplique. Elle est exténuée et il ressent son besoin de réconfort comme jamais. Son incapacité à trouver cette force qui lui permet habituellement de faire face. Comme si elle avait perdu son armure.

Comme si Amy avait disparu.

L'élan d'amour est puissant. Un amour tendre et respectueux, si loin de tout ce que certains ont pu imaginer. Ceux qui sont ici ce soir ne pensent pas ça de lui. S'ils ont eu un doute, ils n'en ont plus. Ils l'ont tous soutenu face à Laura. Alors ils comprendront…

Solomon attrape Eden par la nuque. Un geste fort, impérieux. Dominant. Combien de fois a-t-il eu ce geste envers les pauvres filles et autres putes qu'il a soumises et baisées ? Jamais avec douceur. Jamais avec légèreté. Les doigts épais de sa grosse paluche glissent sur la peau douce du cou d'Eden, l'effleurent à la faire frissonner. Lui faire fermer les yeux. Serrer un peu plus fort sa peluche en penchant sa tête pour venir chercher le contact. Front contre front. S'abandonner.

— Je suis là, dit-il dans un souffle, gorge nouée.

— *Pas seulement.*

Non, pas seulement. Mais il est impossible aujourd'hui de lui demander tout ce qu'elle met derrière ces deux mots. Juste imaginer. Envisager. Espérer.

Un cri suraigu éclate soudain et fait sursauter Eden et Solomon.

— C'est ce que je voulais ! s'extasie Cleo. Maman, regarde !

— Non, s'étonne faussement Kyle. Le Père Noël t'a apporté ce que tu voulais ?

— Kyle, soupire Robin, au milieu des rires des enfants.

Mais Cleo n'entend pas l'ironie.

— Oui, regarde. C'est la plus belle poupée du monde !

— Trop jolie, rit Kyle.

Et Solomon rit, lui aussi. Et Eden sourit à sa façon : cet éclat dans ses yeux magnifiés qui n'atteint pas ses lèvres. D'autres sourires, rires, exclamations et cris accompagnent la découverte des cadeaux. Dans cette pagaille magistrale, une jeune femme redevenue petite fille émerveillée s'assied en tailleur aux pieds de Solomon sans lâcher son énorme ours en peluche. Quand elle s'adosse à ses jambes, il sait qu'elle vient de se placer elle-même sous sa protection. Il a enfin gagné sa confiance.

18

Dimanche 25 décembre 2016, fin d'après-midi.

— C'est la troisième fois qu'elle tombe.

Robin marche sur le chemin déneigé entourée de Kate et Solomon. Les enfants se sont précipités dans le champ couvert de blanc. Kyle prend un malin plaisir à mitrailler les autres de boules de neige, leur faire des croche-pattes, poursuivre les plus jeunes avec un rire d'épouvante… Si Cleo hurle d'une fausse peur joyeuse, Sam y est devenu totalement insensible et n'hésite pas à affronter son grand frère. Kristen et Megan veillent à ce qu'Eden soit épargnée, mais les garçons viennent de faire alliance contre elles. Cependant, personne ne touche la protégée de Solomon dans ces jeux un peu brutaux. Ça ne la préserve pas des chutes, que ce soit pour éviter une boule de neige ou par maladresse. Cette fois, c'est Stupefix qui a glissé et l'a fauchée à pleine vitesse.

— Elle est épuisée, fait Solomon d'une voix sombre alors que Sam offre sa main à Eden pour l'aider à se relever. Elle a refusé de faire une sieste, ajoute-t-il, toujours agacé de l'obstination inédite de la jeune femme.

— Pour une fois qu'elle obéit à ses envies plutôt

qu'aux ordres, cingle Kate. D'autant que tu lui avais déjà imposé de dormir en fin de matinée. Elle n'est plus au stade des deux siestes par jour.

— Et pourquoi pas ? se bute-t-il.

— Peut-être parce que tu lui as rendu sa liberté.

— Pas au mépris de sa santé.

— En tout cas, s'interpose Robin avec douceur, elle a un don pour le dessin.

— Pardon ?

Solomon est furieux ; Robin le sent bien. La santé des gens qu'il aime le préoccupe toujours ; et il est indéniable qu'il aime beaucoup Eden. Aaron l'avait prévenue que les sentiments de son frère pour cette jeune femme dépassaient la raison. Il ne s'était pas trompé. À l'exception des deux plus jeunes, tout le monde l'a compris. Kyle est grand et altruiste. Passé la première phase de colère face à une relation qu'il a immédiatement jugée inacceptable, il a compris et intégré le lien qui s'est établi entre son oncle et l'enfant maltraitée. Les filles l'ont également accepté, chacune sensible à sa façon. Kristen s'est identifiée à Eden du fait de son passé malheureux et comprend que Solomon perçoive la jeune femme dans toute sa maturité au point d'en oublier son âge réel. Pour Megan, c'est plus compliqué : elle craignait davantage que la relation que tous identifiaient et jugeaient ne soit à sens unique ou inégale en termes d'investissement. Le fait d'aller chercher Eden, de discuter avec elle lui a permis de comprendre à quel point les sentiments inavoués sont réciproques. Malgré tout, les adultes entrevoient bien plus clairement que leurs enfants les risques inhérents à cette relation particulière.

Plus important que tout, Solomon en a pleinement conscience. Il a beaucoup changé depuis qu'il a rencontré Eden. Il est plus dur, plus autoritaire et plus brutal, à la mesure du choc de leurs deux mondes et de la différence critique entre leurs tempéraments. Mais il est également plus à l'écoute, plus patient et tellement plus doux. Une mutation étrange et finalement bénéfique. Reste à espérer que tout n'explose pas en plein vol. Solomon est une bombe à retardement depuis le décès d'Alice. Kate et Robin partagent la même crainte : cet homme entier ne pourra que retourner à l'état sauvage si la vie lui retire à nouveau celle qui a su l'apprivoiser. Comme l'ours qui est l'emblème de la famille Rickman.

— Eden a un sacré coup de crayon et un sens inné de la décoration, répète Robin.

— Je n'ai pas vu ses dessins, embraye Kate, mais Cleo m'a dit qu'elle voulait une chambre comme celle que lui a inventée Eden.

— Je serais une petite fille de l'âge de Cleo, j'en voudrais moi aussi, sourit Robin. C'est à la fois enfantin et… délicat. Je ne sais pas trop comment expliquer. Eden a su utiliser toutes les envies de Cleo, mais en les tempérant. C'est comme pour la décoration de ta salle à manger, dit-elle en regardant Solomon. Le mélange des couleurs est harmonieux et doux. La décoration est discrète, épurée… D'une élégance magnifique.

Solomon hoche la tête en fronçant les sourcils. Emporté par ses réflexions, il ne dira pas un mot. Son regard noir désespérément sévère se porte au loin, vers les enfants, et elle sait ce qu'il voit. Eden se tient à l'écart des autres engagés dans un combat de neige probablement trop violent pour elle, même si les rires éclatent et éclaboussent le champ de bataille. Malgré les vêtements usés et sans forme qu'elle porte aujourd'hui, tout dans sa posture et sa gestuelle n'est qu'élégance. Une classe indéniable. Un charisme inconscient qui attrape quiconque croise son regard extraordinaire. Quand il n'est pas baissé à force de soumission…

— Il y a beaucoup de subtilité et de finesse en Eden, fait Kate, pensive. Beaucoup de réserve, et on comprend pourquoi ; mais au-delà, elle agit avec une sorte de tranquillité qui paraît presque inébranlable.

— Elle est beaucoup plus fragile que ce qu'elle laisse paraître, désapprouve Solomon.

— Elle est beaucoup plus forte que tu ne le penses, le contredit sa sœur.

Solomon la foudroie de ses yeux plissés et Robin s'interpose immédiatement : assez de conflits pour une si belle journée de fête.

— Vous avez raison tous les deux. Eden est actuellement très fragile. Elle est fatiguée, physiquement et psychiquement. Tout ce qu'elle vit depuis qu'elle est avec toi est nouveau, perturbant et sûrement effrayant. Tous ses repères, aussi tristes et sordides puissent-ils être, ont été détruits. Elle doit apprendre de nouveaux codes, faire l'expérience de relations sociales complètement différentes de ce qu'on lui a imposé toute sa vie. Malgré tout, elle fait preuve de beaucoup de courage face à tout ça, face à ses peurs. Et on ne lui a pas facilité la tâche. Sa fugue… Non, sa décision de partir pour préserver cette famille montre à quel point elle est forte.

— Et inconsciente, gronde Solomon.

— Inconsciente ?

— Partir comme ça dans la nuit, en plein hiver…

— Solomon, soupire Robin. Eden est tout sauf inconsciente. Je suis persuadée qu'elle est très intelligente, mais elle ne réfléchit pas comme toi ou moi. Quand elle est partie, ce qu'elle allait devenir ou faire était le moindre de ses soucis. Elle se serait retrouvée très vite perdue…

— Ou pire, la coupe Solomon durement.

— Ne lui reproche pas sa force de caractère, ose Robin.

Ils s'opposent en silence, yeux dans les yeux. Robin ne cédera pas. Elle connaît bien Solomon. Derrière ses manières d'ours mal léché, il y a une capacité d'observation et d'analyse impressionnante. Une perception de l'humanité assez radicale, mais rarement erronée. Il ne lui en voudra pas.

— Je ne lui reproche rien, cède-t-il en soupirant.

— Et ne te reproche rien, fait-elle en s'accrochant à son bras.

— Je t'avais prévenu, intervient Kate. Prendre en charge Eden est loin d'être simple.

— J'avais remarqué.

— Ne sois pas insolent.

— Tu m'as aussi dit que je devais prendre soin d'elle, l'assurer de ma protection et de mon soutien.

— Je t'ai surtout dit que tu n'étais pas armé pour faire face, s'agace-t-elle.

— Kate, tu ne peux pas dire ça, la reprend Robin en serrant un peu plus le bras de Solomon dont les muscles se sont durcis.

— Eden a besoin de l'aide d'un professionnel, s'obstine Kate. Elle va avoir besoin de patience et de tolérance. Pas d'exigences…

— Je crains que ce ne soit un peu plus compliqué ; tu le sais très bien. Eden fait confiance à ton frère ; et depuis le début. Elle se serait enfuie si ça n'avait pas été le cas.

— Je ne suis pas d'accord, s'oppose Kate. Eden ne connaissait que la soumission et elle s'est soumise à Solomon. Il est devenu son nouveau maître et, finalement, la relation qui s'est créée n'est pas saine. Mon frère a commencé par la désirer comme il a désiré toutes ces filles qu'il a mises dans son lit ces dernières années. C'est la réalité de la vie d'Eden qui lui a fait entrevoir les choses autrement. Il l'aime bien, mais le désir physique est le premier guide.

— Je suis là, siffle Solomon un peu plus tendu encore.

— Quant à Eden, poursuit Kate sans relever, elle s'est attachée à l'homme qui l'a sortie de son enfer et qui prend soin d'elle. Je ne nie pas leur attachement, mais je pense qu'il ne se construit pas sur de bonnes bases. Ils vont en souffrir tous les deux.

— Kate ! s'exclame Robin à voix basse, inquiète. Comment peux-tu dire ça ?

— Et que fera Solomon lorsqu'Eden décidera de

partir vraiment ? Quand elle aura compris qu'elle est vraiment libre ? Parce qu'elle est intelligente, nous en sommes tous d'accord. Un jour, elle va prendre les commandes de sa vie et elle va partir. Et qui va rester sur le carreau ?

— Je la laisserai partir, fait Solomon d'une voix sombre qui fait trembler Robin.

— Non, Solomon, affirme Kate en se plaçant face à lui, les obligeant à s'arrêter. Et c'est pour ça que tu es fâché après elle.

— Je ne suis pas fâché après elle, tonne Solomon en se libérant de Robin pour mieux faire face à sa sœur.

— Ah non ? Alors pourquoi persistes-tu à dire d'elle qu'elle a été inconsciente de partir ? Pourquoi persistes-tu à dire qu'elle est fragile ? Si ce n'est pour mieux la garder sous ton emprise ?

— Tu n'as aucune idée de ce que je pense d'Eden.

Robin recule. Kate et Solomon ne s'affrontent pas souvent, mais c'est toujours assez violent. Il n'y a qu'Aaron qui réussit à jouer les arbitres et il est à plusieurs mètres derrière eux.

— Je sais que tu l'aimes beaucoup et ça te rend aveugle et inconscient.

— Je te déconseille de poursuivre, menace-t-il, furieux.

— Mais regarde la réalité en face, Solomon ! Que vas-tu faire demain ? Quand nous serons partis, retournés à nos vies ? Toi aussi, tu vas repartir au travail. Denver, New York et le reste du monde. Et Eden, que va-t-elle devenir ? Tu vas l'emmener avec toi comme une jolie poupée…

— Ta gueule, Kate !

— Solomon.

Aaron vient se placer à côté de son frère et pose une main sur son épaule. Robin voit le corps massif du géant se raidir et trembler. Solomon ne va pas affronter physiquement son aîné, mais il doit se maîtriser pour ne pas rejeter le contact imposé.

— J'ai peur pour toi, petit con, lâche Kate dans un sanglot contenu. Je ne veux pas que tu revives…

— Kate, l'arrête Aaron.

— Et je ne veux pas revivre ça, dit-elle quand même.

Tom s'approche de son épouse, la prend doucement par les épaules et l'entraîne avec lui.

— Ton frère a compris, ma chérie. Calme-toi, les enfants nous regardent.

Et en effet, les enfants ont cessé de jouer. Ils observent les adultes avec inquiétude. À l'écart du petit groupe se tient Eden. Seule. Son regard braqué sur eux, immense et anxieux. Solomon l'a vue lui aussi. Il en serre les mâchoires. Robin pressent que la compréhension de la situation est partagée ; ce qui présage du pire, car Solomon va très certainement se mettre en mode protecteur.

— N'empêche que j'ai raison, persiste Kate en se tournant vers lui. Un jour, elle partira et tu souffriras. Et nous souffrirons tous.

— Alors je dois renoncer à l'aimer comme un père ? demande-t-il en la fixant de ses yeux plus noirs que jamais.

— Tu ne l'aimes pas comme un père, siffle Kate.

— Je le sais. J'apprends.

— Mais tu es con ou tu le fais exprès ? s'emporte-t-elle violemment.

— Kate, ça suffit, s'impose Aaron calmement. On a tous compris. Va te calmer.

Elle résiste, mais Tom vient chuchoter à son oreille et elle le suit en l'enlaçant. Plus loin, les enfants ont fait bloc derrière Eden.

— Tout va bien, lance Aaron à leur attention. Divergence d'opinions.

Kyle accuse réception en levant une main.

— On fait une course ? propose-t-il aussitôt en s'adressant particulièrement aux plus jeunes.

— Dans la neige ? s'étonne Cleo.

— C'est plus rigolo, sourit Kyle. Le premier qui tombe a un gage !

L'élan de fierté fait battre le cœur de Robin un peu plus fort. Kyle a grandi. Les études et l'indépendance l'avaient changé, mais il a encore mûri en quelques jours. Côtoyer Eden l'a profondément remué. Ça les a tous bousculés dans leur confort et leurs certitudes ; les trois grands plus que les autres. Ils ont intégré Eden dans leur clan. Ils ont partagé leurs confidences et leurs jeux avec elle. Ils l'ont soutenue quand elle était perdue. Ils sont allés la chercher quand elle est partie. Eux plus que tous les autres lui ont offert une famille. Eux et Solomon. Les autres adultes, finalement, ne la connaissent pas.

Qu'est-ce qui fait que cette jeune femme continuellement sur ses gardes et apeurée cherche le regard de Solomon ? Comment se fait-il que cet homme dur, autoritaire et parfois violent, soit le seul qui parvienne à l'apaiser ? Il n'y a donc pas que Solomon qui éprouve des sentiments un peu particuliers. Eden aussi. L'attachement de ces deux êtres a été instinctif avant d'être conscient, Robin en est intimement convaincue. Les craintes de Kate ne peuvent pourtant pas être écartées.

— Je ne suis pas inconscient à ce point.

Solomon marmonne entre ses dents comme un enfant boudeur. Son regard reste rivé sur Eden. Désormais entourée des deux cousines étonnamment silencieuses, celle-ci semble détailler les adultes avec attention. Ses yeux finissent par s'arrêter sur Solomon et le corps massif se détend peu à peu. Étrange pouvoir que semble avoir cette enfant sur cet homme inaccessible.

— Je croyais qu'elle comprenait, regrette-t-il, amer.

Robin dévisage son mari quelques secondes. Elle lit sur ses traits qu'il ne sait pas comment parler à son petit frère.

— Et si tu allais montrer à Kyle qui est le plus fort ? lui suggère-t-elle.

L'éclat qui allume le regard d'Aaron est de l'amour pur, et une reconnaissance infinie. L'aîné des Rickman a beau être le plus calme, son tempérament peut virer au volcanique quand il ne sait plus user de diplomatie. Il articule un « je t'aime » silencieux et s'éloigne dans le champ pour rejoindre Kyle et les plus jeunes.

— Peux-tu m'écouter sans t'énerver ? demande Robin à Solomon dès que son mari s'est suffisamment éloigné.

— Bien sûr, fait-il sans lâcher Eden des yeux.

— Regarde-moi, Solomon.

Il obéit en fronçant les sourcils, sûrement pas très heureux de voir ses ordres se retourner contre lui. Tant pis…

— Kate a vu ta colère quand vos parents s'en sont pris à Eden. Elle a aussi vu ta détresse quand Eden est partie et que tu es resté ici à l'attendre, impuissant.

— J'ai obéi à Gary.

— Oui, mais tu as perdu le contrôle de la situation et d'Eden.

— Je ne cherche pas à contrôler Eden. Que quelqu'un l'entoure et prenne des décisions la rassure. Je n'aspire qu'à la voir gagner en autonomie.

— Je sais ce que tu fais, Solomon. Je n'ai aucune compétence en psychologie, ni en psychanalyse, ni en psychiatrie. Je ne sais pas ce dont Eden peut avoir réellement besoin. Mais je sais ce que je vois. Il y a entre vous quelque chose de très particulier.

— Robin.

Il la menace dans un soupir. Robin n'a jamais vécu une telle ambivalence chez lui ; comme si la compréhension de Robin était à la fois acceptée et refusée, attendue et crainte.

— Tu as promis de ne pas t'énerver.

— Je ne m'énerve pas. C'est juste que je sais déjà tout ce que tu vas me dire. Je sais ce que je peux perdre. Eden est jeune. Je ne peux que souhaiter qu'elle s'empare de la nouvelle vie que je lui offre. Elle en fera ce qu'elle veut. Qu'elle soit libre, autonome et heureuse. N'est-ce pas ce que souhaitent tous les parents ?

— Sauf que tu ne l'aimes pas comme un père.

— Ça, c'est mon problème.

Les yeux noirs se plissent, les mâchoires se serrent, le visage se ferme. Solomon se bute et se blinde. Robin grimace.

— Quoi ? s'impatiente-t-il.

— Quand comprendras-tu que tu n'es pas tout seul ?

— Robin…

— Chut, tais-toi, exige-t-elle avec une autorité enrobée de douceur. Quand comprendras-tu que nous sommes là pour toi ? Parce que nous sommes tous là pour toi. Et maintenant, tu as Eden. Nous avons tous Eden.

Le regard de Solomon se tourne immédiatement vers la jeune femme. Elle n'a pas bougé. Elle les observe toujours. Ses yeux sont toujours aussi immenses, mais l'anxiété s'est transformée en quelque chose de trop proche de la peur.

— Et là, elle a besoin de toi.

Robin pose une main tendre sur la joue de ce grand petit garçon dans un geste maternel qu'elle a souvent avec ses enfants, et même avec Aaron. Un geste qu'elle a déjà eu avec Solomon et, à la façon dont il fronce les sourcils et plante ses yeux noirs dans les siens, elle sait qu'il se souvient. Ce soir-là, elle avait craint le pire. Ils avaient tous craint le pire. Elle avait caressé sa joue tendrement, lui avait dit de ne jamais oublier qu'il était aimé, puis elle l'avait embrassé sur l'autre joue.

— Je vais m'occuper de Kate, dit-elle d'une voix étranglée par un sanglot.

Elle s'apprête à s'éloigner, mais une main massive la retient en se posant sur sa joue avec une douceur qui la surprend. Personne ne l'a retenue comme ça. Solomon n'a jamais osé un tel geste envers elle. Il ne l'a jamais regardée comme ça.

— Merci, grande sœur.

Il ne lui a jamais dit ça. Il n'a jamais déposé un baiser sur sa joue. Ni essuyé de son pouce la larme qui lui échappe.

Quand Robin regarde l'homme au physique de bûcheron s'éloigner vers les filles, elle n'a plus aucun doute sur son aptitude à prendre soin d'Eden. Solomon Rickman a profondément changé. Une maturité et une sagesse dont elle ne l'aurait jamais cru capable jusqu'à aujourd'hui. Ce n'est pas elle qui a consolé Kate, mais l'inverse. Et tous l'ont écoutée quand elle a expliqué qu'il fallait faire confiance à Solomon l'imprévisible. Ils ont tous vu la tendresse dont l'ours mal léché a fait preuve envers elle. Elle, Robin, la belle-sœur avec laquelle il a toujours gardé une certaine réserve. Sa deuxième grande sœur désormais.

Solomon s'éloigne de Robin avec un vacarme infernal dans le crâne. Il n'a pas vu venir le mouvement d'humeur de Kate. Non, ce n'est pas un mouvement d'humeur. Kate a peur. C'est sa faute à lui : il lui a fait peur. Il a fait peur à tout le monde. Il a tellement eu peur lui-même. Parce que Kate a raison. Il a désiré Eden, physiquement. Son corps superbe. Son visage de porcelaine aux traits si fins. Ses lèvres pleines. Ses yeux surnaturels. Il l'a désirée. Il la désire toujours… mais différemment. C'est tellement plus profond. Sauf que ça ne peut être qu'à sens unique. Il n'a pas le droit de vouloir que ce soit réciproque. Il n'a pas le droit d'attendre d'elle que ce soit réciproque. Même si plusieurs pensent que c'est le cas, il n'a pas le droit de l'espérer. D'autant que l'enfant-esclave a besoin de liberté, pas de nouvelles chaînes.

Il lit bien dans son regard inquiet qu'il est devenu un repère ; qu'elle cherche des réponses dans ses yeux sombres. Ça ne fait que confirmer son statut de tuteur. Rien d'autre. Il ne peut être rien d'autre. Il ne doit pas investir plus qu'elle ne peut recevoir. Même si c'est trop tard. Il souffrira. Lui seul souffrira. Il en souffre déjà et il en ferme les yeux, juste une seconde. Quand il les rouvre, le reflet argent qui traverse le regard clair lui fait froid dans le dos. Il craint… Il sait qu'elle a compris bien plus qu'elle n'aurait dû. Encore…

— « Ta gueule, Kate » ? l'accueille Kristen, bras croisés, en haussant un sourcil narquois.

— Kris, souffle Megan, sidérée.

— On l'a tous entendu, réplique l'impertinente sans quitter Solomon des yeux. Mais ce que j'ai préféré, c'est quand maman t'a demandé si tu étais con ou si tu le faisais exprès. On peut savoir de quoi vous parliez ?

Kristen défie ouvertement Solomon comme elle seule se permet de le faire dans cette famille. Megan en reste bouche bée. Eden la dévisage, l'observe, puis examine Solomon avec la même curiosité terrifiée. Putain, mais comment lui épargner d'avoir peur ?

— On ne veut pas savoir, s'oppose Megan.

— Si, on veut savoir ! persiste Kristen.

— Non ! se fâche sa cousine.

Eden recule aussitôt. Elle s'écarte du duel. Elle

baisse les yeux et noue ses doigts. Megan est la première à s'en rendre compte et elle fait, elle aussi, un pas en arrière. Quand elle ouvre la bouche, Solomon la devance et s'impose en tentant d'user de la même autorité veloutée que Robin.

— Il y a des choses qui doivent rester entre les adultes.

— Comme quoi ? l'interroge Kristen plus doucement mais toujours obstinée.

— Comme ce qui reste entre vous quand vous vous disputez.

La tête de mule rebelle pince les lèvres avant de sourire.

— OK. Et vous allez vous faire la gueule longtemps ?

— Pourrais-tu surveiller ton langage ?

— C'est sûr que toi et maman venez de donner l'exemple !

Et elle rit. Son effronterie l'amuse.

— Tu me cherches ? demande Solomon en fronçant exagérément ses sourcils.

— Ah, ça y est ! Tu es lent à la détente aujourd'hui.

— Je te laisse trois secondes.

— Trois secondes ? Pour quoi faire ? s'inquiète-t-elle sans cesser de sourire.

— Un.

Aucun mouvement côté Kristen. C'est Megan qui s'éloigne en faisant signe à Eden de l'imiter.

— Deux.

— Quand tu veux, le défie Kristen.

— Trois.

Elle fait volte-face et tente de partir en courant, mais la neige se dérobe sous son pied. Elle glisse et tombe en avant, amortissant sa chute de ses avant-bras. Elle roule aussitôt sur le dos, prête à parer la moindre attaque.

— Ce n'est pas drôle, fait Solomon d'une voix sombre en s'avançant lentement. Je ne t'ai même pas touchée.

— Tu triches ! lance-t-elle avant de rire.

— Ce n'est pas ma faute si tu ne sais pas courir sur la neige.

— Oncle Solo.

— Ah, tu supplies ?

Solomon est au-dessus d'elle à présent, ses pieds de part et d'autre de son bassin. Elle recroqueville ses jambes, tend ses bras, mains ouvertes. À cet instant, Kristen est de nouveau la petite fille qui anticipait les chatouilles. Elle se débat avec la même fougue, se contorsionne de la même façon, hurle avec la même puissance aiguë. Pourtant, cette fois, elle perd sa voix quand la neige s'immisce dans les replis de son écharpe et atteint son cou.

— C'est froid ? se moque Solomon.

Pour toute réponse, elle attrape une poignée de neige et la projette au hasard. Solomon l'évite de justesse.

— Megan ! Eden ! implore-t-elle dans un rire.

— Non, non, non, refuse Megan. Tu l'as cherché, tu te débrouilles.

— Cleo !

Le cri de Kristen est si strident que Solomon plaque une main sur la bouche de sa nièce. Il la libère aussi rapidement pour qu'elle ne s'étouffe pas dans son fou rire. Plus loin, la petite fille en route pour sauver sa grande sœur s'étale dans la neige en riant. Kyle la relève tandis que Sam se précipite vers Solomon et Kristen avec un air déterminé, suivi plus calmement par Aaron qui prépare une énorme boule de neige dans ses mains. Les renforts arrivent. Solomon immobilise Kristen en lui bloquant les bras et les jambes, puis jette un coup d'œil à Megan et Eden. Le sourire de sa nièce annonce le camp qu'elle a choisi ; et ce n'est pas le sien. C'est la pâleur de sa protégée qui met fin au jeu.

— Temps mort ! clame Solomon d'une voix forte.

Il libère Kristen et se relève dans le même mouvement. Les rangs vont se resserrer contre lui le temps de la pause imposée. Tant pis. Eden est perdue et tous le comprennent en la regardant. Solomon s'approche d'elle lentement, prudemment, sans lâcher ses immenses yeux écarquillés.

— C'est un jeu, dit-il une fois près d'elle.

— Oui.

— Ça va être un peu brutal.

— Seul contre tous ? s'inquiète-t-elle en observant ses adversaires qui complotent.

— Ils ne me font pas peur, sourit-il en suivant son regard.

— Et Cleo ?

Les yeux clairs luisent d'inquiétude. Solomon se penche légèrement pour attraper son regard. Sa puissance le surprend. La peur la fait trembler.

— Le but du jeu est de simplement faire tomber l'autre, explique-t-il d'une voix douce. Ils vont envoyer Cleo et Sam en premier, parce que je vais les mettre par terre en quelques secondes et ils devront s'éloigner. Après ce seront les filles, probablement ensemble. Ça me prendra moins d'une minute : elles sont très sensibles aux chatouilles. Avec Kyle, ça va être plus compliqué. Il est jeune, rapide, et il n'a pas peur de venir au contact. Je suis plus lourd et plus expérimenté. Aaron n'essaiera même pas.

Eden observe à nouveau la petite armée qui prend position, les plus jeunes devant, déterminés à en découdre. Aaron s'est mis en retrait. Il est le seul à ne pas sourire, son regard fixé au loin. Là-bas, Robin et Kate s'étreignent, enlacées par les grands bras de Tom. Lorsque le groupe se dissocie, les deux sœurs chassent des larmes avec les mêmes gestes. Solomon sent ses mâchoires se serrer comme se serre son cœur. Toute cette souffrance est de sa faute. Il doit parler à Kate ; mais plus tard : les enfants d'abord.

— Alors les bébés, prêts à perdre ? les défie-t-il en se frottant les mains.

Les trois grands quittent leurs mères des yeux pour revenir dans le jeu. La peine qu'ils effacent comme Solomon vient d'écarter sa culpabilité signe leur conscience de la gravité de la dispute à laquelle ils ont assisté. Solomon se jure de leur faire oublier les conflits et de leur rendre leur innocence pour les quelques jours qu'il leur reste ensemble. À côté de lui, Eden observe et analyse. Solomon ne lui demandera pas si elle veut participer au combat ; encore moins de choisir un camp. Sa pâleur et son regard inquiet donnent déjà la réponse.

— Eden, tu veux bien t'occuper de Stupefix ?

Les yeux au bleu blanchi par la luminescence de la

neige se plantent dans ceux de Solomon dont la requête ressemble plus à un ordre qu'à une question. Il tente aussitôt d'adoucir sa maladresse.

— Je ne voudrais pas…

— Oui, d'accord.

Elle tourne sur elle-même pour chercher le chien. Lorsqu'elle le trouve plusieurs mètres plus loin, elle soupire profondément et s'éloigne lentement. Solomon sait instinctivement que quelque chose ne va pas. Eden vient de se soumettre, d'obéir à un ordre comme on le lui a appris.

— Eden ?

Mais elle n'écoute pas.

— *Stupefix, viens là*, appelle-t-elle d'une voix douce.

— Oncle Solo, tu es prêt ? demande Cleo avec toute la joie anticipée du jeu promis.

Eden poursuit sa marche alors que le jeune chien habituellement fou la rejoint avec une docilité surprenante. Elle ne s'arrêtera pas. Elle ne regardera pas la bataille. Plongée dans ses pensées, elle prend la direction de la maison et Solomon ne fera rien pour la retenir. La journée a été éprouvante pour tout le monde et chacun a le droit de gérer ses émotions comme il l'entend. Kate par sa colère. Robin par ses larmes. Tom par sa compassion. Aaron par son repli dans son rôle de père. Eden par son isolement dans le silence. Les enfants par leurs jeux.

Solomon, lui, va s'offrir à chacun pendant toute la fin de la journée. Ce n'est pas une, mais trois batailles qu'il va livrer contre ses neveux et nièces. La première se déroule comme prévu. La deuxième est un chaos indescriptible. La troisième le conduit à sa perte : impossible de contrer l'attaque simultanée de tous les gamins sans risquer d'en blesser un. Il en sort couvert de neige, aidé par son frère pour se relever. Ils rentrent à la maison côte à côte tandis que les enfants repartent dans leurs jeux.

— Il va falloir parler à Kate, conseille Aaron.

— Je sais.

— Elle n'a pas complètement tort.

— Je sais, se ferme Solomon malgré lui.

— Ton attachement à Eden est très fort, poursuit son aîné. Son attachement à toi est profond. Mais Kate a raison, vos sentiments ne sont peut-être pas de la même nature.

— Je sais.

— Alors, prends soin de vous deux, conclut Aaron en donnant une tape légère dans le dos de son petit frère.

À son habitude, Tom se montre discret et réservé. Solomon lui donne l'occasion de discuter en s'attardant sur le perron pour surveiller le retour des enfants.

— Étrange journée, dit son beau-frère en l'imitant. Et finalement, assez libératrice.

— Libératrice ? relève Solomon, surpris.

— Tant de chaînes brisées, tant de non-dits enfin exprimés… Demain sera une belle journée.

— Comment va Kate ? l'interroge Solomon après un long silence.

— Elle aime son petit frère. Elle est donc protectrice à l'excès et insupportable. Dramatique, non ?

— Non, sourit Solomon. Il n'y a qu'elle pour me

traiter de petit con et me dire mes quatre vérités en face.

— Nous sommes bien plus nombreux ; mais jusqu'à présent, tu n'écoutais qu'elle.

Solomon hoche la tête en silence.

— Kate est dans notre chambre, l'informe Tom.

Puis il part retrouver les gamins qui arrivent, réceptionnant Cleo qui s'est jetée dans ses bras. La bonne humeur plane sur eux de façon fluide. Les enfants ont cette capacité à vivre l'instant présent qui fait défaut à la plupart des adultes. Solomon les envie. Il n'aspire qu'à les rejoindre dans cette joie simple. Il doit d'abord présenter des excuses. Il doit parler. Émettre de la lumière.

19

Dimanche 25 décembre 2016, fin d'après-midi.

— Je t'ai écoutée.

Assise sur son lit, Kate dévisage son petit frère de ce regard à la fois doux et sévère dont elle a toujours usé quand il faisait des bêtises. Debout devant elle, Solomon attend qu'elle veuille bien parler.

— Et qu'en as-tu retenu ? demande-t-elle sèchement.

— Que je suis dans la merde.

— Je ne te le fais pas dire, cingle-t-elle. Que comptes-tu faire ?

— De mon mieux.

— Solomon, s'agace-t-elle en se levant.

— Il faut que j'en parle avec Eden. J'ai quelques idées, mais c'est à elle de décider.

— Elle ne va pas bien.

— Je sais.

— Elle a compris beaucoup de choses sur notre famille. Et sur toi. N'aie pas la naïveté de croire que tu peux lui cacher tes sentiments.

— Je ne suis pas naïf, s'oppose Solomon en contenant son impatience.

— Bien sûr que si, le contre-t-elle. Tu penses encore pouvoir l'aider avec du temps et de la patience.

— C’est vous qui m’avez conseillé d’agir ainsi, se défend-il.

— Je t’ai également dit qu’elle aurait besoin d’un professionnel.

— Il y en aura plusieurs.

— Plusieurs ?

— Médecin, gynéco, psy, prof… Elle bénéficiera de tout ce qu’il lui faut pour construire sa nouvelle vie. Moi, tout ce que je peux faire, c’est être là et la soutenir.

— Et l’aimer, affirme Kate.

— Bien sûr, l’aimer, concède-t-il. Comme je t’aime. Comme j’aime tes filles…

— Non, Solomon, soupire-t-elle en perdant toute sa colère. Tu l’aimes différemment.

— Ça, c’est mon problème.

— Parce que tu crois qu’elle ne le sait pas ?

Solomon ne répond pas. Kate a raison. La probabilité pour qu’Eden ait compris que ses sentiments dépassent la simple protection d’un tuteur est très certainement de cent pour cent : il s’est livré, dévoilé comme jamais. Et il est si transparent pour elle.

— Parle-lui, Solomon. De toute façon, je suis sûre qu’elle ressent ton amour.

— Je n’ai pas le droit de lui imposer…

— Ça revient à lui mentir, le coupe-t-elle.

— Lui mentir ?

— Mets cartes sur table, Solomon. Elle est suffisamment intelligente pour faire le tri à ta place.

Solomon retient sa main au moment de frapper à la porte de la chambre d’Eden. Lui imposer une discussion sur leur relation, leurs sentiments, ses sentiments à lui n'est peut-être pas une bonne idée. Surtout aujourd'hui. Tout le monde est fatigué et les esprits s'échauffent vite. Trop vite. Surtout ceux des Rickman pure souche. Eden est épuisée. Elle a été maltraitée toute sa vie, mais ce qu'elle a subi ces derniers jours est, d'une certaine façon, pire que beaucoup des sévices vécus : il lui avait promis une nouvelle vie et la sécurité, elle a dû faire face au mépris de Laura et à sa colère à lui.

Violent et imprévisible… Il n'a plus le droit de l'être. Plus avec elle. Plus avec sa famille.

Les quelques coups sur la porte suffisent à l'ouvrir. Par l'entrebâillement, Solomon croise le regard d'Eden.

— Je peux entrer ?

— Oui.

Elle n'a pas dit « monsieur », mais il s'entend quand même. Sa méfiance s'entend. Combien de pas en arrière ? De degrés de confiance perdus ? Solomon sait que la discussion va être laborieuse et il se blinde le temps d'ouvrir la porte. Il doit être dans la maîtrise la plus totale. Pourtant, le tableau qui s'offre à lui le déstabilise profondément. Eden s'est installée sur son lit. Elle s'est adossée à son énorme ours en peluche, si bien qu'elle semble être entre ses pattes. Protégée. Ce sont son regard glacial et son visage fermé qui renvoient Solomon aux pires moments vécus avec elle. Ceux d'un temps où elle n'avait aucune confiance en lui.

— C'est grave ? l'interroge-t-elle soudain.

Voix sombre. Eden n'a vraiment plus confiance et Solomon pressent qu'elle va oser le faire savoir. Il ferme la porte et lui fait face, prêt à tout entendre et à encaisser.

— Qu'est-ce qui est grave ?

— Ce que vous a dit votre sœur et qui vous a mis en colère.

— Non, Eden. Rien de grave.

— *Alors pourquoi mentez-vous ?*

Le murmure en français rend la question plus percutante. Solomon se fige au milieu de la pièce. Piégé par les grands yeux trop perçants. Mis à nu par un esprit redoutable. À cet instant, tout son système de défense s'effondre devant l'enfant-esclave devenue une femme-enfant. La leçon va être terrible.

— Votre famille est inquiète pour vous. Votre sœur a peur. Son mari la surprotège. Votre frère hésite à vous parler. Son épouse est bouleversée. Votre neveu et vos nièces les plus âgés s'épaulent les uns les autres. Mme Emily vous surveille comme le lait sur le feu. M. Gary et son fils semblent prêts à vous retenir à tout moment. Vos parents sont partis le jour de Noël, sans même assister à l'ouverture des cadeaux.

Silence qu'il n'interrompt pas. Que dire face à la vérité ?

— Quelque chose a changé dans votre famille, monsieur. Vous avez changé. Et ce changement semble annonciateur du pire.

Nouveau silence. Solomon déglutit difficilement et, pour la première fois de sa vie, peine à soutenir le regard qui le fixe. Un regard qui l'observe, l'analyse et le décrypte comme si tout n'était plus qu'évidence. Le sentiment que son âme s'est livrée d'elle-même sans qu'il s'en soit rendu compte achève de réduire à néant ses certitudes.

— À quel point est-ce ma faute ? demande-t-elle avec une douceur inouïe.

Les yeux clairs se floutent alors que Solomon reste immobile, incapable du moindre mouvement, incapable de prononcer un mot. Ni même de respirer. La peur qui dévale en lui arrête son cœur et trouve son âme. Elle l'enserre, l'étreint et l'étouffe. Il ne pensait pas que ça pouvait être pire que la première fois. À l'époque, une rage sourde avait écrasé tout autre sentiment. Elle ne l'avait pas quitté… jusqu'à cet instant. La terreur, enfin seule, devient incontrôlable.

— Ne pars pas.

Il supplie. S'il pouvait bouger, il se mettrait à genoux. Cela apaiserait peut-être la douleur dans sa poitrine.

— Pourquoi pas ?

La larme qui roule sur la joue pâle semble contredire le défi. Alors une rage nouvelle prend naissance dans l'âme de Solomon et le pousse à défendre l'indéfendable. Envisager l'impensable. Oser l'interdit.

— Parce que tu es aimée.

Le regard bleu ciel se ferme, larguant des larmes énormes qu'on ne devrait jamais voir sur le visage d'une enfant. D'une femme. De personne. Puis Eden baisse la tête, libérant Solomon de son emprise impitoyable, l'oubliant pour contempler l'album posé sur ses genoux.

— *Ceux qui m'ont aimée ne sont plus là.*

Eden se met à murmurer en français. Elle n'use que rarement de cette langue qui était celle de son père.

Solomon se rend compte que les quelques fois où elle a agi de la sorte, les mots avaient eu un poids différent, avaient laissé une empreinte particulière. Un ton de confidence ou d'abandon. Ou les deux.

Alors il la regarde. Il la regarde vraiment. Elle qui ose dévoiler sa vérité. Il a l'impression de l'observer pour la première fois. Ses cheveux bruns soyeux tranchent avec la lividité de son visage. Les traits sont plus affûtés que jamais ; les joues plus creuses. Cette maigreur fait ressortir ses lèvres pleines, pâles d'être serrées. Il ne voit pas ses yeux. Il vaut mieux pas : ils doivent être bien plus immenses. Un infini de glace bleue plus tranchante qu'un scalpel. Un infini de terreur.

— Tes parents, devine Solomon.

— *Il n'y a personne pour aimer quelqu'un comme moi.*

Les doigts fins glissent sur la page, caressant une photo, puis une autre. Une larme s'écrase sur le plastique qui les protège. Bordel de merde… Solomon soupire en fermant les yeux et il parvient enfin à s'avancer vers Eden. Des pas pénibles, maladroits ; presque timides. Il se plante devant elle et la détaille. Tant de maladresses, d'erreurs et d'injustices infligées à cette enfant-esclave qu'il s'était promis de protéger. Il doit la protéger. Il doit l'aimer. Il l'aime déjà, mais il doit lui montrer à quel point elle est aimée. Il doit émettre de la lumière.

— Je peux m'asseoir à côté de toi ?

Les grands yeux se lèvent sur lui. Putain…

Elle l'examine quelques secondes, puis donne son autorisation d'un hochement de tête. Solomon s'assied sur le lit et se recule jusqu'à s'adosser au mur, à côté de l'ours en peluche. Eden le regarde par-dessus son épaule, surprise.

— Tes parents s'aimaient. Ça se voit à la façon dont ils se regardent.

Solomon parle à voix basse, comme s'il avait peur de couper le fil invisible qui le lie encore à elle. Les sourcils bruns se froncent alors qu'une larme glisse lentement. Eden se détourne et tourne une page de l'album, découvrant deux portraits. Solomon reconnaît aussitôt les traits de l'enfant dans ceux de ses parents. Le même teint de porcelaine que celui de la mère. La même couleur des yeux, même si ceux de la jolie jeune femme aux cheveux si clairs qu'ils paraissent blancs ont des nuances de bleu plus prononcées que ceux de sa fille. De son père, Eden a hérité des lèvres pleines, des cheveux bruns épais et la forme de ses yeux lui conférant un regard serein et observateur.

Page suivante et le choc est rude. Solomon a toujours craint de découvrir la beauté cachée d'Eden, la splendeur de son sourire, l'émerveillement de ses yeux baignés de bonheur. Il lui suffit de voir le sourire éclatant de son père et le regard lumineux de sa mère. La même façon de plisser les yeux. La même lueur chaude.

— Tu leur ressembles tellement, dit-il dans un souffle. Ils étaient très beaux.

— *Ils ont été tués.*

— J'en suis désolé.

— *Mon père est mort à cause de moi. Parce que j'existais.*

— Qui t'a dit ça ? s'étonne Solomon.

— *Scarlett.*

Il s'en doutait. Cette fille est vraiment une sale garce.

— *Elle savait tout sur mes parents et sur ma vie*, explique Eden, tête penchée, alors que le bout de ses doigts souligne le sourire de son père.

— Elle t'a menti.

— *C'est elle qui a tué ma mère*, poursuit-elle sans relever.

— C'est ce qu'elle t'a dit ?

— *Je l'ai vue. J'étais là.*

Une larme éclate en milliers de gouttelettes sur l'image de la mère perdue. Eden contient un sanglot, en perd le souffle. Rien ne pourra jamais effacer un tel souvenir. Rien ne pourra éteindre complètement la peine et la fureur d'une telle barbarie. Solomon sait ce que c'est, même si c'est un peu différent. Il a failli en perdre la raison. Il en avait perdu le goût de vivre. Il survivait… jusqu'à Eden.

— *Alice est décédée d'un accident vasculaire cérébral.*

Il use du français, lui aussi. Confidence pour confidence. Vérité pour vérité. Confiance pour confiance. Abandon pour abandon.

— *Elle est tombée… Elle est morte dans mes bras*, articule-t-il difficilement.

— *J'en suis désolée*, murmure-t-elle doucement.

— *Elle était enceinte*, lâche-t-il dans un souffle.

Il ne l'avait jamais dit à personne.

Eden se retourne si vivement que son album glisse de ses jambes et tombe au sol. Ses yeux immenses fixent Solomon qui se noie dans les larmes retenues.

Derrière ce voile d'eau, le bleu prend des reflets qu'il n'a jamais vus, une intensité rare, une bienveillance sans limites.

— Parlez-moi, exige-t-elle avec une tendresse incroyable, revenant à la langue maternelle de Solomon.

Respect pour respect.

— Ce sont mes démons, Eden. Tu n'as pas à les supporter.

— Vous supportez bien les miens.

— Je suis plus âgé.

— Je suis plus expérimentée.

Solomon ouvre la bouche, puis la referme. Que répondre à ça ?

— C'est de là que vient votre colère ? demande-t-elle en bougeant sur son lit pour s'asseoir en tailleur près de lui.

Il hésite à parler. Les yeux clairs luisent différemment. Plus de larmes. Une écoute attentive, exceptionnelle. Eden se transcende pour lui. Le sentiment protégé au fond de l'âme de Solomon prend soudain une autre dimension. Alors il s'abandonne.

— J'ai toujours été en colère.

— Votre mère ?

Il hoche la tête.

— Pourquoi ?

— Ses règles et ses exigences étaient un carcan. J'étouffais.

— Ça vous a donné la force de partir, dit-elle.

Un regret passe sur les traits d'Eden de façon furtive. Elle lui a expliqué qu'elle pensait ne pas avoir eu cette force. Il lui doit la vérité : ça n'a jamais été aussi simple.

— Ça n'a jamais chassé la colère.

— La colère, si. C'est la rage de vivre et de liberté qui est restée.

— C'est vrai, admet-il après quelques secondes, surpris d'une telle sagesse. Violent et imprévisible, ajoute-t-il dans un sourire triste.

— *Pas seulement*, le contre-t-elle du bout des lèvres.

— Comment ça ? ose-t-il enfin la questionner.

Eden fronce les sourcils. Son regard fouille celui de Solomon tandis qu'elle réfléchit. Soudain, ses yeux s'éclairent et il reconnaît ce sourire qui n'atteint pas ses lèvres.

— Promettez de ne pas vous fâcher.

— Promis, dit-il calmement malgré la méfiance.

Une méfiance qui ne passe pas inaperçue. Le plissement des yeux clairs le prouve. Puis Eden penche sa tête sur le côté en haussant les sourcils et, en cet instant d'une gravité extrême, Solomon sourit.

— Promis.

— Quelqu'un m'a dit de vous que derrière le grizzly se cache une peluche.

Solomon reste interdit. Il lui faut un long moment pour vivre la stupeur, la colère et le bonheur de cette description de lui.

— Une peluche ? répète-t-il mi-incrédule mi-amusé. Qui a pu dire une telle bêtise ?

— Des gens qui vous aiment.

— Lequel des trois ?

Eden ne répond pas, loyale envers les trois adolescents

trop bavards. Ses yeux d'autant plus immenses qu'ils sont écarquillés et brillent comme jamais. Elle pince ses lèvres discrètement étirées ; sa façon à elle de sourire.

— Cleo vous vénère comme si vous étiez un roi, élude-t-elle.

— Cleo te considère comme une princesse des *Mille et Une Nuits*.

— Sam vous prend en exemple.

— Sam est en totale admiration devant toi.

— Kyle vous nargue comme le ferait un gamin avec son grand frère.

— Kyle n'a jamais été aussi infernal avec les cadets de la famille qu'avec toi.

— Kristen a fait de vous son protecteur pour la vie.

— Kristen a mis son âme blessée en résonance avec la tienne.

Eden cligne des yeux d'émotion et inspire avant de poursuivre.

— Megan vous respecte comme on respecte son mentor.

— Megan puise dans ta force tranquille pour faire grandir son altruisme.

Une larme s'échappe des yeux envoûtants. Eden ne fait rien pour l'écarter.

— Kate vous traite comme un fils éternel adolescent.

Solomon sourit de la comparaison. Eden ne pouvait pas voir plus juste.

— Kate s'est désignée comme ton avocate. Une avocate redoutable.

— Tom la tempère et la rassure. Il ne se mêle jamais de vos discussions de famille, mais il vous comprend.

— Tom comprend les gens au-delà de tous leurs artifices. Sa réserve est la preuve de l'attention bienveillante qu'il porte aux gens. Qu'il te porte.

— Robin a le même recul. Elle a pour vous l'affection d'une sœur.

— Robin a pour toi celle d'une tante. Elle sera toujours là pour écouter sans juger. Répondre à toutes les questions, même les plus farfelues. Même les plus intimes. Aucun tabou.

— Ce qu'Aaron ne sait pas toujours faire, fait-elle paisiblement. Mais lui, c'est le roc sur lequel vous vous appuyez.

— Il sera le premier à te servir de bouclier, même contre moi.

Eden fronce les sourcils et son visage se ferme, perdant la lumière de leur jeu de la vérité.

— *Je n'ai pas besoin de bouclier contre vous. Vos ordres sont mon bouclier et vous êtes mon arme.*

Solomon se sent blêmir.

— Tu n'as pas oublié.

— *Je n'ai rien oublié de tout ce que vous m'avez dit. Ni de ce que vous avez écrit.*

— Écrit ?

— Les SMS envoyés à Megan.

— Parce que tu les as lus ? manque-t-il de s'étrangler.

Panique ou colère ? Ou les deux. Solomon passe une main dans ses cheveux. Il est atterré. Terrifié aussi du niveau de compréhension d'Eden. Et là, c'est lui qui ne comprend pas.

— Alors pourquoi vouloir partir ?

— Parce que je ne peux pas rester.

— Pourquoi ? persiste-t-il.

— Vous allez tous partir et vous pensez tous que je ne dois pas rester toute seule ici. Ou alors qu'il faut que je sois envoyée chez un professionnel.

— Non, Eden.

— Je dois aussi trouver une formation, continue-t-elle en baissant les yeux.

— Eden, appelle-t-il en se penchant pour rattraper son regard.

— Je suis votre pupille, vous êtes mon tuteur. Vous prenez tout en charge jusqu'à ce que je devienne autonome.

— Regarde-moi, exige-t-il durement.

Elle refuse d'obéir en secouant la tête.

— Pourquoi me mentez-vous, monsieur Rickman ?

— Te mentir ? Monsieur Rickman ?

Non… Ils ne peuvent pas encore être repartis aussi loin.

— *Je ne comprends pas*, chuchote-t-elle alors qu'une larme cède à la gravité.

Le silence de sa réflexion devient insupportable, mais Solomon attend sans bouger ni parler. Une pluie éparse de larmes s'abat sur les mains fines aux doigts noués, chaque goutte martelant l'âme du grizzly devenu peluche.

— *Pourquoi m'aimer est-il une mauvaise chose ?*

Solomon soupire. Il prend enfin conscience de toute l'ambivalence des sentiments qu'il a laissé transparaître devant Eden. Tantôt violent et imprévisible, tantôt protecteur et doux. Tantôt distant, tantôt intime. Autant de signaux contradictoires qui ne pouvaient que la perdre.

— Ce n'est pas une mauvaise chose de t'aimer, Eden. Tous ceux qui sont ici t'apprécient énormément et tiennent à toi. Je… Je t'aime beaucoup.

— *Pas seulement*, affirme-t-elle en plantant son regard sur lui.

— Non, pas seulement, avoue-t-il dans un souffle. Mais ce que je ressens pour toi…

Solomon se tait brusquement et dévisage Eden.

— Je ne devrais même pas avoir cette discussion avec toi.

— Je suis mineure et c'est interdit.

— Cette forme d'amour, oui. Mais je t'aime autrement.

— Ne me mentez pas.

— Je n'ai pas le droit, Eden, réplique-t-il immédiatement dans un grondement.

— Et ce que moi je ressens ? fait-elle aussi calmement qu'il a été brutal.

Solomon hésite avant d'oser la question qu'il ne devrait pas poser.

— Que ressens-tu ?

Le regard clair fuit. Il n'exigera pas qu'elle le regarde. Eden se protège et c'est compréhensible.

— Je ne sais pas, finit-elle par dire, à peine audible en fixant ses doigts qui s'entrelacent plus fort. Je n'ai jamais… Avec vous… Ça semble si simple.

— Une évidence.

Solomon serre les mâchoires. Ça lui a échappé. C'est, au mieux, maladroit ; au pire, inconvenant.

— C'est ça, aimer ? demande-t-elle en levant ses yeux sur lui.

— Il y a différentes formes d'amour, Eden.

— Amour ou soumission à un nouveau maître… C'est ça la question, n'est-ce pas ?

Solomon reste bouche bée. Elle a entendu ça ?

— Kate était très fâchée, sa voix était plus forte qu'elle ne l'a sûrement voulu. Et le vent a porté vos voix plus loin que vous ne le pensiez.

— Tu n'aurais jamais dû entendre tout ça.

— Pourquoi pas ? J'ai entendu bien pire.

— Eden, soupire Solomon, démuni.

— Vous m'avez toujours dit que je devais vous parler, que j'avais le devoir de vous parler. Vous m'avez dit que je ne devais pas m'inquiéter de vous surprendre. Est-ce que je peux vous demander la même chose ? Je sais que j'ai peur de tout, ajoute-t-elle précipitamment. Mais je suis capable de tout entendre.

Solomon dévisage la jeune femme qui le détaille à son tour. L'enfant-esclave semble s'être éclipsée. Eden a pris le pas sur Amy la soumise. Comment ? Pourquoi ? Et que lui dire ?

Ne pas lui mentir.

— Que veux-tu savoir ?

— Qu'attendez-vous de moi ?

— Que tu t'empares de ta nouvelle vie. Que tu en fasses ce que tu veux.

— Et vous ?

— Moi, ça n'a pas d'importance.

C'est un horrible mensonge. Solomon a usé de toute sa maîtrise pour que rien ne vienne le trahir. Quand il voit les sourcils bruns se froncer sur les yeux clairs aux reflets métalliques, il sait qu'il s'est planté.

— Vous m'avez désirée, affirme-t-elle plus qu'elle ne l'interroge.

— Dès que je t'ai vue.

— Pourtant, vous ne m'avez pas baisée cette nuit-là.

Les mots sont violents. Comme la vie d'Eden avant Solomon était violente. Comme la vie de Solomon avant Eden était violente. La vérité sera violente, sans concession.

— Je n'étais pas un tendre avec les filles qui se jetaient dans mes bras et autres prostituées, mais je n'ai jamais contraint l'une d'elles. Du moins, j'ose l'espérer. Ce soir-là, j'ai vu ta peur. J'ai vu toute la différence entre la façon dont tu as regardé Logan et celle dont tu me regardais. Tu avais peur de moi. Ce n'était pas acceptable.

— C'est pour ça que vous ne m'avez pas renvoyée comme vous avez viré Scarlett ?

— Scarlett est une garce, et une pute, crache Solomon avec mépris. Toi…

Elle, elle est un ange tombé du ciel. Un être d'exception qui a rappelé à Solomon son humanité.

— Je devais te sortir de là. Ç'a été plus fort que moi. Tout le reste n'a été qu'improvisation.

— Violent et imprévisible.

— Et tu m'as suivi.

— Mais après, pourquoi est-ce que ç'a été si difficile pour vous ?

— Les sentiments rendent la souffrance de l'autre intolérable, explique Solomon après une longue réflexion.

— *Et m'aimer est interdit.*

— Non, Eden. T'aimer n'est pas interdit.

— *Mais m'aimer comme vous m'aimez est interdit.*

— Ça, c'est mon problème.

Eden pince ses lèvres, sourcils froncés, regard sévère. Elle n'est pas d'accord. Elle ne le dira pas, mais sa désapprobation modèle son visage. Elle n'en est que plus belle. Plus désirable.

— *Je ne suis pas d'accord*, le surprend-elle.

Et Solomon en rit. Il rit de la force de l'enfant qui n'est plus esclave, de l'éveil de la femme.

— J'aime bien ta façon de te mettre en colère.

Les magnifiques yeux clairs s'écarquillent.

— Vous ne m'en voulez pas ?

— Pourquoi t'en voudrais-je ?

— Parce que, quand Kate vous a parlé de votre amour pour moi, vous étiez très en colère.

Solomon accuse le coup. Il ne l'a pas vu venir.

— C'est pour ça que je dois partir. Parce que m'aimer est une souffrance.

Eden cligne des yeux à mesure que l'eau s'accumule. Solomon reste interdit. Elle a mené sa démonstration de main de maître. Sa conclusion est pourtant insupportable. Insurmontable. Et Solomon reprend la main lorsqu'une larme roule sur la joue de porcelaine.

— Te perdre serait une souffrance bien pire.

— Et c'est ce qui inquiète tant votre sœur. Si je pars maintenant, ce sera plus facile.

— Plus facile pour qui ? demande-t-il sèchement.

La colère revient. Plus déterminée que jamais à faire toute la lumière sur leurs sentiments. Eden se mure dans le silence, essuyant ses larmes du bout des doigts.

— Regarde-moi, exige-t-il.

Une inspiration et elle obéit.

— Plus facile pour qui ? répète-t-il.

Le regard fuit encore alors qu'elle pâlit.

— Regarde-moi, ordonne-t-il durement.

Retour des yeux délavés de larmes.

— Que ressens-tu pour moi, Eden ?

— Je ne sais pas.

— Ne me mens pas, s'agace-t-il. Amour, désir, amitié ou reconnaissance.

Silence. La respiration d'Eden s'accélère. La panique la submerge. Solomon sait que la soumission va s'imposer. Face aux épreuves de la vie, Eden se soumet quand lui se met en colère. Elle s'efface quand lui s'impose et passe en force. Deux façons de survivre.

— Sais-tu faire la différence ? l'interroge-t-il.

Hochement de tête.

— Regarde-moi. Et parle-moi, exige-t-il quand elle obéit. Dis-moi ce que tu ressens.

Eden déglutit, serre ses doigts, cligne des yeux, déverse des torrents de larmes, contient sa respiration.

— *Je... préfère... les bras... du... grizzly*, réussit-elle à articuler péniblement.

En quelques mouvements fluides, Solomon soulève Eden et l'installe sur lui. Puis il amène sa tête contre son torse et l'enlace dans ses bras. Et là, elle éclate en sanglots et pleure ses peurs et son chagrin.

— Mes bras seront toujours là pour toi, Eden, promet-il quand elle se calme. Tuteur, ami ou plus... Mes bras seront toujours là. Quoi que tu apportes avec toi. Peurs. Peines. Colère. Amitié. Amour. Ils t'accueilleront toujours.

Solomon la berce de longues minutes. Il est épuisé. Il ne s'est jamais dévoilé à ce point, même avec Alice. Il n'a jamais ressenti avec une telle acuité la violence de ses sentiments, ni ceux d'Eden. Derrière son mur de soumission, celle qui vivait sans repères a tout observé, tout analysé. Elle a compris bien au-delà de ce qu'elle pensait comprendre. Ou tout compris tout court. Est-il alors possible qu'elle l'aime différemment ? De ce même amour interdit ?

— *Si je reste, nous souffrirons tous les deux*, murmure-t-elle soudain.

— Je ne suis pas d'accord.

— *Tellement de démons à combattre et ils sont si puissants.*

— Nous les combattrons ensemble.

— *Et après ?*

— La vie en décidera.

Eden ne répond pas. Elle se blottit contre Solomon en tremblant puis tout son corps se détend alors qu'elle s'abandonne. Elle cesse enfin de lutter.

— Eden.

Solomon appelle doucement. La respiration d'Eden s'est calée sur la sienne depuis plusieurs minutes. Un rythme régulier et paisible. Plus de larmes. Les doigts fins, après avoir séché maintes fois des rivières de larmes, ont commencé à triturer les lèvres pleines. Les gestes se font plus lents à présent.

— Eden.

— Mmm…

— À quoi penses-tu ?

Silence.

— Parle-moi, demande-t-il dans un murmure.

Les doigts cessent de bouger.

— Je réfléchissais.

— Tu réfléchis trop.

— *Vous aussi*, réplique-t-elle dans un souffle.

Le corps s'amollit un peu plus.

— Ne t'endors pas, Eden.

— Mmm…

— Eden, réveille-toi.

— Dors pas.

La voix endormie semble boudeuse et Solomon rit.

— Allez, debout, ordonne-t-il. Il fallait faire une sieste cet après-midi. On nous attend.

— Quelle heure est-il ?

— Presque 18 heures.

Eden sursaute et se redresse en prenant appui sur les pectoraux de Solomon. Elle frotte ses yeux comme une enfant puis regarde autour d'elle. Elle semble découvrir sa chambre pour la première fois. Lorsqu'elle s'arrête sur Solomon, sa sérénité teinte le bleu ciel de reflets chauds et tendres. Un ciel d'aurore. Le désir flambe instantanément, mais Solomon le maîtrise sans peine. Ce désir-là n'a pas sa place ici. Pas maintenant. Peut-être jamais. Ce n'est pas grave : le plus important est ailleurs. Eden ne s'est jamais autant dévoilée. Elle n'a jamais autant osé. Ils étaient deux à émettre de la lumière.

— Puis-je formuler une requête ?

Hochement de tête pour toute réponse.

— Montre-toi toujours aussi libre avec moi que ce que tu viens de faire.

— Vous ne m'en voudrez jamais ?

— Ce n'est pas gagné, concède-t-il avec un sourire en coin. Mais je ne me mettrai jamais en colère.

— Pourquoi n'est-ce pas le cas avec votre famille ?

Solomon réfléchit à la remarque plus que véridique. Pourquoi, effectivement, ne parvient-il pas à rester calme comme il vient de le faire avec Eden ?. Non, ce n'est pas tout à fait exact : il s'est énervé avec elle aussi.

— Bon d'accord, je me mettrai probablement en colère.

Les yeux clairs flamboient et les lèvres s'étirent plus qu'elles ne l'ont jamais fait. Putain… Eden s'illumine de l'intérieur et allume le désir de Solomon comme une étincelle met le feu à un tas de brindilles sèches. Elle a ce pouvoir d'enflammer les sens d'un regard. Et quand un sourire fait briller ses yeux, même sans atteindre ses lèvres, l'incendie ravage tout. Sauf que Solomon a négocié une forme de *statu quo* : vivre l'instant présent et laisser la vie décider de la suite… plus tard. Le moyen de faire diversion s'offre à lui subitement.

— J'ai quelque chose pour toi, fait-il brusquement.

Il la saisit aussitôt par la taille pour la faire glisser sur le lit. Surprise, elle bascule en arrière sans pouvoir se retenir à lui et s'effondre dans les bras de son ours en peluche.

— Pardon.

Il ne s'attarde pas pour autant. Ce qu'il vient d'entrevoir sur les lèvres d'Eden ressemble trop à un sourire. Il ne veut pas voir le feu d'artifice dans le ciel paradisiaque de ses yeux. Il n'y survivrait pas. Pas après tout ce qu'ils ont partagé. Il file dans sa chambre en coupant par la salle de bains, récupère le cadeau qu'il hésitait à lui offrir et revient près d'elle.

Assise au bord du lit, les jambes battant dans le vide, les mains à côté de ses cuisses, vêtue de ses vieux vêtements, ses magnifiques cheveux emmêlés, Eden ressemble à une petite fille abandonnée. Solomon revoit l'enfant-esclave telle qu'elle était si peu de temps auparavant. Telle qu'elle était dans un bar de la région parisienne. La violence de la situation, de cette vie massacrée, le frappe brutalement et il en perd le souffle. Au moment où elle lève ses grands yeux débordant de paix et de sérénité, il sent une larme couler sur sa joue. Il pleure.

Lui. Pleurer…

— *Tout va bien*, le rassure-t-elle avec une douceur inimaginable.

— J'ai été si…

— *Pas seulement*, dit-elle alors qu'il ne trouve pas les mots.

— Si injuste.

— Quelqu'un m'a dit un jour qu'il n'était pas devenu le meilleur cavalier du monde sans tomber de cheval. Il m'a prévenue qu'il ne deviendrait pas mon meilleur ami sans cumuler les pires gaffes.

— Kyle, se souvient-il.

— *Ça vous donne une idée du niveau de maladresse*

avec lequel vous pouvez jouer. Je sais que vous ne dépasserez jamais mes limites.

Solomon est abasourdi : Eden a retenu leurs moindres paroles et elle les réemploie avec le même souci de rassurer. Une bienveillance élégante en plus. Et soudain, ce n'est plus du désir qu'il ressent pour elle, mais de l'admiration. Un profond respect. Il savait que derrière l'armure Amy se cachait une femme intelligente et courageuse. Il ne se doutait pas qu'elle puisse être d'une telle sagesse. Une dame.

— Tiens, c'est pour toi, fait-il en s'avançant et en lui tendant son cadeau comme le ferait un petit garçon timide et maladroit.

Eden prend le paquet avec une sorte de prudence. Comme s'il pouvait lui brûler les doigts. Elle le pose sur ses cuisses, l'examine quelques secondes puis joue presque distraitement avec le ruban entortillé. Solomon finit par s'agenouiller devant elle et s'approche jusqu'à capter son regard. Un regard triste. Trop triste.

— Parle-moi.

Elle soupire tout en ramenant ses yeux sur le paquet emballé dans un papier rouge envahi de cristaux de neige, sapins et pères Noël.

— *Je n'ai jamais eu de cadeau à ouvrir*, confie-t-elle.

— Quand tu étais petite, Eden, ta maman t'a sûrement…

— *Je ne m'en souviens pas.*

Elle cligne des yeux pour retenir les larmes. Solomon tait sa colère face à ce nouveau rappel des maltraitances subies.

— Celui-ci est bien pour toi. C'est le Père Noël

lui-même qui me l'a dit. Il a oublié de le mettre sous le sapin et m'a demandé de le faire pour lui. Mais Cleo sautait déjà partout d'excitation…

Le regard fabuleux d'Eden le fait taire plus efficacement que tous les mots.

— *Merci*, dit-elle dans un souffle.

— Ouvre, ordonne-t-il doucement.

Mais elle hésite.

— Kyle dirait qu'il y a deux façons de faire : soit tu déchires tout, soit tu déplies délicatement. Le résultat est le même.

Eden tire lentement sur le ruban dont le nœud se défait comme par magie. Elle détache prudemment le scotch et déplie le papier. Solomon voit dans ses gestes lents toute l'expression de sa force tranquille. Il voit dans ses yeux les éclats de la joie enfantine à ouvrir un cadeau. Il y discerne sa surprise quand elle découvre la boîte en velours. Rien ne transparaît sur son visage, seul son regard exprime ses sentiments. Curiosité et peur. Courage. Étonnement. Émerveillement. Boîte ouverte sur ses genoux, Eden détaille le pendentif en or blanc. La représentation stylisée d'un oiseau aussi extraordinaire qu'elle. Le corps rappelant la forme d'une clé de sol, la queue en hauteur, le cou et la tête s'enroulant autour d'un diamant.

— *Un oiseau*, chuchote-t-elle en effleurant le bijou de son index.

— Un phœnix, précise Solomon.

— *L'oiseau qui renaît de ses cendres*.

— Et dont les larmes guérissent les blessures.

Le regard d'Eden plonge dans celui de Solomon

avec une force invincible. Les larmes qu'il contient se propagent en lui, parcourent son corps, colmatent les brèches, apaisent les brûlures. Il ne pouvait mieux choisir que cet emblème.

— C'est un diamant ? l'interroge-t-elle en fronçant les sourcils.

— Oui.

— Je ne peux pas…

— Accepter ? la coupe-t-il. Bien sûr que si.

— Mais…

— C'est un cadeau. Un simple cadeau. Aucune contrepartie attendue.

— Mais pourquoi ?

— Parce que la vie en a décidé ainsi, dit-il après une courte réflexion.

— Ça, c'est un peu facile, ose-t-elle reprocher du bout des lèvres.

Mais ses yeux sourient.

— Parce que c'est un ordre ? suggère-t-il avec un sourire en coin.

— Ça, ce n'est pas fair-play.

— Qui a dit que je l'étais ?

Eden pince ses lèvres en soupirant. Elle ne répondra pas.

— Mets-le, ordonne-t-il en se relevant.

— Non, fait-elle en fermant l'écrin. Je voudrais me changer avant. Je ne peux pas rester dans ces vieux vêtements.

— Aucune tenue exigée ce soir. Tu peux descendre en pyjama si tu le veux.

— Vraiment ? doute-t-elle, pas dupe de son jeu.

— Non, avoue-t-il dans un rire.

Un rire qui éclaire un peu plus les yeux lumineux d'Eden.

Quand Eden rejoint la famille Rickman, tous remarquent qu'un changement est survenu en ce jour de Noël. La jeune femme se tient bien droite sur le seuil du salon. Petites chaussures plates. Pantalon noir slim. Chemise rose. Veste courte beige sans manches. Cheveux ramassés dans une queue-de-cheval. Yeux soulignés à l'eye-liner. Joues légèrement rehaussées du même rose tendre que le gloss qui souligne ses lèvres. Malgré ses traits fatigués, la beauté d'Eden est époustouflante. Son élégance en impose tant que les voix s'éteignent au fur et à mesure que chacun prend conscience de sa présence.

Bien évidemment, Cleo, du haut de ses 6 ans d'inconscience, est la première à bondir de sa place et se précipiter sur la grande fille jolie comme une princesse. Le groupe d'enfants plus ou moins grands se referme sur elle, laissant les adultes seuls avec leur stupeur. Leurs regards se croisent et échangent leur étonnement. D'un commun accord silencieux, ils décident de poursuivre leur vie, intégrant de fait une jeune femme un peu à part dans leur normalité.

Seul Solomon ne parvient pas à rattraper le fil de sa vie. Les enfants ont une nouvelle amie. Les adultes ont une nouvelle âme torturée à protéger. Et lui ? Qu'a-t-il en acceptant Eden dans sa vie ? Amy semble avoir disparu, du moins dans l'intimité de leurs tête-à-tête. L'enfant-esclave a brisé sa chaîne de soumission absolue, même si ses peurs la hantent encore sauvagement. La jeune femme paraît découvrir le champ des possibles alors que la simple notion de liberté semble être un mirage pour elle.

Eden est un être qu'il se doit de protéger ; mais elle n'est pas sa pupille. Le lien qui s'est tissé entre eux dépasse toutes les formes de relation autorisées entre un homme de 34 ans et une adolescente de 17 ans. Elle aura 18 ans dans moins de deux mois. Ça ne réduira pas l'écart d'âge. Ça n'empêchera pas les jugements hâtifs. Elle l'a déjà compris ; et il le sait. Pourtant, il n'a pas renié ses sentiments pour elle. Il ne l'a pas corrigée alors qu'elle évoquait son amour pour elle. Il l'a même reconnu et assumé. Il l'a même défendu. Lui ne peut que supposer… non, pressentir ce qu'elle ressent. Elle ne l'a pas avoué, ni dénié. Elle préfère juste les bras du grizzly. Elle combattra leurs démons avec lui. Après, la vie en décidera.

20

Lundi 26 décembre 2016,
quelque part dans la nuit.

Les pleurs d'une enfant redevenue esclave de son passé réveillent Solomon. Un cauchemar. Encore. Sauf que, cette fois, aucun sursaut ne vient mettre fin à la souffrance. Il est debout à la troisième plainte.

— Eden, appelle-t-il en se penchant au-dessus d'elle.

Elle cesse aussitôt de se débattre et ouvre ses immenses yeux emplis de terreur.

— Solomon.

Une reconnaissance et une supplique. Solomon prend appui d'une main sur le lit et chasse les larmes du revers de son index tandis qu'elle récupère peu à peu son souffle. Puis, il pose son front sur le sien.

— Ça va aller ?

— Oui, dit-elle en fermant les yeux et en libérant de nouvelles larmes.

— Ne me mens pas.

— *J'ai peur.*

— Peur de quoi ?

Mais elle secoue la tête. Elle ne répondra pas. Solomon serre les dents. Ils sont au beau milieu de la nuit, aussi épuisés l'un que l'autre. Ils doivent dormir. L'heure est à la décision, même brute.

— Pousse-toi, fait-il soudain en se redressant.

Pour la première fois, les yeux écarquillés d'Eden restent sans effet sur lui ; sa détermination contrant sans peine leur pouvoir hypnotique.

— Obéis, Eden, exige-t-il.

Et elle obéit, reculant jusqu'à buter contre le mur. Alors Solomon glisse sa carcasse de bûcheron dans l'espace qui lui reste dans ce lit pour une personne, obligé de se coller à elle.

— Viens là, ordonne-t-il en ouvrant son bras.

La méfiance est visible, même dans l'obscurité. Solomon réalise soudain que sa conduite pourrait être une erreur magistrale : lui torse nu dans le lit d'Eden et exigeant d'elle qu'elle vienne contre lui. Une connerie. Une maladresse… si elle le pardonne.

— J'ai sommeil et tu ne fais pas de cauchemar quand je reste près de toi, explique-t-il. Alors, viens dormir.

Eden reste immobile à le dévisager et il la laisse faire. Alors qu'il commence à penser que c'est bien une erreur, elle s'approche lentement. Un corps gracile contre le sien. Une main fine qui effleure son torse. Une jolie tête bien faite dans le creux de son épaule. Eden accepte cette intimité avec sa force tranquille timide. Peu à peu, elle se détend. Sa respiration se fait profonde. Un bras enlace son protecteur. Elle s'endort.

Solomon attendra un long moment sans bouger avant de l'enlever et de l'amener dans son lit bien plus grand. Malgré l'espace, Eden reviendra chercher sa présence et il la laissera s'emparer de sa main du fond de son inconscience.

Une main qui rassure l'enfant-esclave.

Une main qui calme le grizzly.

À SUIVRE...

Remerciements

Parce que la vie en a décidé ainsi,

j'ai le privilège d'avoir des parents et un frangin aimants et bienveillants. Je leur dois ce que je suis ;

j'ai l'immense bonheur d'être aimée par un ours en peluche. Je lui dois ma liberté d'être et d'écrire ;

j'ai la chance d'avoir un fils à qui insuffler tout ce qu'on m'a donné ; une belle-famille qui m'a fait sienne ; des amis précieux.

Merci pour tout.

Composition et mise en pages
Nord Compo à Villeneuve-d'Ascq

Cet ouvrage a été imprimé par
CPI Bussière à Saint-Amand-Montrond
en mai 2021

MIXTE
Papier issu de
sources responsables
FSC® C108412
FSC
www.fsc.org

Le papier entrant dans la composition de ce produit provient de forêts certifiées FSC®
FSC® se consacre à la promotion d'une gestion forestière responsable.

Numéro d'éditeur : 2163949
Numéro d'imprimeur : 2057534
Dépôt légal : juin 2021

Imprimé en France